行政法入門

Introduction to Administrative Law

須藤陽子 著

SUTO Yoko

法律文化社

はしがき

　大学で行政法を担当するようになって以来，願っていることは変わらず，「行政法嫌いになってほしくない」ということであった。消極的な願いのように見えるかもしれないが，大学の授業においてこの願いを叶えることはかなり難しく，いまだに授業は試行錯誤を重ねている。本書は，授業を聴いた学生たちから筆者に伝えられた「わからない」という声に応えようとする入門書であり，本書の特色は，学生たちの「わからない」に応えるための工夫でもある。学生たちのいう「わからない」には様々な意味合いがある。

　学生たちの「わからない」は，多くの場合，「説明されてもピンとこない」ということである。何が「わからない」のかは，じっくり聞いてみないと判然としない。たとえば，授業で「法律の委任」の説明を受けたすぐ後で，「法律の委任」の意味がよくわからないと，ある学生が真剣な顔をして訴えてきたことがある。よくよく聞いてみると，助詞の「の」に戸惑っていた。助詞を「の」から「が」に代えて説明し，実際の法律の条文を使って委任の箇所を示すと，学生はすぐに理解できた。

　上記の経験を踏まえて，抽象的な理解を頭の中に定着させるために，本書は基礎的な演習問題を各所に挿入している。なんとなくわかったつもりでも，理解が違っている場合がある。「法律の委任」について質問してきた学生は1人しかいないが，試しに演習問題を作って授業でやらせてみると，ほとんどの学生の答えが間違っていた。本書の方針として，難解な用語を噛み砕いて説明するほか，実定法，実際の制度，判例の事案，新聞記事等から演習問題を作成し，わかったつもりのことを確認することを促している。

　次に，学生が「行政法は難しいです」という場合，行政法特有の考え方になじめないという意味であることが多い。たとえば，民事訴訟で争うことができないという意味を理解できない学生や，違憲立法審査なのだから「法律」そのものを争うことができるはずだと誤解している学生も多く見られる。このような学生たちへ，直接的なメッセージを発している。各章の冒頭や難解な箇所には「理解のポイント」を置き，各章で伝えたいことを端的に示している。

　最後に，現代の初学者に非常にわかりにくくなっている行政法の理論的問題について，「行政法こぼれ話」というコラムを設け，立法史・学説史に即して，歴

史的な観点から説明を加えている。「行政法こぼれ話」として取り上げたテーマは，筆者が学生時代に抱いた疑問でもある。筆者が学生時代に疑問に思ったこと，興味を持ったことは，どの行政法教科書にも答えとなるべき記述がなかった。今も答えは教科書の中にはない。かなり時間がたってしまったが，自分で自分の学生時代からの疑問に答えを書こうと思ったのである。

　本書の特色として他に挙げられるのは，筆者の研究成果を反映して，歴史的観点からの説明，比例原則の適用，行政上の強制措置，過料などの記述が詳しい点である。とりわけ比例原則は，多くの行政法教科書では行政行為の裁量論の中で扱うが，本書では行政事件訴訟法30条の問題として位置付け，比例原則の適用について詳述している。

　行政法の入門書を出版する企画は以前からあったが，「理解できれば面白味も感じられるはず」という執筆の方針を固めるまでに，思いの外，時間がかかった。刊行にあたり法律文化社編集部小西英央氏，八木達也氏に大変お世話になった。

　恩師・兼子仁先生に教科書を出版する企画があることをご報告したとき，貴重なご教示を頂いた。兼子仁先生の『行政法総論』(筑摩書房，1983年)は，行政法研究者となった今の私になお影響を残している。時を経ても色褪せない学問書とはそういったものであると思う。本書の刊行をもって兼子仁先生に対する感謝のしるしとしたい。

　この「はしがき」を書き始めた日の朝，わが国比例原則研究の泰斗・田村悦一先生(立命館大学名誉教授)の訃報に接した。本書をお見せしたいと願っていたが，それが叶わず，残念でならない。ご冥福を心よりお祈りする。

　　2022年8月

　　　　　　　　　　　　　　　　　　　　コロナ禍3年目の夏
　　　　　　　　　　　　　　　　　　　　　　須藤陽子

目　次

第Ⅱ部　行政争訟

第Ⅲ部 国家補償

▶行政法こぼれ話

x

凡　例

【法　令】

法令の略語は慣例に従った。

【判　例】

主な判例集の略称は以下のとおり。

民録	大審院民事判決録	**民集**	大審院民事判例集，最高裁判所民事判例集
集民	最高裁判所裁判集民事	**刑集**	大審院刑事判例集，最高裁判所刑事判例集
集刑	最高裁判所裁判集刑事	**行裁集**	行政事件裁判例集
判タ	判例タイムズ	**判時**	判例時報
判例地自	判例地方自治		

第Ⅰ部

行政作用の仕組み

第1章　行政法を学ぶ意義

1　現代社会を知るために──私たちの生活と行政との関わり

　令和の未来は「withコロナ（新型コロナウイルス感染症）」と名付けられた。令和に生きる私たちの日常生活は，感染症蔓延防止のために行政によって行動を制約され，そしてまた，新型コロナウイルス感染症によって生活や経済の基盤が脅かされれば，不十分ながらも行政から様々な「支援金」「助成金」制度があった。生活保護という制度もある。医療に目を向ければ，行政は病床数を確保し，感染症対策用ワクチンや治療薬の承認・提供を担っている。新型コロナウイルス感染症蔓延以前と比較して，自分の生活と行政との関係をより意識できるであろう。

　行政は，行政活動を行政法理論に基づき自己統制している。「違法な行政活動をしてはならない」というのは行政活動の大原則であるが（➡法律による行政の原理），しかしそれでも私たち国民の権利・利益が違法に侵害されることはあり得る。たとえば，生活に困窮して生活保護を申請しようとして窓口で申請書類を受け取ってもらえなかったらどうだろうか。そのような理不尽なことも，残念ながら，実際に，ときおりある。自分の権利を守るために，行政が申請書類すら受け取らないことを「違法」と主張できる知識が必要なのである。

　行政法を学ぼうとする皆さんには，まず疑問を持ってほしい。なぜ国民の行動は制約されなければならないのか。何を根拠にして国は行動を制約しようとするのか。「自粛のお願い」の法的性質とはどういうものだろう。「自粛のお願い」違反などあり得るのだろうか。「支援金」や「助成金」は予算を超過すれば打ち切られてしまうが，その給付を受けることは権利ではないのだろうか。

　行政法を学ぶことによって，これらの疑問に対して理論的・学問的な答えを持つことができる。その知識に基づいて立法や政策立案といった問題解決策に関心が向けば，進路として公務員を目指す人は，自分が次のステージの入り口に立っていることに気づくだろう。

企業活動と行政法

　行政法を学ぶ目的は様々であるが，公務員や法曹を目指す学生よりも，企業で働く社会人のほうが，行政法を学ぶ意義をより認識できるかもしれない。企業活動は行政の関与なしに立ち行かないからである。

　企業が新しい事業を始めようとするときには，多くの場合にその事業に関する法律により，行政から許認可を受けなければならず，あるいは届出が義務付けられている。事業を始めれば，企業活動に対する行政指導や，事件・事故があれば行政調査も受けなければならない。企業活動が法令に抵触すれば，営業停止・禁止・許認可取消しという不利益処分や，裁判所により過料や刑罰を科されることもある。

　しかし行政の顔色を窺うような企業活動であってはならず，行政運営には公正さが求められる。公正な行政のあり方のために行政手続法や情報公開制度が必要なのである。行政指導が企業にとって過重に負担であるとき，得られるべきはずの許認可が得られないとき，企業はどうするべきなのだろう。行政法を学び，その答えを見つけてほしい。

2　日本国憲法と行政活動

明治憲法から日本国憲法へ──何が変わったのか？

　「憲法は死すとも行政法は死なず」。日本の行政法理論に多大な影響を及ぼしたオットー・マイヤー（1846〜1924年。ドイツ行政法学の父と呼ばれる）が残した有名な一節である。それは技術法としての行政法をよく表している。統治には行政法が必要であり，憲法の内容は行政法によって実現される。行政法は技術的な側面が強調されがちであるが，明治憲法から日本国憲法への移り変わりをみれば，憲法が変われば行政法も変わる。行政権の責務，行政法の原理・原則が大きく変わったことを理解しよう。

行政権の拡大──規制と給付

　明治憲法下で臣民の憲法上の自由・権利は「法律ノ範囲内」で認められるにすぎず，行政権は臣民の思想の取締りを行うなど，権力的な取り締まりによる秩序維持に注力した。このような行政活動を，取締行政，権力行政あるいは規制行政という。これらは私人の権利・自由を制限することを通じてその目的を達成する行政活動を意味している。

　規制行政と対をなす行政活動を給付行政という。明治憲法下においても貧民救済などの給付行政はあったが，それは現代の生活保護とは意味合いが異なる。現代の生活保護は日本国憲法25条1項生存権を実現するための制度であり，国民にとっては権利であるが，明治憲法下の貧民救済は社会秩序の維持を目的とするものであった。

　日本国憲法25条2項は「国はすべての生活部面について，社会福祉，社会保障及び公衆衛生の増進に努めなければならない」と規定している。「ゆりかごから墓場まで」というフレーズに象徴されるように，すべての生活部面に行政の関与あるいは行政サービスが及ぶ社会となった。日本国憲法下では，社会基盤の整備（道路，上下水道，電力，ガスなど），社会福祉・社会保障，経済活動への助成など，給付を通じて行政目的を達成する給付行政の領域が拡大することとなった。

> **行政法こぼれ話1-1　恤救規則（じゅっきゅうきそく）：明治7年太政官第162号達**
>
> 　明治憲法下の貧民救済は恤救規則（1874（明治7）～1929（昭和4）年），救護法（昭和4年法律第39号。1946（昭和21）年廃止）に基づいて行われていた。現代の生活保護が「生活に困窮するすべての国民」に保障されているのに対して，恤救規則の受給要件は独身か家族があるかで区別されていた。家族がいる者はまず家族がその面倒をみる，という考え方である。救護法2条には「救護ヲウクベキ者ノ扶養義務者扶養ヲ為スコトヲ得ルトキハ之ヲ救護セズ」と明記されている。しかし，日本国憲法下1950年に制定された生活保護法は，扶養義務者の有無で生活保護受給の可否を判断するという考え方を採用していない。

3　日本国憲法と司法制度

権利救済の拡大

　明治憲法下の行政事件は，行政裁判所において取消しを求めて争うことができる事項が非常に狭く限定されていた。これを列記主義という。日本国憲法により行政事件も司法裁判所が審理することとなり（日憲76条1項2項），争うことができる事項を限定することなく，一般的に「行政庁の違法な処分の取消し又は変更を求める訴え」の提起を認めることとなった。これを列記主義に対して概括主義という。

　また，権力的な行政活動によって惹起された損害について（金銭賠償），明治憲法下の行政裁判所では争うことができず，司法裁判所も受理しなかった（明憲61条）。端的に言えば，違法な行政活動について泣き寝入りせざるを得なかったのであるが，日本国憲法17条が「公務員の不法行為」に対する国又は公共団体の賠償責任を定めたことによって，違法な行政活動による損害を不法行為として争うことを可能とする国家賠償法が制定された。これは被害者救済の観点から重要であるのみならず，民事訴訟において行政活動を裁判所が「違法」と評価し得るのであるから，違法な行政活動に対する制裁・抑止の観点からも画期的であったといえよう。

行政法こぼれ話1-2　行政権に置かれた裁判所

　日本国憲法施行に伴い，その存在が日本国憲法下で許容されないものは廃止された。行政裁判所は1890（明治23）年に行政裁判法（明憲61条，明治23年法律第48号）に基づき司法権ではなく行政権に設置された特別裁判所であったが，1947年4月16日公布裁判所法（昭和22年法律第59号）により廃止された。また，かつて1885（明治18）年太政官達布告31号違警罪即決例に基づいて警察署長が刑罰を科すことも認められていたが，同日，裁判所法施行法（昭和22年法律第60号）により廃止された。

4　日本国憲法と行政法の原則

　明治憲法から日本国憲法へ変わり，憲法が変わったことによって行政法の原理・原則はどう変わったのか。

　明治期にドイツ法に学んで取り入れられ，警察権力の統制のために学説において発達した比例原則は，現代では憲法および行政法において用いられている。日本国憲法13条「立法その他の国政のうえで，最大限の尊重を必要とする」という一節にその根拠が求められる。また，平等原則も行政法の原則として位置付けられている。そして31条適正手続の原則は，刑事手続のみならず，行政手続にも適用される原則として理解されるようになった。

日本国憲法「第八章　地方自治」

　日本国憲法92条「地方公共団体の組織及び運営に関する事項は，地方自治の本旨に基づいて，法律でこれを定める。」に基づき，1947（昭和22）年に基本法である地方自治法が制定された。戦前のわが国は中央集権国家であったから，地方自治が憲法上保障されたことは画期的であった。地方自治の基本法である地方自治法は，制定から現在まで幾度となく大きな法改正が行われ，その中でも1999（平成11）年に行われた法改正は「地方分権一括法」と呼ばれ，「地方分権」創出のために，国と地方公共団体の関係，地方公共団体の事務について抜本的に見直した大改正であった。これが現在の地方自治の土台となっている。

　平成11年法改正以前，地方自治法には，住民直接公選により選出された都道府県知事・市町村長が「国の機関」と見なされ，各省大臣との関係において「上下」と見なす「機関委任事務」という仕組みがあった。平成11年法改正により「機関委任事務」は廃止され，国は国が本来果たすべき役割を重点的に担い，住民に身近な行政はできる限り地方公共団体に委ねることとされた。もはや国と地方公共団体の関係は単純に「上下」関係ではないのである。

　新型コロナウイルス感染症対策をめぐり，国と地方自治体の関係のあり方・権限配分の問題が顕在化したことは記憶に新しいが，感染症対策において「国が本来果たすべき役割」を問い，最も合理的・効果的な国と地方公共団体の役割分担・権限配分が検討されたうえで，感染症法制の新たな立法化が図られるべきであろう。

第 **2** 章　「行政法」の範囲

理解のポイント

　「行政法とは何か」をイメージできるようになろう！　「行政法」は法律の名称ではないことをまず覚えよう。「行政法」や「行政に固有の法」という場合の「法」は，法律ではないことに注意しよう。

1　「行政法」の特色

「行政法」という学問

　法学部で学ぶ場合，法典化された六法（憲法，民法，刑法，商法（会社法），民事訴訟法，刑事訴訟法）を体系的に学ぶことができるようにカリキュラムが組まれている。「行政法」はそこに加えられた七法目（六法＋１）であり，他の六法と大きく異なる点がある。「行政法」という学問分野が対象とする「行政法とは何か」を最初に説明しなければならない点に，行政法という学問分野の特性がある。「行政法」という場合，他の六法と異なり，それが法律の名称でないことをまず覚えよう。

　逐条的に学べるような法典ではなく，多種多様な行政活動のために必要な法律が逐次に制定されることから，自ずと行政に関わる法律の数は多くなる。現在（2022年５月末）通用している法律は2078本（＋未施行13本）あるが，そのほとんどが行政に関わっている。しかし，それらの行政に関わる法律を逐一学ぶことが行政法という学問ではない。それらの数多くの法律には，共通して用いられている仕組みがあり，それは通常の民事の法律関係には見られない仕組みであり，民事訴訟では争うことができない。

　行政法は，「行政に固有の法」「行政に固有の仕組み」という，行政をめぐる法律関係に現れる特殊固有の考え方や法的仕組みを探求することを主軸にする学問である。「行政に固有の法」「行政に固有の仕組み」は非常に抽象的であるが，この教科書全体，とりわけ第**8**章行政処分（行政行為）論，第**13**章行政上の強制措置，第**18**章〜第**23**章で扱われる取消訴訟を通じて，その意味するところの輪郭が次第に明らかになる。

行政法の三分野

　戦後行政学の礎を築いた行政法学者・田中二郎（1906〜1982年。1964〜1973年

最高裁判所判事）は「行政法とは行政の組織及び<u>作用並びにその統制</u>に関する国内公法をいう」と定義した。この定義下線部を手掛かりに，行政法という学問分野を，行政組織法，行政作用法，行政救済法という大きく３つに分けることができる。

　第一に，行政に関する組織，人，物に関する理論である行政組織法（たとえば，国について内閣法，内閣府設置法，国家行政組織法，各省設置法，独立行政法人通則法，国家公務員法，地方自治について地方自治法，地方公務員法等）が挙げられる。第二に，行政と行政の対象となる私人の関係に関する理論である行政作用法（行政作用法に属する法律は数多いが，たとえば所得税法，建築基準法，食品衛生法，道路交通法等）が挙げられる。「行政に固有の法」「行政に固有の仕組み」は，行政と私人の関係を扱う行政作用法において用いられる。そして第三に，行政作用によって私人の権利・利益の侵害が生じた場合にその違法・不当を争う行政救済法（行政不服審査法，行政事件訴訟法，国家賠償法）が挙げられる。

2　行政をめぐる法律関係の特質

　多種多様な行政活動が行われているため，行政と私人（国民，住民，事業者）との法律関係は一様ではない。行政と私人との法律関係の特質を明らかにすることは，その法律関係に適用されるべき法律（民事法が適用可能かどうか）や，法解釈のあり方と関係している。

権力関係

　行政上の法律関係として本来的な関係であるとされるのは，警察や租税賦課・徴収に見られるような権力関係である。取締行政，権力行政あるいは規制行政では，義務を命じ（たとえば納税義務を課す）強制的に義務を果たさせる（強制的に徴収する），ある一定の行為を禁止し（不作為義務を課す）それに反した者に対して罰則を科する，ということによって行政目的を達成しようとする。そのような権力的・強制的な法律関係は，私法上の関係には見られないものである。

民間事業者と同様の活動

　他方，私法上の法律関係と同様と見なされる関係もある。行政をするうえで土地や物品が必要になった場合に民間事業者から購入するが，行政が一方の相手方であっても民事上の契約である。また，私たちの生活を見渡せば，公共交通や病院経営など，行政が民間事業者と同様の活動を行っていることもある。そういう場合の法律関係は，民間事業者と利用者の関係と異ならない。

行政法規と民事法による規律

　行政上の法律関係と私法上の法律関係は単純に区分されるものではない。行政法規によって規律されている部分と民事法によって規律されている両方の部分から成り立っている関係もある。たとえば，公営住宅に住むことを例にとろう。公営住宅の供給・管理は，法律および条例に基づいて行われる。入居者資格も公営住宅法で定められている。公営住宅の使用関係は公営住宅法に基づいて制定された各地方公共団体の条例に従い，入居許可処分によって始まる。民間住宅の賃貸関係は民法・借地借家法に基づく契約関係であり，公営住宅の使用関係とは根幹の部分が異なっている。しかし，公営住宅法や条例が賃貸関係について必要な事項をすべて定めているわけではない。判例2−1は，公営住宅法および条例に規定がないときに，民事法が適用されることを示している。他方判例2−2は，公営住宅の使用権承継の問題である。民間借家の賃借権の相続は認められているが，公営住宅法には明文の定めがない。最高裁は公営住宅法の趣旨から，その相続人が公営住宅を使用する権利を当然に承継するものではないことを判示している。

　このように行政上の法律関係をカテゴリカルに分けることは困難であるが，古くから行政上の法律関係を分類しようとする試みは，その分類における民事法の適用可否と結びついている。民事法の適用が排除されるのか否か，あるいは，民事法の適用が可能であるとして，行政法規と民事法はどのような適用関係となるかが論点となる。

判例2−1　最判昭和59年12月13日民集38巻12号1411頁（都営住宅明渡請求事件）
【事案】　被上告人X（原告東京都）が，都営住宅の使用者である上告人Y（被告）に対し，上告人の割増賃料不払及び無断増築は公営住宅法及び都営住宅条例の定める明渡事由に当たるとして，当該住宅の明渡しを求めた。
【判示事項】　公営住宅の明渡請求と信頼関係の法理の適用
【裁判要旨】　上告棄却。公営住宅の入居者が公営住宅法22条1項所定の明渡請求事由に該当する行為をした場合であっても，賃貸人である事業主体との間の信頼関係を破壊するとは認め難い特段の事情があるときは，事業主体の長がした明渡請求は効力を生じない。

判例2−2　最判平成2年10月18日民集44巻7号1021頁（公営住宅相続人使用権事件）
【事案】　被上告人X（原告東京都）が，従前の使用者から使用権を相続により承継したとして都営住宅である本件建物を占有している上告人らY（被告）に対し，本件建物の明渡等を求めた事案。公営住宅法及び東京都営住宅条例は，公営住宅である都営

住宅の使用権の相続による当然承継を認めていない。都条例14条の2は，承継基準に従って知事の承継許可があったときのみその承継を認めているが，上告人らY（被告）はこの許可を受けておらず，相続による承継を主張した。

【判示事項】　公営住宅の入居者の死亡と相続人による公営住宅を使用する権利の承継

【裁判要旨】　上告棄却。公営住宅法の規定の趣旨にかんがみれば，入居者が死亡した場合には，その相続人が公営住宅を使用する権利を当然に承継すると解する余地はないというべきである。

3　公法私法二元論の否定

理解のポイント

　近年の行政法学説が「公法私法二元論」を否定する傾向にあることを理解しよう！

① 「公法私法二元論」とは，大きく公法と私法というそれぞれ独自の法体系に区分されているという考え方であり，ここでいう公法とは行政権の主体に特殊な地位（優越的立場）と権能を認める法体系を意味する。

② 公法私法二元論では権力関係には民事法の適用がないとされる。しかし最高裁判例および近年の学説は，権力関係であっても民事法の適用を排除しないことを理解しよう。

③ かつて（昭和の時代）支配的であった田中二郎による行政上の法律関係の分類は，以下のとおりである。法制度も変わり，このような分類論は現代では維持できない。しかし，様々な行政法教科書において公法私法二元論を説明する際に言及されている。

田中二郎による行政上の法律関係の分類
➡権力関係（本来的公法関係）警察，租税，収用など（民事法の適用がない）
➡非権力関係（民事法の適用あり）
●行政上の管理関係（伝来的公法関係　公法上の特別な規律関係）
・公法上の勤務関係（公務員）
・公法上の営造物の利用関係（国立学校と学生の関係，刑務所と在監者の関係など）
・公法上の特別監督関係（特許企業者に対する国の監督関係）
●私経済関係（私法関係）

　かつて戦前から昭和のある時期にかけて，行政法理論では公法と私法を区別する二元論が支配的であった。「公法私法二元論」とは，大きく公法と私法というそれぞれ独自の法体系に区分されているという考え方であり，公法私法二元論のいう公法とは，行政権の主体に特殊な地位（優越的立場）と権能を認めることを意

味する。公法と私法という二分法的考え方の根拠として，公法上の権利（公権）と私法上の権利（私権）の性質の違い，時効の違いが挙げられていたが，現代では，これらの相違を公法私法二元論に基づいて説明することはない。

公権と私権

　公法私法二元論のもとで，公法上の権利（公権）は一身専属的なもので，譲渡，放棄，差押え，相続，相殺の対象にならないという公権の不融通性が強調された。参政権を思い浮かべれば，権利が一身専属的であること，譲渡，放棄，差押え，相続，相殺などの対象にならない不融通性というものが顕著である。しかし，公法上の権利のすべてが参政権と同様の性質を有するとは限らない。

　公法上の金銭債権を例にとろう。最高裁判決には，権利が一身専属的であるということを認めたものと（最大判昭和42年5月24日民集21巻5号1043頁（朝日訴訟判決）は，生活保護受給権が相続の対象とならないとした），権利の融通性を認めたものがある（最判昭和53年2月23日民集32巻1号11頁は，地方議会議員の報酬請求権の経済的価値としての移転性，譲渡性を認めた）。公法上の権利（公権）であるという理由で，性質が一義的に定まるわけではない。年金受給権は，法律により譲渡，担保，差押えが禁止されているが，年金受給者が借入をする際に担保に供する物が年金受給権しかないこともあることもあり，政策的に「特に法律で定めるところにより」担保にすることを認めている（厚生年金法41条1項）。

時　効

　公法上の金銭債権に関する時効は，国の会計法規（会計法30条，31条）や地方自治法236条に定めがある。消滅時効を5年とし，時効の援用を要しないこと，時効の利益を放棄できないことを定めている点などに特徴がある。かつては民法の消滅時効との相違から，時効規定が公法私法二元論の実定法上の論拠の1つに挙げられていた。しかし会計法30条は公法上の金銭債権すべてに適用があるのではなく，「行政上の便宜を考慮する必要がある金銭債権であって他に時効期間につき特別の規定のないものについて適用される」（下記判例2-3）にすぎないとされ，現代では公法私法二元論と関連付けた主張は否定されている。

判例2-3　最判昭和50年2月25日民集29巻2号143頁（自衛隊車両整備工場内事件）
【事案】　自衛隊車両整備工場における交通事故により自衛隊員訴外Bが即死した。訴外Bの父母（原告X1，X2）は，控訴審において，安全配慮義務不履行による損害賠償義務を負担している旨の主張を追加した。控訴審判決は，自衛隊は通常の雇傭関係ではなく，特別権力関係に基いて被控訴人（国）のため服務していたのであるから，

国は本件事故について補償法に基く補償以外に債務不履行に基く損害賠償義務を負担しないとして請求を棄却したため，控訴人（原告Ｘ１，Ｘ２）が上告した。

【判旨】 破棄差戻し「国が義務者であっても，被害者に損害を賠償すべき関係は，公平の理念に基づき被害者に生じた損害の公正な填補を目的とする点において，私人相互間における損害賠償の関係とその目的性質を異にするものではないから，国に対する右損害賠償請求権の消滅時効期間は，会計法30条所定の５年と解すべきではなく，民法167条１項により10年」

【注釈】 この最高裁判決は，時効のみならず，公務員に対する安全配慮義務に関する判例としても重要である。民法の改正により，時効に関する規定が変わっていることに注意しよう。

4　権力関係における民事法の適用

　最高裁は権力関係において民事法の適用があることを否定していないが，権力関係に民事法の適用が常に認められるわけではない。下記２つの最高裁判例は民法177条の適用に関する最高裁判例であるが，租税滞納処分手続については適用を認め，自作農創設特別措置法（昭和21年法律第43号，昭和27年廃止）に基づく農地買収処分には適用を認めず，結論が分かれている。事案に即して，なぜ異なる結論に至ったのかを理解することが重要である。

　自作農創設特別措置法に基づく農地買収処分について，最高裁は民法177条の適用を認めなかった。それは公法・私法二元論の見地から判断されたのではなく，自作農創設特別措置法の趣旨からその結論を導いている。国家が権力的手段を以て農地の強制買上を行うものであって，対等の関係にある私人相互の経済取引を本旨とする民法上の売買とは，その本質を異にしているといい，民法177条の適用を認めなかった。他方，租税債権については，債権者である国が民事訴訟法上の強制執行における差押債権者の地位に類する点に着眼し，民法177条の適用があることを認めている。

判例2-4　最判昭和28年２月18日民集７巻２号157頁（農地買収処分と民法177条）

【事案】 被上告人Ｘ（原告）は訴外Ａより本件土地を買い受け，代金支払・土地引渡しを済ませたが，諸般の事情により所有権移転登記を行わなかった。農地改革に際して，地区農地委員会は，本件土地の所有者は登記簿上の名義人Ａであるとして，Ａを不在地主として本件土地の買収計画を定め，農地買収処分を発布した。

【判旨】 上告棄却「即ち政府の同法に基づく農地買収処分は，国家が権力的手段を以

て農地の強制買上を行うものであつて，対等の関係にある私人相互の経済取引を本旨
とする民法上の売買とは，その本質を異にするものである。従って，かかる私経済上
の取引の安全を保障するために設けられた民法177条の規定は，自作法による農地買
収処分には，その適用を見ないものと解すべきである。されば政府が同法に従って，
農地の買収を行うには，単に登記簿の記載に依拠して，登記簿上の農地の所有者を相
手方として買収処分を行うべきものではなく，真実の農地の所有者から，これを買収
すべきものであると解する。」

　自作農創設特別措置法にいう「自作農」とは，自己の所有する耕作地で耕作す
る個人をいい，「小作農」とは賃借権，使用貸借による権利，永小作権，地上権
または質権に基づく耕作地において耕作する個人をいう。戦前の農村は貧しく，
大地主から土地を借りて耕作する小作農がほとんどであった。不作豊作にかかわ
らず地代を支払わなければならない小作人は，懸命に働いても貧しさから抜け出
すことができない構造にあった。

　第二次世界大戦後，連合国軍最高司令官総司令部（General Headquarters of the
Supreme Commander for the Allied Powers, 以下，GHQという）が主導した農地改革
は，地主制を解体し農村の構造を一新させた。自作農創設特別措置法は「この法
律は，耕作者の地位を安定し，その労働の成果を公正に享受させるため自作農を
急速且つ広汎に創設し，以て農業生産力の発展と農村における民主的傾向の促進
を図ることを目的とする。」（1条）ことを目的として掲げ，農地の所在地に居住
していない所有者（いわゆる不在地主）から政府が強制的に農地を買い上げ，これ
を耕作していた小作者に低廉な価格で売り渡す仕組みを定めていた。

　農地の強制買収について，多くの訴訟が提起された。現代の行政法理論の礎と
なっているのは，昭和20年代，30年代に出された自作農創設特別措置法に基づく
農地買収処分に関する最高裁判例である。

**判例2-5　最判昭和31年4月24日民集10巻4号417頁（租税滞納処分と民法177条（公
売処分無効確認等請求事件））**
【事案】　被上告人X（原告）は，1946（昭和21）年，訴外A会社から本件土地を購入し
たが所有権移転登記を行わないまま，B（魚津税務署長）に財産税の申告を行い，税
を納付していた。訴外A会社は租税滞納を理由にBから機械器具の差押えを受けた
が，訴外A会社は本件土地の所有権移転登記がまだなされていないことを知り，Bに
本件土地を差押さえと陳情し，Bはこれを認めた。Bから引き継いだY₁（富山税務署
長）は本件土地を差押えて公売処分を行い，公売処分の結果，Y₂に所有権が移った。

【判旨】　破棄差戻し「国税滞納処分においては，国は，その有する租税債権につき，自ら執行機関として，強制執行の方法により，その満足を得ようとするものであつて，滞納者の財産を差し押えた国の地位は，あたかも，民事訴訟法上の強制執行における差押債権者の地位に類するものであり，租税債権がたまたま公法上のものであることは，この関係において，国が一般私法上の債権者より不利益の取扱を受ける理由となるものではない。それ故，滞納処分による差押の関係においても，民法177条の適用があるものと解するのが相当である。」

【注釈】　差戻控訴審を経て，差戻上告審（最判昭和35年3月31日民集14巻4号663頁）では，Y₁は上告人の本件土地の所有権取得に対し登記の欠缺を主張するについて正当の利益を有する第三者に該当せず，Y₁のなした差押並びにその登記を含む一連の本件公売処分は滞納者の所有に属しない目的物件を対象としてなされたものとして無効となり，Y₂所有権取得登記も抹消となった。

5　行政法規違反と民事上の効力

取締法規と民事上の法律行為

　行政法規の役割は，紛争を予防することにあり，多くの場合，資格等（営業許可，認可，免許など）を定めることによって悪質な業者を排除しようとする。そして同時に，安全性の規準を定めて，その基準に違反することを取り締まろうとする。ここでいう取締法規である。問題となるのは，行政法規に違反した場合の契約の効力，たとえば顧客との関係で無許可営業の業者との取引行為が無効となるかどうかである。

　下記最高裁昭和35年判決は，許可の有無は本件取引の私法上の効力に消長を及ぼさないと判示している。また，道路運送法上の免許を得ないでしたタクシー営業であっても，当然無効となるものではないとした高裁判決がある（名古屋高判昭和35年12月26日高裁判例集13巻10号781頁）。食品衛生法も道路運送法も，私法上の取引そのものを規律しようとする法律ではない。

判例2-6　最判昭和35年3月18日民集14巻4号483頁（取締法規と法律行為の効力）
【判示事項】　食品衛生法21条による食肉販売の営業許可を受けない者のした食肉買入契約の効力
【裁判要旨】　食品衛生法21条による食肉販売の営業許可を受けない者のした食肉の買入契約は無効ではない。

強行法規と民事上の法律行為

取引自体を規制する行政法規もある。そのような行政法規は強行法規の性質を有しているとされ，民事上の法律行為の効力に影響を及ぼす法規であり，最高裁は契約を無効としている。

判例2-7 最判昭和30年9月30日民集9巻10号1498頁（統制法規違反の法律行為）
【判示事項】 「配給統制違反」の売買を無効とした一事例
【裁判要旨】 臨時物資需給調整法に基く加工水産物配給規則2条によつて指定された物資については，法定の除外事由その他特段の事情の存しない限り，同規則3条以下所定の集荷機関，荷受機関，登録小売店舗等の機構を通ずる取引のみが有効であつて，右以外の無資格者による取引は無効と解すべきである。

近年の傾向

民事上の法律行為の効力の問題は，古い昭和30年代の2つの最高裁判例に基づいて，取締法規違反の場合と強行法規の場合に大別して判断されていたが，近年の最高裁判例には変化が見られ，二分法的な発想をとらないものがある。取締法規違反について，違法の程度を考慮して契約の効力を判断し，公序良俗に反する契約として無効とする判決が出されている。

居住者や近隣住民の生命，身体等の安全に関わる違法を有する危険な建物を現出させるような建築基準法規違反の行為を「本件各建物の建築は著しく反社会性の強い行為」であるといい，これを目的とする本件各契約を，公序良俗に反し，無効としている（最判平成23年12月16日判時2139号3頁）。

6 司法審査の及ばない行政上の法律関係の範囲（法治主義の例外）

理解のポイント

特別権力関係論が現代の行政法理論では否定されたこと，そして司法審査の及ばない関係の説明の仕方が部分社会論に依るものとなったことを理解しよう。
① 特別権力関係論とは，包括的な支配・服従関係を指している。命令を発する法律の根拠はその都度はいらず，命令違反には懲戒を加えることができ，内部関係であるから司法審査に服さないとされた。
② 部分社会論とは，一般市民法秩序と直接の関係を有しない内部的な問題にとどまる限り，その自主的，自律的な解決に委ねるのを適当とし，裁判所の司法審査の対象とはならないとする考え方である。

特別権力関係論の否定と部分社会論の登場

　昭和の時代には，戦前の行政法理論から引き継がれた公法私法二元論と特別権力関係論を主張する学説が根強かったが，現代の行政法理論では，この２つの理論に依拠して結論づけることはなくなった。戦前から特別権力関係論の典型例とされた公務員の勤務関係は，現在では司法審査が及ばないというような関係ではなく，特別権力関係であることは否定されている。

　司法審査が及ばない行政上の法律関係は，現代では部分社会論によって説明されるようになった。地方議会の議員に対する懲罰（出席停止）に関する昭和35年最高裁大法廷判決は，司法審査が及ばない理由を次のように述べている。「裁判所法３条１項にいう一切の法律上の争訟とは，あらゆる法律上の係争を意味するものではなく，その中には事柄の特質上自律的な法規範を有する団体の内部規律の問題として自治的措置に任せるのを適当とするものがある。そして，普通地方公共団体の議会における法律上の係争については，一般市民法秩序と直接の関係を有しない内部的な問題にとどまる限り，その自主的，自律的な解決に委ねるのを適当とし，裁判所の司法審査の対象とはならないと解するのが相当である。」（最大判昭和35年10月19日民集14巻12号2633頁）。

　つまり，除名については司法審査が及び，出席停止やその他の内部的な懲罰については司法審査が及ばないとするものであるが，このような地方議会における懲罰に関する最高裁の考え方は長く維持された（最判平成30年４月26日集民258号61頁（議場における発言命令取消請求事件）では，請求を認容した原審高裁判決に対して第一小法廷が部分社会論の考え方を示して破棄した）。2020（令和２）年にいたって最高裁大法廷判決による判例変更が行われ，住民の代表として選出された公選の地方議員が出席停止の懲罰によってその責務を果たせなくなることの重大性に鑑み，出席停止の適否が専ら議会の自主的，自律的な解決に委ねられるべきであるということはできないとされた。

　特別権力関係論は公法私法二元論を前提とするものであるから，部分社会論の登場は，公法私法二元論を否定し特別権力関係を排したと評価する学説がある一方で，昭和女子大学事件（最判昭和49年７月19日民集28巻５号790頁）に適用が見られるように，部分社会論は公法関係のみならず私法関係にも司法審査が及ばない範囲を広げたと批判する学説がある。最判平成30年４月26日判決のように部分社会論を前提として，団体ないし組織の自律性のみを理由に司法審査が及ばないことを形式的に判断することは，権利救済の観点からすれば認め難いことである。自

律的な組織であるという理由だけで司法審査が「及ばない」とするのではなく，法律関係と権利侵害ないし不利益を精査するべきである。

判例 2 - 8　最大判令和 2 年11月25日民集74巻 8 号2229頁（出席停止処分取消請求事件）

【事案】　Ｉ市議会の議員であった被上告人Ｘ（原告）が，市議会から科された23日間の出席停止の懲罰が違憲，違法であるとして，上告人Ｙ（被告Ｉ市）を相手に，その取消しを求めるとともに，議会議員の議員報酬，費用弁償及び期末手当に関する条例（平成20年Ｉ市条例第23号。以下「本件条例」という。）に基づき，議員報酬のうち本件処分による減額分の支払を求めた。

【判旨】　棄却「議員は，憲法上の住民自治の原則を具現化するため，議会が行う上記の各事項等について，議事に参与し，議決に加わるなどして，住民の代表としてその意思を当該普通地方公共団体の意思決定に反映させるべく活動する責務を負うものである。出席停止の懲罰は，上記の責務を負う公選の議員に対し，議会がその権能において科する処分であり，これが科されると，当該議員はその期間，会議及び委員会への出席が停止され，議事に参与して議決に加わるなどの議員としての中核的な活動をすることができず，住民の負託を受けた議員としての責務を十分に果たすことができなくなる。このような出席停止の懲罰の性質や議員活動に対する制約の程度に照らすと，これが議員の権利行使の一時的制限にすぎないものとして，その適否が専ら議会の自主的，自律的な解決に委ねられるべきであるということはできない。そうすると，出席停止の懲罰は，議会の自律的な権能に基づいてされたものとして，議会に一定の裁量が認められるべきであるものの，裁判所は，常にその適否を判断することができるというべきである。

　したがって，普通地方公共団体の議会の議員に対する出席停止の懲罰の適否は，司法審査の対象となるというべきである。」

第**3**章　行政活動と法律の関係

理解のポイント

　行政法特有の言葉の使い方に慣れよう！

① 「法律の根拠が必要（法律の根拠）」≒「法律による授権が必要（法律の授権）」

　「法律の根拠」は「行政活動の要件と効果（どういう行政活動を，どういうときに行うことができるか）を法律で定める」という意味で使われることが多い。他方，「法律による授権」は，ある行政活動をする法律上の権限をある特定の人に付与することを法律で定める，という意味で使われている。たとえば，法律が大臣に許可権限を定めているとき，これを「法律による授権」があるという表現をする。

② 「法律の留保」（行政法）≠「法律の留保」（憲法）

　「法律の留保」（憲法）は憲法による権利の保障と法律による権利の制限の問題であるが，「法律の留保」（行政法）は行政活動について法律で定める範囲の問題である。ここでいう「留保」は，「（法律で）定める」という意味で使われている。

③ 「留保」という言葉の使い方

　行政法の教科書では，「留保」は2通りの意味で使われていることに注意しよう。たとえば，有名な最高裁品川マンション事件判決（➡第**12**章）には「建築確認の留保」という表現が出てくる。これは「建築確認を出せる状況にあるにもかかわらず保留する」という意味で使われている。そしてもう1つが，ここでいう「法律で定める」という「法律の留保」という用語法である。

1　行政活動のための法律規範

　行政活動に必要な法律規範は，行政の組織及び所掌事務について定める組織規範，行政活動の根拠を定める根拠規範，行政活動のあり方を定める規制規範という3つに分類される。

　組織規範が存在することを前提に，行政活動の具体的な内容を定める個別の法律が制定される。そういった法律を根拠規範といい，数多くの法律は根拠規範に分類される。そして，行政活動全体に通じる，行政活動を律するような法律は，規制規範と称される。行政手続法，「補助金等に係る予算の執行の適正化に関する法律」（略：補助金適正化法）などが規制規範に該当するが，その例は少ない。

　行政活動と法律の関係について，すべての行政活動にその根拠となる法律が定められている必要があると理解されているわけではない。むしろ，行政活動の「どの範囲に法律が必要なのか」，という角度から行政法の議論は設定されている

（法律の留保論）。

2 法律による行政の原理（法治主義と行政権）

形式的法治国から実質的法治国へ

　行政活動は法律に従って行われなければならない。この考え方を「法律による行政の原理」という。ドイツ法からもたらされた原則であり，明治憲法下の行政活動にも妥当した行政法において最も基本的かつ重要な原則であるが，明治憲法下では徹底されなかった。明治憲法9条は天皇が「公共ノ安寧秩序ヲ保持シ及臣民ノ幸福ヲ増進スル為」に法律に代わり命令（天皇の命令であるから勅令という）を発することを認めていたからである。これを独立命令という。法律に依らずに法律から独立して命令を定めて人民の権利・自由を制限することが可能であったが，日本国憲法下で独立命令を発することは認められていない。

　ドイツ法からもたらされた「法律による行政の原理」であるが，その欠点は「法律」の中身を問わないことにあった。「法律」の中身が問われることなく行政が「法律」に従うならば，人権侵害が惹起されることもあり得るからである（形式的法治国，形式的法治主義）。「法律」は国会（立法権）が定めるものであるから，行政が「法律」に従うことは立法権による行政権の統制を意味している。日本国憲法81条が法令審査権を規定したことによりこの欠点は克服され，日本国憲法下の「法律による行政の原理」は法治主義（実質的法治国，実質的法治主義）と同義と理解されるようになった。法治主義はすべての国家活動に関する原則であるから，「法律による行政の原理」は行政権に妥当する法治主義の一側面である。

「法律による行政の原理」の内容

　「法律による行政の原理」は，法律と行政活動の関係に関する大原則である。それは，法律による法規創造力の原則，法律の優位，法律の留保という3つの原則を含んでいる。

1）法律による法規創造力独占の原則　　新たに法規を創造するのは法律でなければならない。ここでいう「法規」とは，国民の権利義務に変動を及ぼす法規範の意味で用いられている。法律により「法規」は定められなければならないが，しかし同時に，日本国憲法は行政機関が立法作用を行うことを許容している（日憲73条6号は内閣の職務として「この憲法及び法律の規定を実施するために，政令を制定すること」を定めている）。「法規」に関わることはまず法律で定めるべきこと，法律自身が「法規」に関わる詳細を行政機関の定立する下位法令で定めることを明

記すること（➡法律の委任）が原則であることを理解しよう。

２）法律の優位の原則　　行政活動は現に存在する法律に違反して行われてはならない。それはすべての行政活動に妥当する。この原則が求めているのは最も基本的なことであり，当然のことであるが，現実社会で発生する事象に対応するために講じられた措置が，ときにこの原則に違反していると指摘されることがある。

行政法こぼれ話 3-1　「お願い」はなぜ違法と批判されるか？

　2021年7月8日付「酒類の提供停止を伴う休業要請等に応じない飲食店との酒類の取引停止について（依頼）」という文書が，国税庁酒税課と内閣官房新型コロナウイルス感染症対策推進室との連名で「酒類業中央団体連絡協議会各組合」宛てに発出された。この文書は，「これはしてはいけない」という行政法間違い探しゲームの素材となるような誤りを多々内包している。発出した当事者は「お願いしているだけだ。お願いを聞きたくなかったら無視すればよいのだから，違法などない」と答えるであろう。しかし，そもそも国税庁はいつからコロナ対策の任務を担うようになったのだろう？　法律が定めた所掌事務を外れ，酒税確保という法律が定める任務を損なっていないだろうか？　法律が定める任務を踏み越えた行政活動，任務の範囲外の行政指導を行うことはそもそも認められないのである。

３）法律の留保の原則　　法律の留保は，行政活動に法律の根拠を求める原則である。つまり，行政活動を行うには法律にその定めが必要であるということであるが，どのような行政活動について法律で定めることが必要であるのかという点について，学説が分かれている（①〜⑤学説の並びはおおよそ時系列である）。

① 侵害留保説　　「侵害」（＝規制）とは，国民の権利・自由を制限し義務を課す作用を指している。侵害留保説は，そのような「侵害」行為（たとえば課税処分，営業の禁止，建築物の除却命令など）を行うには法律の根拠が必要であるという考え方であり，明治憲法下の行政活動はこの考え方に従っていた。現代の行政実務もこの侵害留保説に立って行政活動をしており，通説的な学説であるといえる。しかしこの考え方に立てば，「侵害」（規制）的な行政活動以外には法律が必要ではないことになってしまい，広い自由な行政の余地が生じることになってしまう。

② 全部留保説　　明治憲法下の通説であった侵害留保説に対して，日本国憲法下で批判的な立場から提唱されたのが全部留保説である。全部留保説は，すべての行政活動に法律の根拠を求める学説である。行政活動の根拠を法律で定めるということは立法権が行政権を統制することを意味し，民主主義的な統制に重きを置いた学説である。この学説に対する批判は，法律がなければ行政が身動きのとれない状態に陥ってしまう点にある。現代社会に生じる様々な問題に対して行政は早急に対応することが求められるが，最初から法律が存するわけではない。多

くの場合，重大な問題が発生してから立法化の必要が検討される。法律がなければ行政活動ができないのであれば，行政は現代社会の諸問題に対して何ら対応策を講じることができなくなってしまう。

　基本的に行政に自由な領域を認める侵害留保説と，あらゆる行政活動について法律で定めることを求める全部留保説は，対極に位置するような学説である。侵害留保説が前提とする行政に自由な領域を狭めつつ，機動的な対応に欠ける全部留保説の欠点を克服することを目指して，侵害留保説と全部留保説の中間に位置する学説が主張されるようになった。

③　社会留保説　　国民の生存権（社会権）の確保を目的として行われる行政活動にも法律の根拠が必要であると主張する学説が台頭した。これを社会留保説という。

④　権力留保説　　「行政庁が権力的な行為形式をとって活動する場合には，国民の権利自由を侵害するものであると，国民に権利をあたえ義務を免ずるものであるとにかかわらず，法律の授権が必要である」と主張する説を，権力留保説という。

　この学説の特徴は「権力的な行為形式」に着眼している点にあるが，問題点もそこにある。「権力的な行為形式」は法律によって定められるものであり，「権力的な行為形式」を用いる給付の範囲が論じられていないため，循環論法という批判がある。

⑤　重要事項留保説（本質留保説）　　重要な行政作用を行うには，その基本的な内容は必ず法律で決めておかなければならないとする学説である。これはドイツからもたらされた学説であり，ドイツ法においては本質性理論という。基本的人権（ドイツ法では基本権という）にかかわる事項，基本的な政策や計画など政治的に重要な事項について，法律で定めるべきとする。この学説の問題点としては，重要な事項とは何か，ということをまず議論しなければならないことが指摘されるが，法律で定めることは，どのような目的の下，どのような方向で，どのような内容を，どのような手続で決定するかを，議会の統制の下に置くということになる。

　法律の留保とは，行政活動について「法律で定める範囲」の問題であり，侵害留保説では「侵害」について法律で定めることが必要であるといい，全部留保説では「すべての行政活動」についてであったから，非常に明快であった。しかし，侵害留保説と全部留保説の中間に位置する③から⑤の学説は，両説のように明快

に「範囲」を画することができない問題を抱えている。現代においても行政実務は基本的には侵害留保説に立って行政活動を行っている。そういった意味では侵害留保説は現代においても「通説」的な地位にあるといえるが，現代において広い自由な領域を行政に認めることが肯定されているわけではなく，議会による統制の必要性が主張される。

行政法こぼれ話 3 - 2　2020年特別定額給付金
　特別定額給付金事業は「新型コロナウイルス感染症緊急経済対策」(2020年4月20日閣議決定) として基準日 (2020年4月27日) に住民基本台帳に記録されている者に，1人あたり10万円を交付するというものであった。国の事業であるが実施主体は市町村であり，実施に要する経費 (給付事業費および事務費) は国が10割補助した。給付事業費12兆7,344億1,400万円は令和2年度補正予算 (第1号) として確保された。予算の成立には国会の議決が必要であるが，特別定額給付金交付のための法律が制定されたわけではなく，特別定額給付金事業の詳細は給付要綱の形式で定められたに過ぎない。これは「給付」には法律の根拠を要しないという侵害留保説に立っていることを示している。

3　「法律の留保」を求める意味

(1) 根拠規範ではなく組織規範で足りるのか？

　理解のポイント
　　根拠規範，授権規範，組織規範の違いを理解しよう。
　　〇道路交通法 (道交法) 67条
　　「警察官は，車両等の運転者が──中略──までの規定に違反して車両等を運転していると認めるときは，当該車両等を停止させ，及び当該車両等の運転者に対し，第92条第1項の運転免許証又は第107条の2の国際運転免許証若しくは外国運転免許証の提示を求めることができる。」
　　〇警察官職務執行法 (警職法) 2条1項
　　「警察官は，異常な挙動その他周囲の事情から合理的に判断して何らかの犯罪を犯し，若しくは犯そうとしていると疑うに足りる相当な理由のある者又は既に行われた犯罪について，若しくは犯罪が行われようとしていることについて知っていると認められる者を停止させて質問することができる。」

① 行政活動の具体的な内容が定められている場合，その規範を根拠規範という。
② たとえば「当該車両等を停止させ」運転免許証の「提示を求めることができる」など，権限を与える規範を授権規範ともいう。
③ 警察官にとって一般的な授権規範に警職法がある。警察官が犯罪のおそれがあると考えれば2条1項の条文を根拠に停止させ，質問をすることができる。

④ 組織規範とは，行政組織について定める規範である。警察法は「警察の組織を
　　定めることを目的とする」（1条）法律であり，組織規範に分類される。

　警察官が公道を走行する車両を止めるには，その理由と法的根拠が必要である。たとえば，犯罪が発生した際の緊急配備で検問をすることがある（刑事訴訟法197条）。違法改造車両や異様な走行をする車両が走っていれば，警察官は外観から止めるべき理由を得て，道交法67条を根拠にして停止させ，運転免許証の提示を求めることができる。また，犯罪のおそれがあると疑うに足りる相当な理由があれば，警職法2条1項に基づいて停止させて質問をすることができる。しかし，いわゆる交通検問の場合は一斉無差別検問であって，車両を止める外観から察知し得る理由はなく，止めてから飲酒運転等が発覚する。

　下記昭和55年最高裁判決以前には，交通検問を実施する法的根拠についての学説は，警職法2条1項説，警察法2条1項説，法律を制定する必要ありとする説に分かれていた。警職法が根拠規範，授権規範の性質を有するのに対して，警察法は警察の組織と責務を定める組織規範である。本来であれば警察活動には根拠規範を定めるべきであるが，下記昭和55年最高裁判決は組織法である警察法2条1項を根拠として「強制力を伴わない任意手段による限り，一般的に許容されるべきもの」とした。

> **判例3-1　最判昭和55年9月22日刑集34巻5号272頁（自動車の一斉無差別検問）**
> 【判旨】　棄却「警察法2条1項が「交通の取締」を警察の責務として定めていることに照らすと，交通の安全及び交通秩序の維持などに必要な警察の諸活動は，強制力を伴わない任意手段による限り，一般的に許容されるべきものであるが，それが国民の権利，自由の干渉にわたるおそれのある事項にかかわる場合には，任意手段によるからといって無制限に許されるべきものでないことも同条2項及び警察官職務執行法1条などの趣旨にかんがみ明らかである。しかしながら，自動車の運転者は，公道において自動車を利用することを許されていることに伴う当然の負担として，合理的に必要な限度で行われる交通の取締に協力すべきものであること，その他現時における交通違反，交通事故の状況などをも考慮すると，警察官が，交通取締の一環として交通違反の多発する地域等の適当な場所において，交通違反の予防，検挙のための自動車検問を実施し，同所を通過する自動車に対して走行の外観上の不審な点の有無にかかわりなく短時分の停止を求めて，運転者などに対し必要な事項についての質問などをすることは，それが相手方の任意の協力を求める形で行われ，自動車の利用者の自由を不当に制約することにならない方法，態様で行われる限り，適法なものと解すべきである。」

任意である（非権力的である）から根拠規範や授権規範を要しないという考え方は，一般の行政組織が組織規範の定める所掌事務の範囲内であれば非権力的な行政指導をするにあたって特に法律の定めを要しないとする考え方とよく似ている。しかし，行政指導にも限界があるように，任意の協力を求めるものであっても，最高裁が言うようにそれが国民の権利，自由の干渉にわたるおそれのある事項にかかわる場合には，任意手段によるからといって無制限に許されるべきものではない。警察組織のとる任意手段は，一般行政組織の行う行政指導と異なって，警察権力を背景とした断り難い任意手段であることに留意すべきであろう。

（2）侵害留保の例外に該当するか？

　行政機関が国民の権利・自由を制限し，義務を課す侵害的な作用には，必ず法律の根拠（あるいは地方公共団体の定める条例）が必要である。これは「法律による行政の原理」（法治主義）の大原則であるが，緊急の場合に安全を確保するために，法規の根拠なく所有者のある物に対して強制的な措置を講じることが許されるかどうかが問題とされる。

　この点について，最判平成3年3月8日民集45巻3号164頁（浦安町ヨット不法係留施設撤去事件）がしばしば引き合いに出される。しかしこの最高裁判決は「法治主義の例外（侵害留保の例外）は認められるか」という問題に正面から答えているわけではない。この事件は，漁港にヨットを不法係留するために打ち込まれていた杭が船の航行にとり非常に危険であり，早急に対応するために町が支出した費用の損害賠償を住民が町長に対して求めた住民訴訟（平成14年改正前の地方自治法242条の2第1項4号）であり，論点が異なるからである。最高裁は，緊急の事態に対処するためにやむを得ない措置に係る費用の支出として違法とは言えないとしているが，法規の根拠なく強制的な措置を講じること自体について判断していない。

　緊急に必要な措置であったと町は主張するが，町は漁港管理者として，漁港法に基づく漁港管理規程を制定することを怠っていた。漁港管理規程が制定されていれば，その権限に基づき，行政代執行法を適用して行政代執行として適法に強制撤去は可能であったから，法治主義の例外とすべき問題ではないのである。

（3）調査結果の公表に法律の根拠は必要か？

　情報化社会において，調査結果の公表は，時として私人の名誉・信用を毀損

し，事業者に営業上の重大な損失をもたらすことがある。このような調査結果の公表は，制裁や法律上の不利益を与えることを意図するものではなく，公表により受ける不利益は事実上の効果にすぎないから，侵害留保の原則に則って，法律の根拠を要しないとされていた。しかし今日では，行政指導に従わない者に対する制裁目的でなされるような公表は，法律の根拠を要するとする学説が有力となっている。

　以下の判例は，調査結果の公表に法律の根拠は特に必要なしとした高裁判決であるが，同時に，公表の仕方（目的，方法，結果の観点から問われる）を誤れば違法となる（国家賠償責任を負う）ことを判示している。

判例3-2　東京高判平成15年5月21日判時1835号77頁（貝割れ大根O-157事件）
【事案】　S市において1996（平成8）年7月中旬ころ発生した腸管出血性大腸菌O-157に起因する学童らの集団食中毒について，厚生大臣（当時）が，貝割れ大根が原因食材とは断定できないが，その可能性も否定できない（中間報告），原因食材としては特定施設から7月7日，8日及び9日に出荷された貝割れ大根が最も可能性が高いと考えられる（最終報告）などと公表した。これにより，貝割れ大根が前記食中毒の原因食材であり，貝割れ大根一般の安全性に疑問があるかのような印象を与え，貝割れ大根の売上が激減したとして，X（原告，控訴人。A協会）が，Y（被告国，被控訴人）に対し国家賠償法1条に基づき，国家賠償請求訴訟を提起した。
【判旨】　請求一部認容「本件各報告の公表は，現行法上，これを許容し，又は命ずる規定が見あたらないものの，関係者に対し，行政上の制裁等，法律上の不利益を課すことを予定したものでなく，これをするについて，明示の法的根拠を必要としない。」「しかしながら，本件各報告の公表は，なんらの制限を受けないものでもなく，目的，方法，生じた結果の諸点から，是認できるものであることを要し，これにより生じた不利益につき，注意義務に違反するところがあれば，国家賠償法1条1項に基づく責任が生じることは，避けられない。」

第**4**章　行政組織に関する法理論

理解のポイント
　学問上の通則的な考え方と，実際の法律の規定の仕方は，用語の使い方が異なっている。区別して理解しよう。また，本章で学ぶ「行政主体」と「行政庁」という概念は，本章以後に登場する「行政行為論」や行政訴訟を理解するうえで必須の概念である。本章で確実に理解しよう。

1　行政官庁理論（「行政機関」概念）

行政主体

　実際に行政活動を行うのは自然人であるが，行政活動の主体とされるのは法人である。行政法理論では，行政を行う権能と責任が帰属する法人を行政主体という。行政主体のために働く自然人の行為の効果は，行政主体に帰属する（たとえば，私人が違法な行政活動によって被った損害であることを訴訟で争おうとするならば，国家賠償法1条による国家賠償請求訴訟（以下，国賠訴訟）を提起することとなる。その場合に，被告は行政主体となる）。

　行政主体となる法人を挙げるならば，まず国，そして都道府県・市区町村などの地方公共団体である（地自法2条1項に「地方公共団体は，法人とする」という規定がある）。

　その他，特別行政主体として挙げられるのは，独立行政法人，国立大学法人，特殊法人（日本放送協会，日本私立学校・共済事業団，日本中央競馬会，日本年金機構など）・認可法人（日本銀行，日本赤十字，預金保険機構など），公共組合，地方独立行政法人，地方3公社，地方共同法人などである。

　行政主体と対になる用語に，行政客体がある。行政活動の相手方となる法主体を表す。行行政活動の相手方は私人であり，自然人，法人の両方がある。

行政主体を構成する理論上の「行政機関」

　行政組織に関する法理論の基盤となっているのは「行政機関」概念である。「行政機関」は行政主体を構成する単位であり，主な種別として「行政庁」「補助機関」「諮問機関」「執行機関」が挙げられる。

1）行政庁　　理論の中核に据えられるのは「行政庁」である。意思決定を行い，それを外部に表示する権限を有する「行政機関」である。たとえば，国の組織で

いえば大臣，委員会，各庁の長官，地方公共団体では都道府県知事，市区町村長，委員会がこれに該当する。「処分庁」と表現されることもある。

行政法こぼれ話 4-1　「行政官庁」から「行政庁」へ

　行政主体を構成する単位を「行政機関」概念で説明する理論は，すでに明治期からあったとされる。いわゆる「行政官庁理論」である。美濃部達吉『日本行政法　上』(有斐閣，1936年) は，国の行政機関の中核に「行政官庁」を据える。美濃部達吉は国の行政機関を「行政官庁」「補助機関」「諮問機関」「監査機関」「執行機関」「作業機関」「研究機関」等に分類しているが，美濃部達吉は「行政官庁」以外は比較的重要性に乏しいという。

　現代の理論は「行政官庁」理論を継承したものであるが，意思決定を行い，外部に表示する権限を有する「行政機関」は「行政庁」という。「行政庁」は，国の行政組織のみならず，地方公共団体をも含めて用いることができる用語法である (注意！「行政官庁」は国の行政組織のみに用いる)。

　「行政機関」概念は明治期にドイツ法から，「行政委員会」は占領期にアメリカ法からもたらされたものである。したがって，現代の行政組織に関する理論は，ドイツ法を母法とする理論にアメリカ法に由来する制度が接ぎ木されたようなものである。占領期に行政の民主化を主たる目的として多くの行政委員会が設置されたが，後に整理・廃止されたものもある。

2）補助機関　　「行政機関」概念は法人である行政主体のために働く自然人を「行政機関」として表現するものであるが，「行政庁」を補佐し，手足となって働く職員は「補助機関」に分類される。

3）諮問機関　　行政庁からの諮問に応じて審議，調査，不服審査などを行い，答申や意見を述べる合議制の機関である。設置の根拠として内閣府設置法37条2項，国家行政組織法8条審議会等，地方自治法138条の4第3項付属機関の規定などが用いられる。学識経験を有する者によって構成されるなど専門性が高い機関であるが，一般的に，諮問に応じて出される答申には法的拘束力はない。つまり，答申が尊重されるべきことは言うまでもないことであるが，最終的な判断権限は行政庁に属するから，答申に従わなければならないことが行政庁には法的に義務付けられていない。「諮問機関」が行う答申ないし意思決定 (議決) の法的拘束力の有無は，個別法律の規定の仕方に依ることになる。

　古い学説 (田中二郎説) には「諮問機関」とは別に，「参与機関」という分類が設けられているが，これは意思決定 (議決) の法的拘束力に着目した分類法である。

　「参与機関」として挙げられるのは電波監理審議会 (電波法99条の2) であるが，電波監理審議会の性格は，基本的には「諮問機関」である。電波監理審議会が「参与機関」に分類されるのは，電波法83条に基づく審査請求が付議された場合であ

る。電波監理審議会は審査を経て議決を行い（電波法93条の４），総務大臣は「その議決により審査請求についての裁決をする」（電波法94条１項）。「その議決により」裁決をすると定める94条１項の書き方は，行政庁の決定が合議制機関の意思決定に法的に拘束されていることを表している。現在の学説の大勢は「参与機関」を独立した項目を立てて位置付けず，「参与機関」という小分類を「諮問機関」という大分類に含めるような位置付け方をしている。

４）執行機関　　私人に対して直接に実力を行使する権限を有する機関をいう。警察官（警察官職務執行法），消防吏員または消防団員（消防法29条），徴税職員（国税徴収法47条），入国警備官（出入国管理及び難民認定法39条）などがその例として挙げられる。

　ここにいう「執行機関」は「行政機関」概念に属する学問上の用語法である。実定法律が「執行機関」という用語法を違う意味に使用していることに注意が必要である。地方自治法は執行機関について「当該普通地方公共団体の事務を，自らの判断と責任において，誠実に管理し及び執行する義務を負う」（138条の２）と定め，普通地方公共団体の長，委員会，委員（監査委員）を執行機関としている（138条の４）。つまり，地方自治法の執行機関は学問上の「執行機関」ではなく，「行政庁」に相応する。

２　２つの行政機関概念

実定法律に使われている「行政機関」の意味

　明治時代から用いられている学問上の「行政機関」概念であるが，実定法律では「行政機関」は別の意味で用いられている。たとえば，国家行政組織法１条は「この法律は，内閣の統轄の下における行政機関で内閣府以外のもの（以下「国の行政機関」という。）の組織の基準を定め，もつて国の行政事務の能率的な遂行のために必要な国家行政組織を整えることを目的とする。」と定めているが，この条文で使われている「行政機関」は省・庁・行政委員会等を意味している。国家行政組織法では「行政機関の長」は各省大臣（５条１項），庁の長は長官，委員会の長は委員長（６条）と定められている。

作用法的行政機関概念と事務配分的行政機関概念

　行政法学説は行政主体を構成する理論上の「行政機関」と実定法律に使われている「行政機関」を，前者を作用法的行政機関概念，後者を事務配分的行政機関概念としてその考え方の違いを説明する。「作用法的」というのは，理論上の「行

政機関」概念が外部に対する意思表示を行う「行政官庁」(行政庁) を中核に据え，行政作用の相手方 (私人) を念頭に置いて理論化されたものであることを意味している。これに対して，実定法律で用いられている「行政機関」は，事務配分の見地から，行政事務を分担管理する単位として国の省庁等を表現している。

3 「行政機関」関係の通則

「行政官庁理論」では，ヒエラルキー構造にある行政主体の行政機関間の関係と，権限の所在 (委任，代理，専決・代決) が規律される。行政組織として意思統一を図り，行政組織としての一体性を保つために，上級行政機関の下級行政機関に対する指揮監督権の行使がなされる。

指揮監督権の行使

1）監視　　上級行政機関は下級行政機関に対して報告を命じ，その書類帳簿を検閲し，監視のために実地に赴くことも認められる。

2）同意・承認　　下級行政機関の事務処理にあたり，あらかじめ上級行政機関の同意・承認を求めるように内部的に定められることがある。

3）訓令　　訓令とは，上級行政機関が下級行政機関に対して所掌事務について示達のために発する命令をいい，訓令を発する権限を訓令権という（内閣府法7条6項，58条7項，国行組法14条2項など）。通達は書面形式の示達であり，通達を発する権限は訓令権に含まれている。

4）取消し・停止権　　下級行政機関が行った行為が不当・違法であることが判明したとき，国の行政組織については内閣総理大臣（内閣法8条），地方公共団体については普通地方公共団体の長が当該行為の取消し・停止を命じる権限を有する（地方自治法154条の2）。

　　問題となるのは，法律に上級行政機関の取消し・停止に関する明文規定がないときである。法律に明文の定めがなくとも上級行政機関が取消し・停止を行うことが可能か否かについて，学説は分かれている。古くからの行政官庁理論に基づく通説的な見解は，統一的・一体的関係にある上下官庁の間では，明文の有無にかかわらず，上級行政機関の監督権の行使の一環として取消し・停止を認めるものであるが，近年にはこれを否定する学説もある。

5）代執行権　　上級行政機関が下級行政機関の権限を代わって行うことを代執行という（注意！　行政代執行法の代執行とは異なる）。下級行政機関が行使すべき権限を上級行政機関が代わって行うには，法律の明文規定が必要であると解されて

いる。上級行政機関による取消しは下級行政機関が自らの権限をいったん行使した後の問題であり，違法・不当な行為の是正であるため上級行政機関の監督権の範囲内であるとして明文の根拠を要しないと解されるのに対して，代執行は法律の定めた権限規定を変えることを意味するため，代執行には法律の根拠が求められる。

4　権限の所在と事務処理の方式

稟議（りんぎ）制

行政組織は意思決定を行う権限を有する「行政庁」を頂点に，ヒエラルキー構造になっている。行政組織が統一性・一体性を保つためにとる意思形成の方式の１つが，稟議制と呼ばれる事務処理の方式である。単位組織の末端に位置する担当職員が事務の処理方針についての文書案を作成し，それを順次上位の機関に回覧する。そして，その都度，点検・修正を受ける。最終的に本来権限を有する者（行政庁）の決裁を受けて，意思形成がなされる。「決裁」を受けることが重要なのである。

権限の代理

権限の代理は，基本的に民法の代理と同様に考えられる。権限を有する者本人に代わって権限を行使することを明示し（顕名主義），その効果は権限を有する者本人に帰属する。民法との考え方の違いは，処分権限の行使においては，法律による行政の原理により，相手方を保護するための表見代理が認められない点に現れる。

代理には法定代理と任意の授権代理がある。法定代理は，あらかじめ法律が要件を定め要件が充足されれば当然に代理関係が発生する（地自法152条１項）ものと，法律に基づいて被代理者が指定するものがある（内閣法９条内閣総理大臣の臨時代理）。代理権の範囲について特に法律上定めはないが，学説は，一身専属的な権限（たとえば内閣総理大臣の衆議院解散権，大臣の罷免など）は代理に含まれないと解している。

権限の委任

行政法上の権限の委任は，委任により権限が受任機関に移る。この点が代理権の付与を伴う民法の委任と異なっている。権限の委任は法律上の権限を変更するものであるから，権限の委任が可能である旨が法律で定められていなければならない。演習問題４-３は，地方支分部局の長に委任が行われている事例である。

図表4-1　権限の委任，代理，専決・代決の比較

	権限の委任	権限の代理	専決・代決
実際に意思決定を行うのは？	受任した機関	代理した機関	補助機関
対外的表示（誰の名前で示される？）	受任した機関	代理であることを表示	権限ある行政庁
法律効果（誰の行為？）	受任機関の行為	被代理機関の行為	権限ある行政庁の行為
元の権限を有する者の指揮監督権が及ぶか？	なし ただし，受任機関が下級行政機関の場合，上級行政機関の指揮監督はおよぶ	あり	あり

内部的な事務処理の方式——専決・代決

　専決は実務上広く行われている事務処理の方式である。事務処理に関する内部規程を定めたうえで行われる。権限を対外的に委任せず，また代理権も付与せずに，実際上，補助機関が行政庁の名において権限を行使することをいう。代決は，決裁権者が出張または休暇その他の事故により不在であるときに行われる。

5　公務員

　行政主体は法人であるから，行政主体のために実際に行政活動を行う自然人が必要である。行政主体のために行政活動を行うのに必要な人的手段を公務員という。「公務員」には，以下のような4つの「公務員」概念がある。

憲法上の「公務員」概念

　日本国憲法は，行政府のみならず，立法府，司法府も含めて，国または公共団体の公務に携わる者の総称として「公務員」という（15条，16条，17条，99条）。憲法にはこの他に「官吏」（7条5号，73条4号。行政府・司法府の職員が該当する）と「吏員」（93条2項。地方公共団体の長，議会の議員も含めた広義の地方公務員全体をさす）という用語が使われている。

国家公務員法・地方公務員法の「公務員」概念

　国家公務員法・地方公務員法には特別職と一般職が規定されている。国家公務員法・地方公務員法の「公務員」とは，国家公務員法・地方公務員が適用される者を意味し，特別職（2条3項1～17号）を除く一般職の公務員を意味する。

刑法上の「公務員」概念

　刑法にも「公務員」が規定されている。刑法における「公務員」とは「国又は地

方公共団体の職員その他法令により公務に従事する議員，委員その他の職員」（刑法7条1項）と規定され，最高裁は「刑法7条にいう公務員とは「法令ニ依リ公務ニ従事スル議員，委員其他ノ職員」をいい，その「法令ニ依リ公務ニ従事スル職員」というのは，公務に従事する職員で，その公務に従事することが法令の根拠にもとづくものを意味し，単純な機械的，肉体的労務に従事するものはこれに含まれない」（最判昭和35年3月1日刑集14巻3号209頁）と解している。

国家賠償法上の「公務員」概念

国家賠償法1条1項にも「公務員」が規定されている。当該「公務員」は国家公務員法・地方公務員法上の身分とはかかわらないものであり，「公務を委託されてこれに従事する一切の者を指す」（名古屋地判昭和56年10月28日判時1038号302頁）と解されている。つまり身分の問題ではないから，アルバイトや公務に就いている派遣労働者も含まれる。

用語メモ　出先機関，地方支分部局とは？
・国の出先機関とは，内閣府や省がその所掌事務を分掌させるために設ける地方支分部局のこと（広義には，地方に置かれる審議会，協議会，試験所，研究所を含む）。
・都道府県の出先機関とは，知事の権限に属する事務を分掌させるために設けられる支庁および地方事務所のことをいう。
・市町村の出先機関とは，市町村長の権限に属する事務を分掌させるために設けられる支所または出張所のことをいう。

■演習問題4-1　行政主体と行政庁

　X（原告，A県教職員組合）は，2009年11月23日（勤労感謝の日）に研究集会を開催するため，Y市立中学校の施設を使用したい旨をY市教育委員会に同年9月1日付けで申請した（目的外使用許可申請）。Y市教育委員会は，研究集会に反対する右翼の街宣活動が生徒に及ぼす影響を懸念し，Y市立中学校管理規則に基づき「管理上の支障がある」として，不許可処分とした（同年9月15日付け）。この事例中から，下記の設問に相当するものを答えなさい。
(1) 行政主体
(2) 行政庁

演習問題4-2　普通地方公共団体に設置される「行政委員会」の中には，市町村にしか設置されないもの，都道府県にしか設置されないものがある。下記の「行政委員会」を3つのいずれかに分類しなさい。
・都道府県にしか設置されないもの

・市町村にしか設置されないもの
・都道府県・市町村の両方に置かれるもの

教育委員会，公安委員会，農業委員会，内水面漁場管理委員会，海区漁場調整委員会，選挙管理委員会，人事委員会（公平委員会），固定資産評価委員会，地方労働委員会，収用委員会
（注：監査委員は複数名おり地方自治法上の「執行機関」であるが，「合議制」の行政委員会ではないため，この設問からは除いている）

演習問題4-3
参考条文　改正タクシー適正化・活性化特別措置法（正式名称：特定地域及び準特定地域における一般乗用旅客自動車運送事業の適正化及び活性化に関する特別措置法）
第18条　この法律に規定する国土交通大臣の権限は，国土交通省令で定めるところにより，地方運輸局長に委任することができる。

【事案】　国土交通省は，公定運賃幅を定め，格安運賃での運行を認めない改正タクシー適正化・活性化特別措置法を2014年4月1日施行した。近畿運輸局長は事業者が公定運賃幅に従わない場合には運賃変更命令や車両の使用停止を発することができ，最終的には事業許可取消しということにもつながり得る。
(1) 行政主体を挙げなさい。
(2) 行政庁を挙げなさい。

第 **5** 章　行政活動の基礎

理解のポイント

私人の事業活動と行政過程

　申請前から私人（事業者）と行政機関の関係は始まっている。多くの場合，申請前に「事前相談」や「事前協議」を行う。私人（事業者）と行政機関が事前に話合いを持つことによって，双方に一定のメリットがある。私人（事業者）にとって，基準などの考え方を知ることができ，審査を通過することができるか否かを見通せるようになる。行政機関にとっては，法令が定めること以上のことを受け入れること，あるいは法令が定める以外のことを私人（事業者）に「お願い」（行政指導）できる。しかし，過度の「お願い」（行政指導）が私人（事業者）に過度に負担となり，法的問題に発展することもある。

　ここで使われている「処分」という用語は，ひとまず，行政上の決定の意味に理解しよう。「処分」という用語は，行政法においては利益的にも不利益的にも使われる。

申請に対する処分
「事前相談」or「事前協議」→申請→審査→行政上の決定
　　　　　　　　　　　　　　　　　　申請を認める（許認可等の処分）
　　　　　　　　　　　　　　　　　　　　　　　or
　　　　　　　　　　　　　　　　　　申請を認めない（拒否処分）
　　　　　　　　　　　　　　　　　　（審査請求，取消訴訟へ）
事業活動に対する監督行政
（不利益処分）
許認可等を得た事業活動→行政調査（法令違反判明）→弁明・聴聞
　　　　　　　　　　　　　　　　　　　　　　　　　不利益処分
　　　　　　　　　　　　　　　　　　　　　　　　　（審査請求，取消訴訟へ）

1　行政のプロセスと情報収集活動

　行政上の決定を行うために，情報収集は不可欠である。規制を行うにせよ，給付を行うにせよ，情報収集をしないままに行政上の決定を行えば，それは誤った結果を招くことにつながる。行政庁には調査義務があるのである。行政のプロセスに即して，行政がどのように情報収集を行っているか，そして行政が私人の事業活動にどのように関与しているかを理解しよう。

（1）事業活動の始まり——申請，届出

　私人（事業者）が事業活動を行おうとする場合，多くの法律や条例が求めているのは，許可，認可，免許等（以下，許認可という）を得るために申請を行うことである。提出された申請書や添付書類に書かれた情報に基づき，審査基準に照らして審査が行われる。そして，私人（事業者）は許認可を得て，事業活動を行うことができる。許認可を得るというプロセスを経ずに，ある一定の要件を満たしていることを届け出れば事業が可能な場合もある。届出をさせるというのは，最も緩やかな規制の手法である。

　行政は，申請や届出によって，どのような事業者が事業活動を行うかを把握する。緩やかな規制ではあるが，一定の要件を課したうえで届出をさせることによって少なくとも未規制ではなくなり，どのような事業者が活動を行っているかを把握できる。申請時の情報収集活動は，事業に不適切な者の参入を阻む役割もある。個別の法律には事業活動の許可を与えないことを規定する欠格条項が置かれている。

行政法こぼれ話 5 - 1　不法投棄防止と反社会的勢力の参入防止

　美しい山河に廃棄物の不法投棄……そんな光景を目にしたことはないだろうか。環境犯罪である不法投棄を予防するためにどうしたらよいだろう？

　その方策の 1 つとして考えられるのは，廃棄物処理のルールを守らない人を廃棄物関連事業に参入させないことである。「廃棄物の処理及び清掃に関する法律」は廃棄物処理業，とりわけ産業廃棄物処理業の許可取得に厳重な欠格条項（該当すれば資格を得ることができない）を置いている。一般廃棄物処理業については，「心身の故障によりその業務を適切に行うことができない者として環境省令で定めるもの」「破産手続開始の決定を受けて復権を得ない者」「禁錮以上の刑に処せられ，その執行を終わり，又は執行を受けることがなくなった日から 5 年を経過しない者」など11項目ある（7条5項4号）。産業廃棄物処理業の欠格条項はこれに加えて，「暴力団員による不当な行為の防止等に関する法律第 2 条第 6 号に規定する暴力団員（以下この号において「暴力団員」という。）又は暴力団員でなくなった日から 5 年を経過しない者（以下この号において「暴力団員等」という。）」「暴力団員等がその事業活動を支配する者」（14条5項2号）などが明記されている。

　名義を借りればよいと考えるかもしれないが，「名義貸し」は明文で禁止され（14条の3の3），罰則規定がある。25条7号は「名義貸し」を行った者に対して「5 年以下の懲役若しくは1,000万円以下の罰金に処し，又はこれを併科する。」ことを定めている。

（2）監督行政における行政調査

行政調査の端緒

　行政との関わりは届出や許認可を得ることで終わりではなく，行政は事業者が

法令を遵守しているか否かを監督する。法令違反が明らかになれば，改善勧告を発し，事業の停止・禁止という処分や，最も重い処分である許認可の取消しを行うこともある（監督処分という）。そのための情報収集活動が行政調査である。行政調査の契機は，事故や事件の発生，内部告発，市民からの情報提供など様々である。

行政調査の手段

行政手続の一般法である行政手続法には行政調査に関する規定はなく，個別の法律ごとに調査の手続が定められている（個別の法律の規定の仕方によって，立入検査が実力を行使することが可能な即時強制と解されることがある）。監督行政に用いられる行政調査の仕組みは，現場へ「立入り」（臨検），「質問」をする，（帳簿，書類その他の物件を）「検査」をする，「報告徴収」（報告を求める），「収去」（検査のために持ち去る）等である。たとえば，調査権限を定める食品衛生法28条に対して85条は，「当該職員の臨検検査又は収去を拒み，妨げ，又は忌避した者」（1号），「報告をせず，又は虚偽の報告をした者」（2号）に50万円以下の罰金に処することを定めている。最高裁は，立入検査などを妨げる罪について「公務執行妨害罪にいたらない程度の行為を禁じようとするものであって，公務執行妨害罪の補充的規定たる性格」を有するとしている（最判昭和45年12月18日刑集24巻13号1773頁）。

法律が行政調査として職員が「立入り」をする場合に共通して規定しているのは，職員がその身分を示す証明書を携帯し，関係者の請求があつたときは，これを提示しなければならないことである。また，多くの法律に規定されているのは，行政調査のために認められた権限を「犯罪捜査のために認められたものと解釈してはならない。」という一文である。

定例の「監視」活動──二層の行政調査

行政調査に関する法律の規定の多くは，主任の大臣ないし都道府県知事などの行政庁が，行政調査のための権限を「必要があると認めるとき」に行使する書き方になっている。「必要がある」という判断は，事故や事件の発生，内部告発，市民からの情報提供などに基づいて行われるが，そういったアドホックな必要性に基づくのではなく，基準の遵守を求め，危険な事象の発生を防止するために，専門性を有する職員が定例的に監視・指導を行うことを制度化している場合がある。食品衛生法には「食品衛生に関する監視又は指導」のために章が置かれている（第六章　監視指導　21条の2〜24条）。立入検査（28条1項）の職権を行使するとともに監視指導を行う食品衛生監視員という専門の職員が任じられることとされ

ている（30条）。日常の監視指導のための立入りが立入検査の必要性判断につながる場合もあり，行政調査が二層になっている。

2　情報の管理

個人情報保護の原則

　申請，届出によって様々な情報が収集される。とりわけ，福祉に関わる行政サービスを受給しようとする場合，申請に際して，経済状況，家族の状況，疾病・障害の程度などを書かなければならず，そこには他人に知られたくない情報（センシティブ情報）が含まれているであろう。また，情報が誤って行政機関のデータベースに登録されれば，それは税や使用料等の過誤徴収につながり，あるいは，必要な行政サービスを受けることができなくなってしまうことにもつながる。そのため，自己の個人情報の開示を求め，個人情報の訂正や利用停止を求める請求権を保障することは，個人情報保護法制において不可欠な仕組みである。情報の管理，個人情報の保護が問題となるのである。

　行政機関は行政活動のために情報を収集するが，情報の収集の仕方，情報の提供の仕方，情報の管理の仕方には原則的な考え方がある。OECD（経済協力開発機構）理事会が1980年に採択した「プライバシー保護と個人データの国際流通についてのガイドラインに関するOECD理事会勧告」に含まれている8原則（目的明確化の原則，利用制限の原則，収集制限の原則，データ内容の原則，安全保護の原則，公開の原則，個人参加の原則，責任の原則）が，OECD加盟国において通用しているプライバシー保護のための国際的な基本原則となり，わが国でも個人情報保護法制の基本原則となっている。

令和3年法改正──新しい個人情報保護法制へ

　2021（令和3）年5月19日に公布されたデジタル社会形成整備法により，従来，3つの法律（個人情報保護法，行政機関の保有する個人情報の保護に関する法律，独立行政法人等個人情報の保護に関する法律）によって規律されていた個人情報保護法制が新たに個人情報保護法に統合された。（2022（令和4）年4月1日施行）各地方公共団体の個人情報保護制度についても個人情報保護法で全国的な共通ルールを定め，かつ，国の個人情報保護委員会が一元的に当該規律を解釈運用するという法改正が行われた（2023（令和5）年4月1日施行）。

　令和3年個人情報保護法改正は，社会全体のデジタル化に対応した「個人情報保護」と「データ流通」の両立が必要であるという考え方に基づいている。個人

情報の保護の必要性とともに，個人情報の有用性に着眼し，個人情報を匿名加工したうえで「データ流通」を促そうとする。地方公共団体の定める条例の中には，死者に関する情報の扱いや，子どもの権利保護のための条文など，法律よりも進んだ規定を持つ条例も多く，法律に基づき一元的に解釈運用することについて反対意見が強くある。

公文書管理のあり方

　2009（平成21）年に「公文書等の管理に関する法律」（公文書管理法）が制定されるまで，わが国には統一的な文書管理の方法が定められていなかった。それは地方公共団体についても同様であるが，公文書管理法は国の行政機関に適用される法律であり，地方公共団体は適用対象外である。この法律の趣旨にのっとり文書の適正な管理に関して必要な施策を策定し，実施する努力義務を定めているにすぎない（34条）。

　公文書管理法1条は，公文書を「健全な民主主義の根幹を支える国民共有の知的資源」であると位置付けている。そして「行政文書等の適正な管理，歴史公文書等の適切な保存及び利用等を図り，もって行政が適正かつ効率的に運営されるようにする」ことと，「国及び独立行政法人等の有するその諸活動を現在及び将来の国民に説明する責務が全うされるようにする」という2つを法律の目的として掲げている。つまり，行政運営にとっても，国民主権の下で説明責任を果たすにも，行政活動を正確に記録した公文書を管理することが不可欠なのである。

　公文書管理法が対象とするのは，行政機関の保有する行政文書，独立行政法人等の保有する行政文書，歴史的資料として重要な歴史公文書等である。文書管理に関する事務が内閣府に一元化され，現用の行政文書の統一的管理ルール（作成基準4条，分類基準・保存期間基準5条，行政文書ファイル管理簿の記載事項7条1項）が法令で定められた。そして，行政機関の長は，保存期間が満了した行政文書ファイル等について保存期間の満了前のできる限り早い時期に，保存期間が満了したときの措置として，歴史公文書等に該当するものにあっては政令で定めるところにより国立公文書館等への移管の措置を，それ以外のものにあっては廃棄の措置をとるべきことを定めなければならないと規定された（レコード・スケジュール　5条5項）。

3　民主主義の基礎——情報の公開

　私たちは行政の客体であると同時に主権者である。行政は主権者である国民に

対して行政活動について説明する責任を負い，私たちの側から行政活動の情報に
アクセスする手段として情報公開法が規定されている。

情報公開法と情報公開条例の関係

　2001 (平成13) 年「行政機関の保有する情報の公開に関する法律」(情報公開法)
が施行される前に，すでにすべての都道府県・政令市が公文書公開制度を有して
いた。個人情報保護と公文書公開制度は，国よりも地方公共団体が先行して整備
した制度である。1982 (昭和57) 年に，山形県金山町，神奈川県，埼玉県が公文書
公開条例を制定している。2001年情報公開法施行以降，公文書公開条例を有して
いた地方公共団体は「公文書」から公開の対象を拡大し，条例を改正して情報公
開条例とした。未制定であった地方自治体は新たに情報公開条例を制定した。情
報公開法は国の行政機関に適用される法律であり，地方公共団体には適用が及ば
ないことに留意が必要である。

　「国の行政機関」と地方自治体の双方が同じ情報を保有する場合があり，国が
不開示と決定しても，地方公共団体が同じ判断をするとは限らない。情報の管理
は地方公共団体の事務であり，地方公共団体が独自の判断で情報を公開すること
が可能なのである (ただし，法定受託事務の場合には，事務の執行にあたって国から法
的拘束力のある「指示」が出される場合がある)。

情報公開制度

１) 目的 (1条)　　情報公開法１条は「この法律は，国民主権の理念にのっとり，
行政文書の開示を請求する権利につき定めること等により，行政機関の保有する
情報の一層の公開を図り，もって政府の有するその諸活動を国民に説明する責務
が全うされるようにするとともに，国民の的確な理解と批判の下にある公正で民
主的な行政の推進に資することを目的とする。」と規定し，説明責任が全うされ
るようにする，国民の的確な理解と批判の下にある公正で民主的な行政の推進に
資する，という２つの目的を掲げている。1条の意義は，国民主権に基づく制度で
あることを明確にし，「行政文書の開示を請求する権利」を保障したことである。
２) 開示の対象 (2条2項)　　開示の対象となるのは「行政文書」である。「行政
文書」とは，「行政機関の職員が職務上作成し，又は取得した文書，図画及び電
磁的記録 (電子的方式，磁気的方式その他人の知覚によっては認識することができない方
式で作られた記録をいう。以下同じ。) であって，当該行政機関の職員が組織的に用
いるものとして，当該行政機関が保有しているものをいう。」と定義される。
　2条2項による「行政文書」の定義は，従前の「公文書公開」の制度と比較して，

画期的な点がある。まず「組織共用文書」という考え方を採用し，「行政機関の職員が職務上作成し，又は取得し」「当該行政機関の職員が組織的に用いるもの」を公開の対象としている。これによって，決裁，供覧という事案処理手続を経ない文書であっても開示の対象となり，内部文書であっても「組織共用性」が認められれば開示の対象となる。

　次に，記録媒体を特定していない点である。従前の「公文書」が紙媒体に限定されて判断されがちであったのに対して，記録媒体を「電磁的記録」とすることによって技術的革新に対応できるようになっている。

3）原則開示の原則　　情報公開法は，開示請求があったとき，法律が定める不開示事由（5条）に該当しない限り，開示することが原則となっている。個人情報，法人情報，国の安全等に関する情報，公共の安全等に関する情報，事務・事業に関する情報の6つの類型が挙げられている。もし，開示できない部分を含むような場合，部分開示という開示方法がとられる（6条）。

4）決定に対する争訟　　情報公開法に基づく決定（部分開示決定，不開示決定）に不服がある場合，行政不服審査法に基づく審査請求を提起するか，あるいは行政事件訴訟法に基づき取消訴訟・義務付け訴訟を提起することになる。

　審査請求を提起した場合，審査請求を受けた行政機関の長は，原則として，情報公開・個人情報保護審査会（情報公開・個人情報保護審査会設置法に基づき設置され，総務省に置かれる機関）という中立的機関に諮問を行い，この情報公開・個人情報保護審査会からの答申を受けて，諮問を行った行政機関の長が審査請求に対する裁決を行う。この答申の内容は公表されるが，答申に法的拘束力はなく，法的には「尊重」にとどまる。しかし，行政機関の長が裁決にあたってこの答申を尊重しない理由を説明することは困難であり，実際上，答申に基づいた裁決が行われている。

　審査請求によって決定を争うか，あるいは訴訟を提起するか。争い方の選択は当事者に委ねられているが，両者の違いは「インカメラ審理」の可否にある。審査請求の審理にあたって，情報公開・個人情報保護審査会は文書の内容を見たうえで判断する「インカメラ審理」が可能である。これに対して，訴訟では，一方当事者が証拠として裁判所に提出したものは相手方にも示されることとなる。情報公開訴訟では，文書の内容そのものを争っているため，裁判官のみがこれを見るというインカメラ審理をとることができない。裁判所は文書の内容を推認する方法で判断をすることとなる。

第**6**章　行政法の法源

理解のポイント

　法学で習った法源論と行政法における法源論の相違に注目しよう！　行政法における法源は，広義には法の存在形式あるいは表現形式，狭義では裁判の規準となるかどうか，つまり，裁判官が裁判で適用し得る規範か否かに注目しよう。
① 「命令」とは，行政権が定立する法の総称をいう。法令という用語は，法律と命令を併せた表記である。
② 「命令」という用語は，行政法教科書では2通りの意味で使われている。この章の「命令」は行政権が定立する法であるから，「規範」を意味している。もう1つは実際の法律で使われている用語法である。作為義務（〜しなさい）不作為義務（〜してはならない）を命じる場合に使われる。たとえば違法建築物除却命令や，使用中止命令などである。この場合の命令は規範ではなく行政処分である（➡第8章）。

1　「行政法の法源」とは？

　法源とは，広義には法の存在形式あるいは表現形式，狭義では裁判の規準をいい，成文法源と不文法源に大別される。成文法とは立法者が法条の形式で規範を定めることを指している。「行政法の法源」は，成文法中心主義であり，不文法源は補充的に用いられる。民主主義国家において，人の行為を規制するには法律の根拠が求められ，恣意的な権力の発動を防ぐ意味で，権限行使の要件が定められていなければならないから，慣習法などの不文法源に基づいて規制することは許されない。給付行政においても，社会保障給付を公平に行うには，詳細かつ専門・技術的な成文法規が必要となることを理解しよう。

2　成文法源

（1）国法の体系

憲　法

　憲法は国家の統治構造を定める基本法である。憲法が行政の組織や作用の基本原則を定める部分は行政法の法源となるが，それ以外の抽象的に指針を定める部分は法律によって具体化されるに止まる。したがって憲法の条文が行政法の法源となる例は稀であるが，直接に憲法29条3項を根拠にして請求することに言及し

た最大判昭和43年11月27日刑集22巻12号1402頁（河川附近地制限令事件）がある。

条　約

国家間の約定を条約という。憲法98条 2 項は条約及び国際法規を誠実に遵守することを定めている。条約を締結するに際して，条約に抵触する国内法規は改廃され，条約の内容を実現するために新たに立法が講じられる。また，条約が批准・公布されれば，自動的に国内法としての効力を有する条約もある（自動執行条約）。たとえば郵便法11条には「郵便に関し条約に別段の定めのある場合には，その規定による。」という規定があり，万国郵便条約が改定されれば条約が優先され，法律の改正をまたずに条約の規定が国内的効力を得る。

法　律

法律とは国会制定法をいう。国会が唯一の制定機関である（憲法41条）。行政法の法源の主たるものは法律である。

命　令

「命令」は，行政権が定立する法の総称をいう。「命令」は学問上の概念である。実定法（日本国憲法，内閣法，内閣府設置法，国家行政組織法）では「命令」ではなく，政令，府令，省令，規則という別の用語が使われていることに注意しよう。また，それ以外の組織法でも「規則」制定権を認めるものがある。

用語メモ　行政機関と「命令」の対応関係
政令：内閣が定める命令（憲法73条 6 号，内閣法11条）
府令：内閣府の主任の大臣としての内閣総理大臣の発する命令（内閣府設置法 7 条 3 項）
省令：各省大臣が定める命令（国行組法12条 1 項）
規則：各外局の長（各委員会および各庁の長官）が発する命令（内閣府設置法58条 4 項，国行組法13条 1 項）
＊「外局」とは，内部部局で処理される通常の事務とは異なる特殊の事務を処理するために府及び省に置かれる国の行政機関であり，委員会と庁の 2 種類がある。この他に，会計検査院が定める規則（会計検査院法38条），人事院が定める規則（国家公務員法16条）がある。しかし，会計検査院は憲法に根拠を置く行政機関であり，人事院も「内閣の所轄の下に」置かれる組織であって，「外局」ではないことに注意しよう。

用語メモ　法律を施行するために制定される「命令」
「命令」を制定する権限を与える根拠法（内閣法，内閣府設置法，国行組法）では政令，府令，省令，規則となっているが，実際に各行政機関が制定した「命令」は別の名称で呼ばれる。生活保護法を例にとり，対応関係を理解しよう。
生活保護法（厚生労働省所管）
　↓
生活保護法施行令：政令（内閣）
　↓

生活保護法施行規則：省令（厚生労働大臣）
　　　↓
生活保護法による保護の基準：告示
＊公の機関が必要な事項を公示する場合，「告示」という形式をとる（国行組法14条1項）。公示される内容は様々である。国の場合には官報に，地方公共団体の場合には広報に掲載する方法がとられるが，「告示」という形式がとられたとしても，その形式によって内容がただちに法規たる性質を有すると解されるわけではない。

（2）地方公共団体の自主法

　国家が制定する法が国家法であるのに対し，地方公共団体が自治権に基づいて制定する法を自主法という（自治立法）という。憲法94条は「法律の範囲内で条例を制定すること」を保障している。憲法上の「条例」には条例のみならず規則も含むと解されている。

条　例

　憲法94条を受けて，地方自治法14条1項は2条2項の事務に関して「法令に違反しない限りにおいて」条例を制定することを認めている。1999（平成11）年地方自治法改正によって条例制定権の及ぶ事務の範囲が飛躍的に拡大した。そして条例に違反した場合には，「2年以下の懲役若しくは禁錮，100万円以下の罰金，拘留，科料若しくは没収の刑又は5万円以下の過料」という罰則を条例に付することができる（「5万円以下の過料」は平成11年法改正により挿入。「過料」は刑罰ではない）。

　罪刑法定主義を定める憲法31条からすれば，罰則制定権を条例制定権者に包括的に付与することは憲法違反にならないだろうか？　最大判昭和37年5月30日刑集16巻5号577頁（大阪市売春防止条例事件）が，この問題について判断を示している。条例を「国民の公選した議員をもって組織する国会の議決を経て制定される法律に類するもの」といい，条例を制定できる事項が「相当に具体的な内容のもの」であって，「罰則の範囲が限定されている」ことをもって適法としている。

規　則

　地方自治法が定める規則には，地方公共団体の長が定める規則（15条1項）と地方公共団体の委員会が定める規則（138条の4）の2種類がある。長の定める規則には規則に違反した者に対して罰則として「5万円以下の過料」を付すことができる（15条2項）。委員会が定める規則は「法律の定めるところにより，法令又は普通地方公共団体の条例若しくは規則に違反しない限りにおいて」定めることができるという限定が付され，罰則制定権はない。

3　不文法源

　行政法の法源は成文法中心主義である。しかし，ありとあらゆることを想定して行政法規に明文化することはできないため，行政法規の欠落を補い，文言を解釈する際に，不文法源によって補うことが必要となる。不文法源として現代の学説が挙げるのは，慣習法，判例法，条理，法の一般原則である。

（1）慣習法

　人々の間で多年にわたり慣習として繰り返し行われ，それが法的確信を得た場合，慣習法という。それは正義に支えられたものでなくてはならない。違法なことが多年にわたり繰り返されても，それは違法な「慣行」であって慣習法になることはない。

　民事における法律関係と比べて，行政法における慣習法はその成立する余地が狭い。「法律による行政の原理」が行政法の原則であるから，慣習法は行政権限の根拠とはならないが，行政法においても地域的慣習により公物利用権が慣習法として成立する余地がある（地方自治法238条の6第1項）。

　学説が行政法における慣習法の例として挙げるのは，法令の公布である。1947（昭和22）年5月3日日本国憲法公布と同時に公式令（勅令）が廃止された後，法令の公布の方法は制定されないままであった。これについて最高裁昭和32年判決は官報による法令の公布を認め，現在にいたっても法令の公布の仕方を定める法令はない。

> **判例6-1　最大判昭和32年12月28日刑集11巻14号3461頁（マッカーサー書簡に基づく公務員の争議行為等を禁じた政令201号違反事件）**
> **【事案】**　国鉄乗務員である被告人らは，1948（昭和23）年7月31日職場離脱の教唆行為をしたことについて，昭和23年政令第201号違反で起訴されたが，根拠となった政令201号がいつ公布されたかが刑事裁判において問題となった。
> 　同年7月22日，内閣総理大臣芦田均に国家公務員法改正に関するマッカーサー元帥の書簡が交付された。7月30日閣議決定により本件政令が成立し，翌31日公布の手段がとられた上，同日午後9時30分から45分迄のニュース放送時間に，政令の全文ならびに即日施行の旨が全国に発表された。官報には8月2日に印刷完了し，発送された。検察側は，国民は31日のラジオ放送終了の時をもって事実上本件政令を知り得る機会を与えられたものと解するのが最も妥当であり，以上の理由によって7月31日公布施行せられたものと解すべきであると主張した。

【判旨】　棄却「公式令廃止後の実際の取扱としては，法令の公布は従前通り官報によってなされて来ていることは上述したとおりであり，特に国家がこれに代わる他の適当な方法をもって法令の公布を行うものであることが明らかな場合でない限りは，法令の公布は従前通り，官報をもってせられるものと解するのが相当であって，たとえ事実上法令の内容が一般国民の知りうる状態に置かれえたとしても，いまだ法令の公布があつたとすることはできない。」

（2）判例法

　わが国では，判決は当該事件限りの拘束力を有することとされ，英米法と異なり先例拘束性を持たない。そういった意味では行政法における「判例法」という表現は正しいものではなく，先例拘束性の有無から，わが国行政法において不文法源として「判例法」が認められるかと問われれば，認められないと答えざるをえない。

　しかし，それでもなお行政法教科書で「判例法」が不文法源に位置付けられているのは，行政法規の解釈，適用に際して，過去に裁判所がした判断が非常に重要な役割を果たしているからである。また，わが国の最高裁判決は，裁判所法10条3号の規定を反映して，容易に変更されることがない。学説はその安定性を重視しているといえよう。

行政法こぼれ話6-1　「判例法」は慣習法？　条理？

　現代の行政法教科書で不文法源の1つに位置付けられている「判例法」であるが，「判例法」は戦後に田中二郎が展開した新たな，オリジナルな主張であった。1949年に公刊した東京大学法学部用教科書で，論拠も明かさず「行政事件に関する通常裁判所の判例は，行政法の法源の一をなす。」といい，たった1行の記述が見られたのみであった。『行政法　上』（弘文堂，1954年）では「行政争訟に関する裁判所の判例は，抽象的な行政法規を具体化し，その内容を明らかにし，且つまた，慣習法の存在と内容を明確にする。かようにして明らかにされた規範が一種の法源としての効力をもつ。これが判例法である。」と述べるようになった。

　占領期の田中二郎学説は，条理や「判例法」など，積極的に不文法源を拡充しようとする。戦前に行政裁判所への出訴事項が狭く限定されていた制度から，一切の法律上の争訟について司法裁判所に出訴できるようになったことに伴い，裁判所が出す判例の持つ意義が増す，ということを強調する。

　田中二郎が唱えた「判例法」はすぐに不文法源の一種として学界に認知されたわけではない。1960年代までの学説の大勢は「判例は慣習法の一種である」と解していたが，1970年代の教科書には「条理が個々の裁判において具体化されたものが判例法として形成されるにいたる」という学説も見られるようになる。「判例法」は慣習法の一種か，はたまた条理か。見解は分かれていたが，学説においてその論点が詳しく取り上げられたことはない。行政法における「判例法」の法源性を疑問視する学説も根強くあった。しかし，学界においてそ

の必要性は否定されず，その必要性ゆえに，次第に行政法の不文法源論に「判例法」は根づき，現代に至っている。

（3）条　理

　裁判官は，行政法規を解釈・適用するにあたり，行政法規に不備がある場合，「条理」に依り，すなわち物事の道理，道筋によって最終的に判断する。

　初学者にとって，行政法規に不備がある場合を思い浮かべることは難しいであろう。たとえば，恩給法の「遺族」の範囲に関する判断をした最大判昭和44年12月24日民集23巻12号2595頁の事例がある。戦死した軍人Aの同一戸籍に入っていない父親Xが軍人恩給の受給権を主張した事例であるが，軍人恩給制度の廃止・復活という経緯から，軍人恩給を受給できる「遺族」の範囲が法律上明確ではなかった。最高裁は法改正の経緯からXに受給権を認める結論を導いたが，このように，決定的なことが成文法規に欠けていることがあり得るのである。

行政法こぼれ話6-2　戦後行政法において発達した不文法源（条理）

　民事裁判で用いられる不文法源について，古くは1875（明治8）年6月8日太政官布告第103号「今般裁判事務心得左ノ通相定候條此旨布告候事」に「第三條　民事ノ裁判ニ成文ノ法律ナキモノハ習慣ニ依リ習慣ナキモノハ条理ヲ推考シテ裁判スヘシ」とある。成文法に依拠することができないとき，最終的に条理を用いて裁判することを定めている。太政官布告第103号は行政裁判には適用がないとする学説もある中で，1924（大正13）年佐々木惣一『日本行政法論総論』には「或ル行政上ノ事項ニ付テ制定法及ヒ慣習法何レモ存セサルトキハ条理ニ從テ之ヲ決定ス」とあり，法源として適用される順番は，制定法，慣習法，条理であるという。行政裁判所の判決に条理が適用されていると指摘する学説も1938（昭和13）年に見られる。

　占領期以降の田中二郎の条理論は，条理を成文法規の解釈と結びつける考え方を示すようになった。そして条理は現代の行政法において，行政法の解釈の基準として，かつ，成文法に不備がある場合の補充的法源として機能している。

（4）法の一般原則

　現代の行政法教科書が行政上の法の一般原則として挙げるのは，平等原則（平等取扱いの原則），比例原則という日本国憲法から導かれる原則と，禁反言の原則，信義誠実の原則（民法1条2項），権限濫用の禁止（民法1条3項）という私法上の法原則である。

　行政法教科書に「法の一般原則」という用語法が見られるようになったのは，1970年代後半からである。かつては条理の項目の下に位置付けられていたが，現

代の行政法教科書では条理の項目を置かず，「法の一般原則」（条理）という表記を用いるものもある。条理と「法の一般原則」は重なるところもあるが，同一ではない。「法の一般原則」が条理であるとは言えるが，裁判官が解釈に用いた基準すなわち条理が「法の一般原則」に属しない，名付けようもないものであることがあり得るからである。

現代の行政法理論において平等原則や比例原則という行政上の一般原則は，法源としてのみならず，立法権や行政権に向けた法原則としても機能し，非常に重要な役割を果たしている。平等原則と比例原則は裁量統制基準として再び述べることとなるから，ここでは私法上の原則が行政法の法源として重要であることを紹介する。

信義誠実の原則

行政を信頼して相当に資本投下が進んだ段階で，はたして政策変更は許されるだろうか。最判昭和56年1月27日民集35巻1号35頁（宜野座村工場誘致事件判決）は，政策変更の可否について判断した行政実務上非常に重要な裁判例である。最高裁は，住民自治の原理から政策変更を認める一方で，行政からの個別具体的な働き掛けによって事業者が継続して相当な資本投下をしている場合に，信頼に対する保護が与えられなければならず，不法行為責任を生ぜしめるとした（政策変更に対する不法行為責任）。

判例6-2　最判昭和56年1月27日民集35巻1号35頁（宜野座村工場誘致事件）
【事案】　X（原告，控訴人，上告人）は，Y村（被告，被控訴人，被上告人）内に製紙工場の建設を計画し，1970（昭和45）年11月に当時村長であつたAに対し右工場の誘致及び村有地を工場敷地としてXに譲渡することを陳情した。これに対し，Aは，本件工場を誘致し右工場敷地の一部として村有地をXに譲渡する旨の村議会の議決を経たうえ，1971（昭和46）年3月Xに対し工場建設に全面的に協力することを言明した。

Xは，同年8月ごろ村有地の耕作者らに土地明渡に対する補償料を支払い，更に翌年3月ごろより本件工場に備え付ける機械設備の発注の準備を進め，Aもこれを了承していたばかりでなく，引き続き工場建設に協力する意向を示していた。Xは右機械設備を発注し，工場敷地の整地工事に着手して同年12月初めにはこれを完了した。

ところが，本件工場設置反対派住民の支援を受けて村長選挙において当選したBは，これまでの政策を変更し，本件工場設置に協力しないこととした。XはY村の協力が得られなくなつた結果，工場の建設ないし操業は不可能となつたので，やむなくこれを断念した。
【判旨】　破棄差戻し「地方公共団体の施策を住民の意思に基づいて行うべきものとするいわゆる住民自治の原則は地方公共団体の組織及び運営に関する基本原則であり，

　また，地方公共団体のような行政主体が一定内容の将来にわたって継続すべき施策を決定した場合でも，右施策が社会情勢の変動等に伴って変更されることがあることはもとより当然であって，地方公共団体は原則として右決定に拘束されるものではない。しかし，右決定が，単に一定内容の継続的な施策を定めるにとどまらず，特定の者に対して右施策に適合する特定内容の活動をすることを促す個別的，具体的な勧告ないし勧誘を伴うものであり，かつ，その活動が相当長期にわたる当該施策の継続を前提としてはじめてこれに投入する資金又は労力に相応する効果を生じうる性質のものである場合には，右特定の者は，右施策が右活動の基盤として維持されるものと信頼し，これを前提として右の活動ないしその準備活動に入るのが通常である。このような状況のもとでは，たとえ右勧告ないし勧誘に基づいてその者と当該地方公共団体との間に右施策の維持を内容とする契約が締結されたものとは認められない場合であっても，右のように密接な交渉を持つに至った当事者間の関係を規律すべき信義衡平の原則に照らし，その施策の変更にあたってはかかる信頼に対して法的保護が与えられなければならないものというべきである。すなわち，右施策が変更されることにより，前記の勧告等に動機づけられて前記のような活動に入った者がその信頼に反して所期の活動を妨げられ，社会観念上看過することのできない程度の積極的損害を被る場合に，地方公共団体において右損害を補償するなどの代償的措置を講ずることなく施策を変更することは，それがやむをえない客観的事情によるのでない限り，当事者間に形成された信頼関係を不当に破壊するものとして違法性を帯び，地方公共団体の不法行為責任を生ぜしめるものといわなければならない。」

租税法関係と信頼保護

　禁反言の原則（エストッペルと呼ばれる英米法の原則。商法で用いられる）や信義則は，租税法関係でも適用されるだろうか。租税法における大原則は租税法律主義（憲法84条）であり，法律に従って平等・公平に課税される。もし，税務署職員が法律の解釈・適用を誤って課税の対象者である相手方に「課税されません」と言い，相手方がそれを信頼したらどうなるだろう。相手方の信頼を保護すべきだとすれば相手方は課税されないことになってしまう。それは平等・公平を旨とする租税法律主義に反しないだろうか。最判昭和62年10月30日判決判時1262号91頁（青色申告事件判決）は，下記下線部が示す厳格な要件のもとに租税法関係にも信義則の適用があり得ることを認めた。

判例6-3　最判昭和62年10月30日判決判時1262号91頁（青色申告事件）
【判示事項】　課税処分と信義則の適用
【判旨】　破棄差戻し「租税法規に適合する課税処分について，法の一般原理である信義則の法理の適用により，右課税処分を違法なものとして取り消すことができる場合があるとしても，法律による行政の原理なかんずく租税法律主義の原則が貫かれるべ

き租税法律関係においては，右法理の適用については慎重でなければならず，租税法規の適用における納税者間の平等，公平という要請を犠牲にしてもなお当該課税処分に係る課税を免れしめて納税者の信頼を保護しなければ正義に反するといえるような特別の事情が存する場合に，初めて右法理の適用の是非を考えるべきものである。そして，右特別の事情が存するかどうかの判断に当たっては，少なくとも，税務官庁が納税者に対し信頼の対象となる公的見解を表示したことにより，納税者がその表示を信頼しその信頼に基づいて行動したところ，のちに右表示に反する課税処分が行われ，そのために納税者が経済的不利益を受けることになったものであるかどうか，また，納税者が税務官庁の右表示を信頼しその信頼に基づいて行動したことについて納税者の責めに帰すべき事由がないかどうかという点の考慮は不可欠のものであるといわなければならない。」

消滅時効の主張と信義則

　地方自治法236条2項は「時効の援用を要せず，また，その利益を放棄することができないものとする」と定めている。この点が民法の消滅時効と大きく異なる点である。しかし，在外被爆者への健康管理手当の支給を違法な通達（402号通達）に基づいて違法に打ち切った後，未支給分が消滅時効にかかっていると主張して支給義務を免れようとすることは信義則に反するとした最判平成19年2月6日民集61巻1号122頁（在ブラジル被爆者健康管理手当等請求事件）がある。

第7章　行政機関が行う立法作用

理解のポイント
　行政機関が行う「立法作用」を理解しよう。「法律の委任」とは，法律自体に政令・省令・規則などの形式で具体化することを委ねる規定があることを意味している。

1　行政機関が行う立法作用の必要性と限界

　行政機関も法条の形式をもって，その行為や組織の基準となる一般的・抽象的規範を定める立法作用を行っている。これを行政立法という。必要とされる規定の内容が詳細かつ専門的・技術的であること，事情の変遷に応じて頻繁に改廃を要する事項があることなどが，行政機関による立法作用が必要な理由とされる。国会活動に期待できないという現実的な理由もある。

　しかしながら，行政機関が具体的な基準を作る必要性や合理性が認められるとしても，法律から離れて自由にルールを作ってよいわけではない。国民の権利義務にかかわる事項は本来法律をもって定めるべきものであって，無限定に行政立法に委ねてはならない。その具体化を無限定に行政立法に委ねることは国会の責務放棄であり，行政府（官僚）の権限の過大化を招くことが懸念されるのである。

2　法規命令と行政規則——外部効果・内部効果という区別

　行政立法に関する主要な関心は，行政機関によって制定された規範の効果（効果が行政内部にとどまるか，あるいは相手方私人と行政の双方を拘束するか），つまり裁判所が適用し得るか否かという点である。

（1）法規命令——外部効果を持つもの

　法規命令とは，相手方私人と行政の双方を拘束し，紛争が生じたときに裁判所がこれを適用する規範である。法規命令という名称からわかるように，「法規」（権利・義務の意味）に関わる規範であるから，法律の委任が必要である。

（2）行政規則——内部効果しか持たないもの

　行政組織に関して定められるもの，行政機関相互間の関係ないし行動基準に関して定められるものは，行政機関相互を拘束するが，私人に対する拘束力を持た

図表7-1　法規命令と行政規則

	法律の委任	形　式	裁判規範性	効　果
法規命令	要	政令，省令，規則などの形式をとる。	あり	外部効果
行政規則	不要	要綱，訓令（通達）など。いわゆる内規。制定形式を問わない。	なし	内部効果

ない。換言すれば，裁判所が適用することのない規範である。権利・義務に関わるものではないから，法律の委任を要しない。

　法規命令と行政規則は学問上の分類であって，学説では両者の区分が相対的であることが指摘されている。法的効果に着目した分類であり，名称や形式（政令，府令，省令など）に関わらない実質的な分類である。

3　法律と法規命令の関係（委任立法の限界）

　法律による委任がなければ法規命令を定めることはできない（法律の委任によって定められるものを委任命令という）。法律が下位法令に何を，どう委任するかが問題となる。憲法は「但し，政令には，特にその法律の委任がある場合を除いては，罰則を設けることができない。」（憲法73条6号但し書き。同様の規定が内閣法11条，国行組法12条1項にある）といい，罰則制定に関してその限界をいうにすぎず，委任の方法，内容の問題について，憲法は明示的な規定を置いていないため，学説と判例によって明らかになる。

　法律の委任の問題は，授権（委任）する法律の側に問題がある場合と，委任を受けて制定された命令の側に問題がある場合に分けられる。

（1）委任方法の限界

白紙委任の禁止（包括的委任の禁止）

　授権する法律の側の問題とは，法律で決めるべき内容をすべて命令に委ねてしまうような，法律の存在意義を失わせるような委任の仕方をとる場合である。このような委任は許されてはならず，白紙委任の禁止という。行政法原理である法治主義，法律の法規創力の独占の原則を形骸化させてはならない。

　古くから憲法学説と行政法学説は，国家公務員法102条1項の委任の仕方と人事院規則14-7を問題視する。学説は，国家公務員法102条1項の定め方からすれば，人事院は国家公務員に対して選挙権の行使以外のことで政治色のある行為であれば何事でも禁止できることになるから，いわば人事院への白紙委任に当た

り違憲・違法とするが，最高裁は，公務員に禁止される政治的行為の具体的内容は，政党色の強い国会で定めるよりも，政治的に中立でかつ独立性を保障された人事行政機関である人事院で定めるほうが合理的であるとして，一貫して合憲・適法の考え方を示している（最大判昭和33年3月12日刑集12巻3号501頁，最判昭和33年5月1日刑集12巻7号1272頁）。

■演習問題7-1　「法律の委任」に該当する表現に下線を引きなさい。

国家公務員法102条1項
「職員は，政党又は政治的目的のために，寄附金その他の利益を求め，若しくは受領し，又は何らの方法を以てするを問わず，これらの行為に関与し，あるいは選挙権の行使を除く外，人事院規則で定める政治的行為をしてはならない。」

　再委任の禁止

　法律により行政機関に委任されたものを，法律の根拠なくさらに下位の行政機関に再委任しうるかという問題がある。安易に再委任を認めることは法律が当該行政機関に委任する趣旨を損なう。再委任を適法とする最高裁判決があるが，再委任が法律の趣旨を損なうものである場合，再委任は違法となり得るであろう。

判例7-1　最判昭和33年7月9日刑集12巻11号2407頁（酒税法帳簿記載義務違反事件）
【事案】　酒税法54条は命令の定めるところにより帳簿記載義務を課し，法65条1号は義務を怠ったものに対し3万円以下の罰金又は科料を科す。法54条を受けて施行規則61条9号は帳簿に記載すべき事項を定めるとともに，税務署長の指定する事項をも記載事項としていた。
【判旨】　「前記酒税法施行規則61条は，その1号ないし8号において，帳簿に記載すべき事項を具体的且つ詳細に規定しており，同条9号は，これらの規定に洩れた事項で，各地方の実状に即し記載事項とするを必要とするものを税務署長の指定に委せたものであつて，前記酒税法施行規則においてこのような規定を置いたとしても，前記酒税法54条の委任の趣旨に反しないものであり，違憲であるということはできない。」
【注釈】　酒税法54条・施行規則（省令）に委任⇒施行規則61条9号　そしてさらに下級行政機関である「税務署長」に委任（「税務署長の指定」が，税務署長に委任したことを示す表現）

（2）委任内容の限界

　委任内容の限界とは，委任を受けた行政機関が定めた命令が，どのような場合に委任の範囲を逸脱したかという問題である。委任を受けた行政機関は，あくま

で法律が授権する範囲内で命令を制定することができる。委任を受けて制定された命令が授権する法律の趣旨に反する場合あり，そのような場合，委任（ここでいう授権）の範囲を逸脱するとされ，授権の範囲を逸脱した命令は，授権法律との関係では違法・無効となる。法律の委任の範囲を逸脱したとして，命令を違法・無効とした最高裁判例は多くみられる。最高裁が命令を違法・無効とした理由付けの仕方が重要である。

　最大判昭和46年1月20日民集25巻1号1頁（農地売渡処分取消請求事件）は，自作農創設特別措置法により買収された土地の売渡処分保留地の問題であり，保留地が元の所有者ではなくAに払下げられたため，元の所有者が払下げ処分の取消訴訟を提起した事例である。農地法80条2項には「政令で定める場合を除き，その土地，立木，工作物又は権利を，その買収前の所有者に売り払わなければならない」とあったが，委任を受けて制定された農地法施行令旧16条4号が売り払いを「公用，公共用又は国民生活の安定上必要な施設の用に供する緊急の必要があり，且つ，その用に供されることが確実な土地等」に限定していたため，最高裁は明らかに法律が売払いの対象として予定しているものを除外することは，法律の趣旨に反するとして，命令を違法・無効とした。

　最判平成3年7月9日民集第45巻6号1049頁（14歳未満接見不許可事件）は，14歳未満の者との面会を禁止する監獄法施行規則120条が，監獄法50条の委任の範囲を超えて違法・無効であるとされた事例である。接見の自由の制限は，逃亡又は罪証隠滅の防止のため，そして監獄内の規律又は秩序の維持上放置することのできない程度の障害が生ずる相当の蓋然性が認められる場合に，必要な限度で許容されるのであって，たとえ事物を弁別する能力の未発達な幼年者の心情を害することがないようにという配慮の下に設けられたものであるとしても，それ自体，法律によらないで，被勾留者の接見の自由を著しく制限することは許されないとした。

　そして，最判平成25年1月11日民集67巻1号1頁（医薬品ネット販売の権利確認等請求事件）は，旧法では禁止されておらず，新法の国会審議でも言及されなかった事柄を，法律の規定を変えずに行政機関が定める命令によって新たに規制を施そうとした問題である。「郵便等販売」であるが，これは主としてインターネットを通じた医薬品販売である。最高裁は，旧薬事法の下では違法とされていなかった郵便等販売に対する新たな規制は，郵便等販売をその事業の柱としてきた者の職業活動の自由を相当程度制約するものであることが明らかであって，郵便

図表 7 - 2 　〇は法律の委任の範囲の逸脱を認めて命令を違法・無効とした事例

〇	最大判昭和46年 1 月20日民集25巻 1 号 1 頁（農地売渡処分取消請求事件）
	命令の定めが法律の規定に照らして狭すぎる場合，命令は違法・無効とした事例
×	最判平成 2 年 2 月 1 日民集44巻 2 号369頁（サーベル登録拒否事件）
	専門技術的裁量を重視し，委任の範囲の逸脱を認めなかった事例
〇	最判平成 3 年 7 月 9 日民集第45巻 6 号1049頁（14歳未満接見不許可事件）
	制約される接見の自由の性質から，委任の範囲を限定的に解した事例
〇	最判平成25年 1 月11日民集67巻 1 号 1 頁（医薬品ネット販売の権利確認等請求事件）
	新たに職業活動の自由を制約するには，授権法律から規制の範囲や程度等を読み取れることを要するとして，命令を違法・無効とした事例

等販売を規制する内容の省令の制定を委任する授権の趣旨が，上記規制の範囲や程度等に応じて明確に読み取れることを要するとした。

　以上 3 つの最高裁判決の考え方からすれば，委任の範囲を逸脱したことが認められるべきはずのものが，認められなかった事例がある。サーベル登録拒否事件である。キーワードは「鑑定基準の設定にかかる専門技術的裁量」である。最高裁は，銃砲刀剣類所持等取締法14条 1 項にいう刀剣類には外国刀剣が除外されていないとしつつ，規則で登録の対象を美術品として文化財的価値を有する日本刀に限ることに「鑑定基準の設定にかかる専門技術的裁量」を認めた。最高裁判決には反対意見が付され，学説においても批判的意見が根強い。「鑑定基準の設定」について専門技術的裁量が認められるのであって，それは法律と委任命令の関係に一般的に妥当しないことに注意しよう。

4　行政規則

（1）行政規則の種類と形式

　行政規則とは，行政機関が定立する規範のうち，「法規」たる性質を有せず，それゆえ裁判規範とならないものを指す。雑多な形式で存在し，告示，訓令，通達などの形式をとることが多いが，省令，外局規則によることもある。

　行政規則はあくまで行政組織内部において拘束力を有する規範であって，行政組織に関する定め（行政組織の事務組織の規定，事務配分の規定），部分的秩序に関する定め（営造物管理規則など），行政機関の行動基準（解釈基準，裁量基準，給付規則（補助金交付要綱）），行政指導指針（いわゆる指導要綱）などに用いられる。

（2）通　達

「監督行政庁が，組織上の監督権に基づいて所管の下級行政機関に対し，法律の解釈や裁量判断の具体的指針などを示して，行政上の扱いの統一を期するために発する行政組織内部での命令一般を訓令といい，書面によるものを特に通達と呼ぶ」（田中二郎）。各省大臣，各委員会及び各庁の長官が訓令または通達を発する権限は，国家行政組織法14条2項に規定されている。

通達は行政組織内の意思統一の必要性から発せられるものであり，法令の裁量基準や解釈基準を示す際などに用いられる。通達の発令・改廃には法律の根拠を要せず，行政組織内部において拘束力を有するが，一般の国民は直接これに拘束されないという性質を有する。通達は行政組織内部しか拘束力を持たないから裁判所は通達に拘束されず，通達に依拠して判断をすることはない。このような通達の性質を明らかにした最高裁判例が，墓地埋葬事件判決（最判昭和43年12月24日民集22巻13号3147頁）である。

通達による法律の文言の解釈変更は，一般国民に実質的な影響をもたらす。このような法律の文言の解釈変更は，とりわけ税務行政において重大な影響を与え，まるで通達課税であると批判される。従前に課税されていなかったものが，通達による解釈変更により，課税対象とされることがあり得るからである。最高裁は，通達による解釈の変更自体を問題とせず，その解釈変更が正しく変更されたことをもって適法としている。

判例7-2　最判昭和33年3月28日民集12巻4号624頁（パチンコ球遊器事件）

【事案】 旧物品税法は課税対象として「遊戯具」を掲げていたが，パチンコ球遊器についてそれまでほとんど課税されていなかったところ，1951（昭和26）年に東京国税局長等からパチンコ球遊器は「遊戯具」に当たるので物品税を賦課する旨の通達が発せられ，課税が行われるようになった。パチンコ球遊器の製造業者であるXらは，所轄税務署長から物品税の課税処分を受けて納付したが，国（Y）を相手に，課税処分の無効確認・納付金の不当利得返還を求めて出訴した。1審・2審ともXらが敗訴。Xらが上告した。

【判旨】 「社会観念上普通に遊戯具とされているパチンコ球遊器が物品税法上の「遊戯具」のうちに含まれないと解することは困難であり，原判決も，もとより，所論のように，単に立法論としてパチンコ球遊器を課税品目に加えることの妥当性を論じたものではなく，現行法の解釈として「遊戯具」中にパチンコ球遊器が含まれるとしたものであつて，右判断は，正当である。なお，論旨は，通達課税による憲法違反を云為しているが，本件の課税がたまたま所論通達を機縁として行われたものであつても，

通達の内容が法の正しい解釈に合致するものである以上，本件課税処分は法の根拠に基く処分と解するに妨げがなく，所論違憲の主張は，通達の内容が法の定めに合致しないことを前提とするものであつて，採用し得ない。」

5　意見公募手続 (パブリック・コメント)

　2005 (平成17) 年行政手続法改正により，行政手続法に第6章意見公募手続等が新たに設けられた。命令等制定機関に対して，命令等を定める場合の一般原則として，当該命令等がこれを定める根拠となる法令の趣旨に適合するものとなるようにしなければならないこと，社会経済情勢等の変化や，必要に応じ，当該命令等の内容について検討を加え，その適正を確保するよう努めなければならないことが示されている (38条)。

　ここでいう「命令等」とは，法律に基づく命令 (処分の要件を定める告示を含む) または規則，審査基準，処分基準，行政指導指針の4種であり (2条8号。これに対して39条4項は意見公募手続の例外となるものを定めている)，命令等を定めようとする場合において，30日以上の意見提出期間を設けなければならないこととされている (39条2項。40条1項はやむをえない場合に30日を下回ることを認めている)。

　命令等制定機関は，意見公募手続を実施して命令等を定める場合には，意見提出期間内に当該命令等制定機関に対し提出された当該命令等の案についての提出意見を十分に考慮しなければならないことが定められている (42条)。命令等制定機は，提出意見 (43条1項3号) 提出意見がなかった場合にあっては，その旨，意見公募手続を実施した命令等の案と定めた命令等との差異を含む提出意見を考慮した結果およびその理由 (43条1項4号) を公示しなければならない。このように結果を公示することを義務づけることによって，提出された意見を考慮しないということを避けようとするのである。

　意見公募手続は民主主義的な参加手続である。国民の権利利益の保護を目的とする行政手続法の他の章とは若干性格を異にしている。

第 **8** 章　行政処分(行政行為)論

理解のポイント────────────

　行政「処分」という用語のニュアンスを理解しよう！

① 行政法理論における行政「処分」は，日常用語の「処分」にある懲罰や制裁の意味付けはない。相手方私人にとって利益的な決定にも不利益的な決定にも用いる用語であり，価値中立的な用語法である。

② 行政「処分」の相手方を，行政処分の名宛人という。

────────────────────

1　行政処分 (行政行為) と契約

民事法との違い

　行政活動において，相手方となる私人の権利・義務，法的地位を変動させようとする場合，行政処分と契約という2種の方法がある。行政活動では両方の手法が使い分けられているが，行政法理論の中心に据えられるのは行政処分 (行政行為) 論である。行政活動において用いられる契約は，民事法上の私的自治の原則が貫徹されるものではないが，当事者の合意によって成されるという点において民事法の契約と変わるところはない。他方，行政処分 (行政行為) は，私人の「合意」を要せず，ときに一方的・権力的に権利・義務，法的地位を変動させ得る点に特質がある。

　たとえば課税処分を例にとろう。納税者の意思を問うことなく法律に基づいて税金は課される。そしてもし期日までに納税されなかった場合，国の租税債権は財産の差押え・公売・充当という，強制的な国税滞納処分手続により実現される。このように，一方的に義務が課され，権力的にその義務の内容が実現される仕組みが行政法にはあり，そのような権力的な仕組みには民事法の世界では見られない特質があり，行政法教科書では行政処分 (行政行為) 論として講じられている。

行政指導との違い

　日本行政の最大の特色は，非権力的な行政指導という手法によって行政の目的を達成している点にある。それは新型コロナウイルス感染防止対策において最大限に発揮された。要するに，相手方の不利益となることも，行政が「お願い」をして相手方が「任意に協力」して当該不利益を受け入れているのであるが，行政

図表8-1　行政処分（行政行為）・契約・行政指導の比較

	法律行為	性　質	強制の方法
行政処分（行政行為）	○	一方的・権力的	行政上の強制執行
契　約	○	要同意	裁判所（民事訴訟・当事者訴訟）
行政指導	✖（事実行為）	非権力的（任意の協力による実現）	✖（そもそも強制できない）

処分（行政行為）および契約と異なって法律行為ではなく，事実行為にすぎない。

実定法で使われている用語との違い

　行政処分（行政行為）は行政法理論の中心に据えられる概念であるが，初学者には戸惑うことが多くある。まず，学問上の用語と実定法上の用語が一致していない。行政処分という用語を使っている法律は若干見られるが（地方自治法242条の2第1項第2号，民事執行法193条1項，銀行法49条1項5号，金融庁設置法20条1項など），行政処分に相当する行政庁の個別的・具体的決定の名称は，実際の法律では許可，認可，免許，更正，措置決定，承認，指定，決定，裁決等々，様々である。行政処分はこれらを総称する概念であって，行政処分という概念を使ってこれらに共通する性質や異なる点を分析し，行政上の個別的・具体的決定に関する裁量の統制に役立てようとする。

行政処分≧行政行為

　行政処分はときに行政行為という概念と重なり，区別されずに用いられることがある。現在公刊されている行政法教科書には，行政処分を用いるもの，行政行為を用いるもの，それぞれある。行政処分も行政行為も明治時代から使われているが，行政行為はドイツ法からもたらされた学問上の概念である（現代のドイツ法では法令用語でもある）。

　昭和の時代に通説的地位を占めていた田中二郎の行政行為論を取り上げようとする場合，行政行為という用語法が必要になるため，本書では行政行為という用語も使用する。しかし田中二郎の行政行為論は規制行政について立てられたものであるから，給付行政や行政救済法まで含めて説明するには，行政行為という概念ではどうにも狭くなってしまう不都合がある。そのため，本書では主として行政処分を用いる。

　　行政法こぼれ話8-1　行政処分，行政行為，処分という3つの用語
　　初学者にとって，行政処分と行政行為という2つの概念だけでもややこしいが，行政手

続法や，行政不服審査法・行政事件訴訟法などの救済法分野へ進めば，もうひとつ「処分」という概念が登場してくる。行政処分，行政行為，処分という 3 つの概念の詳細な違いを初学者が理解することは難しいが，大まかに，歴史に即して理解しよう。

実定法上の用語「処分」

　明治の時代から行政処分，行政行為，処分という用語はある。この場合，最も理解しやすいのは処分であって，処分は実定法上の用語である。行政裁判所の裁判事項を定める1889（明治22）年明治憲法61条には「行政官庁の違法処分」とある。行政裁判所の出訴事項を定めた1890（明治23）年法律第106号は「行政庁ノ違法処分」について出訴を認めている。つまり「処分」は，実定法上，昔から訴訟の対象の意味で用いられている。

　現代では，行政事件訴訟法が「処分の取消しの訴え」を定め，行政不服審査法には「行政庁の処分に不服」がある場合の審査請求を規定している。1993（平成 5）年に制定された行政手続法 2 条 2 号「処分」の定義は行政事件訴訟法の用語法に倣ったものである。

　訴訟の対象という観点からすれば，行政処分，行政行為，処分の 3 つは区別され得る。行政処分や行政行為の概念に当てはまらなくても，訴訟の対象「処分」に該当することがあり得る。

行政処分と行政行為

　次に行政処分と行政行為であるが，これらは明治時代から学説において用いられていた学問上の概念である。しかし 2 つの関係は昔から明瞭ではない。両者は学問上の概念であるから，論者によって用語法が大きく異なるからである。たとえば美濃部達吉は1909（明治42）年『日本行政法　第一巻』には行政処分を用いているが，1924（大正13）年『行政法撮要　全』では行政行為を用い，そして行政行為の種類として「行政処分，公法上の契約及協定」を挙げている。現代からすれば考えられないことであるが，公法上の契約も行政行為に含められ，「行政処分とは行政権の一方的の意思表示に依りて成立する行政行為を謂う」と定義している。

　昭和の時代に通説であった田中二郎の行政行為論であるが（国家公務員試験問題として田中二郎の行政行為論の分類が出題されていた），しかし1960年代の田中二郎論文には，「行政行為は人によって使い方が違うが」とある。つまり行政行為というものが行政法理論において内容的に固まったのはそれほど遠い昔ではない。

最高裁判決による「行政庁の処分」「行政処分」の定義

　最高裁は抗告訴訟の対象となる「行政庁の処分」を「公権力の主体たる国または公共団体が行う行為のうち，その行為によって，直接国民の権利義務を形成しまたはその範囲を確定することが法律上認められているもの」（最判昭和39年10月29日民集18巻 8 号1809頁（ごみ焼場設置条例無効確認等請求））と定義した（学説はときに「行政庁の処分」を「行政処分」と同視する）。最高裁判決の中には判決中に行政行為と行政処分の両方の用語を使っているものが見られるなど（最判昭和53年12月 8 日民集32巻 9 号1617頁（成田新幹線訴訟）），両者が厳密に使い分けられていたとは言い難いが，最高裁が概念的に明確化したのは「行政庁の処分」「行政処分」という概念である。

　塩野宏，宇賀克也という現代の著名な行政法学者が著した行政法教科書に「行政行為」の定義は見られない。「行政行為」は学説が語るべき概念であるが，歴史的にみれば，学説がなお明瞭に語っていないことは多いのである。

2　行政処分とは，どのような行為か？

> **理解のポイント**
>
> 　行政処分（行政行為）とは，行政上の行為すべてを意味するのではないことをまず理解しよう。以下の5つの要素のすべてを満たした行為のみを，行政処分（行政行為）という。
>
> 　行政処分とは，①行政庁が，②法律または条例の規定に従い，③公権力の行使として，④国民・住民の権利義務その他の法的地位を決定するという⑤具体的法効果を生ぜしめる行為である。

　行政処分の定義は，これまで学習したことから成り立っている。第2章，第3章，第6章での学習の記憶を呼び起こそう。

　まず，行政処分を発する権限を有するのは，行政組織の中で①「行政庁」のみである。それ以外の行政機関が発したものは行政処分ではない。次に，下線部②は法律による行政の原理から理解される。法律による行政の原理からすれば，④国民・住民の権利義務その他の法的地位に関わることには法律または条例の根拠が必要である。そして，定義において⑤「具体的」法効果が言及されているのは，法律や法規命令などの一般的・抽象的な法規範ではなく，それらの一般的・抽象的な法規範をさらに具体化した行政庁の個別的決定であることを意味している。つまり，法律や法規命令，条例・規則などの一般的・抽象的な法規範は行政処分ではない。

　③「公権力の行使」は行政処分が権力的であることを示しているが，「権力的」という意味が問われなければならない。すでに学んだように，行政処分に相手方の同意というものを要しないという意味で，一方的であり得ることを示している。次に，行政処分によって課された義務を履行しない場合は，その意思に反して強制的に実現されることがあり，そして行政処分によって課された義務に違反した場合，刑罰が科されることもある（個別の法律に定めがある）。

　行政処分は上記の5つの要素を満たしたものをいう。つまり，契約，行政指導，行政立法・行政計画というものを含まない。

3　行政処分の効力

　このように厳密に他の行政上の行為と区別しようとするのは，行政処分（行政行為）であるということによって，私法上の法律行為や他の行政上の行為には認

められない特殊な効力があると説明されるからである。

（1）公定力

　公定力とは，行政処分が**違法であっても**，権限ある機関（行政機関または裁判所）によって**取り消されるまでは**，**有効なものとして**扱われることをいう。

> **行政法こぼれ話 8-2　取り消さずに新しい行政処分をしてはダメ！**
> 　行政処分（行政行為）が誤ったもの（瑕疵ある行政処分）であることが判明したならば，行政機関はまず「取り消す」ことをしなければならない。「取り消す」ことによって，違法な状態をまっさらにしてもとの状態にする。違法な状態のままに重ねて新しい行政処分をしてはならない。これは公務員にとって常識のはずであるが，目を疑うような 2 重，3 重になされた行政処分を筆者は目にしたことがある。どうしてそんな行政処分を誰も止めなかったのだろう？　笑い話では済まされない非常識である。

（2）公定力の否認手続と不可争力

　公定力を否認する手続（すなわち，瑕疵ある行政処分の取消しを求める手続）は，行政不服審査法（行服法）に基づいて審査請求を提起するか，あるいは行政事件訴訟法（行訴法）の「処分の取消しの訴え」（いわゆる取消訴訟。抗告訴訟の一種）を提起しなければならない。2 つを併せて争訟手続という。審査請求は「処分があったことを知った日の翌日から起算して 3 月」を経過したときはすることができず（行審法18条 1 項），取消訴訟は「処分又は裁決があつたことを知った日から 6 箇月を経過したときは，提起することができない。」（行訴法14条 1 項）。つまり，各々の手続には期限が設けられ，期限を経過したときはもはや争うことはできない（➡「正当な理由があるときは，この限りではない」が，簡単には認められない）。これを不可争力という。

　不可争力が生じてしまったならば争訟においてもはや争うことはできず，処分庁が職権で取消しを行うことを求めるしかない。

（3）執行力

　執行力とは，行政処分によって課された義務の内容を行政庁が自力で実現できることをいう（行政上の強制執行）。民事法においては自力救済の禁止が原則であるから，対照的である。ただし，すべての行政処分に執行力が認められるわけではない。かつては行政処分であれば当然に強制執行が認められていたが（明治33

年行政執行法，昭和23年廃止），現在では当然に行政上の強制執行が認められるので
はなく，それを認める旨が法律で定めていることが必要だと解されている。

（4）不可変更力

　公定力，不可争力，執行力が実定法の仕組みから説明されるのに対して，不可
変更力は学説が作り上げたものである。行政処分の中には審査請求に対する裁決
のように，裁判に類似した手続（争訟裁断手続，紛争裁断手続ともいう）を経て出さ
れるものがある。このような手続を経てなされた行政処分を，職権取消しによっ
て取り消すことを制限しようとする考え方ゆえに形成されたものである。

（5）公定力の根拠

　「違法であっても有効」という公定力は，なぜ認められるのだろうか。かつて
の通説は公定力を「権限ある国家機関が取り消すまでは適法なものとして推定さ
れる」（適法性推定説）と説明していたが，現代の学説はこのような権威主義的な
説明の仕方を否定し，仮の効力として実定法上の争訟の仕組みから説明する。違
法な行政処分の効力は民事訴訟で争うことができず，取消訴訟を提起しなければ
ならない（国税および地方税に関する処分は，審査請求についての裁決を経た後でなけれ
ば，取消訴訟を提起することができない。国税通則法115条，地方税法19条の11）。このよ
うに，取消訴訟という特別な訴訟を利用しなければならないことから公定力は取
消訴訟の排他的管轄権から生じると理解され，公定力と不可争力は説明される。

4　公定力の限界（例外）

　「違法であっても有効」とされる公定力の及ぶ範囲には限界がある。通例，3つ
に場合分けされる。第一に，行政処分が重大かつ明白な瑕疵を有するときであ
る。この場合には行政処分は無効となるから公定力も有しない。第二に，国家賠
償請求訴訟において違法な行政処分が争われる場合，第三に，刑事訴訟において
違法な行政処分が問題とされる場合である。

取消訴訟と国家賠償請求訴訟の関係

　国家賠償請求訴訟（国賠訴訟という）は被った損害の賠償を請求するにすぎず，
行政処分の効果そのものを消滅させるわけではないから，国賠訴訟を提起する前
にまず取消訴訟を提起して行政処分を取り消しておく必要はない。つまり，違法
な行政処分によって損害を被ったことを理由とする国賠訴訟においては，公定力

は及ばないということになる。

　行政処分の取消しを求めることなく国家賠償請求が認められるか否かが問題とされたのは，固定資産税過徴収の事例である。過徴収されていたことが判明したが時効（5年）を経過した分は還付されないため，原告は時効を経過した過徴収分を損害として国家賠償請求した。この事例では地方税法が定める不服申立手続（固定資産評価審査委員会に対する審査の申出）をしたことがなく，評価が誤っていることを不服申立てや取消訴訟で争ったことがないのに直ちに国家賠償請求をすることが許されるかどうかも争点であった。

　最判平成22年6月3日民集64巻4号1010頁（冷凍倉庫固定資産税事件）は，行政処分が違法であることを理由として国家賠償請求をするについては，あらかじめ当該行政処分について取消し又は無効確認の判決を得なければならないものではないこと，地方税法432条1項本文に基づく審査の申出及び同法434条1項に基づく取消訴訟等の手続を経るまでもなく国家賠償請求を行い得ると述べている。

行政処分の違法を刑事訴訟において主張することは認められるか

　法律または行政処分によって課せられた行政上の義務に違反した者に対して（つまり行政処分に違反した者に対して）法律は刑罰を科す旨を定めている場合が多く，行政処分は刑罰規定の構成要件の問題となる。刑事訴訟にも公定力が及ぶと解する説に立てば，あらかじめ取消訴訟において行政処分を取り消しておくべきとされ，それをせずに刑事訴訟において行政処分が違法であることを主張できないことになる。しかし，現在の学説は，刑事訴訟には公定力が当然に及ぶとする立場ではない。刑事訴訟において行政処分の違法を主張できることを否定せず，刑事訴訟において行政処分の違法性を独自に判断できるとする説が有力である。

　刑事訴訟において行政処分の違法性を独自に判断した最高裁判例として，余目（あまるめ）ソープランド事件がある。刑事事件の最高裁判決前に国賠訴訟おいて最高裁判決が出され，「行政権の濫用」による違法（最判昭和53年5月26日民集32巻3号689頁）と結論づけられた，著名な事例である。

判例8-1　最判昭和53年5月26日民集32巻3号689頁（余目個室付浴場（ソープランド）事件）（国家賠償請求）

【事案】　X会社は山形県余目町（現・庄内町）で個室付き浴場（ソープランド）の建設を適法に進めていたところ，周辺住民等による反対運動が起こり，県議会でも営業反対の議論がされ，町および県は開業を阻止するため，風営法4条の4第1項が児童福祉法に定める児童福祉施設の周辺200メートルの範囲内で個室付き浴場の営業を禁止

していることに着目し，開業予定地から約134.5メートルの距離にある町有地を児童
遊園施設として認可した。1968（昭和43）年6月4日に町が県知事に対して児童遊園
施設の設置を申請し，わずか6日後の6月10日に県知事がこれを認可するという異例
のものであった。
【裁判要旨】　個室付浴場業の開業を阻止することを主たる目的として原判示の事実関
係のもとにおいてされた知事の児童遊園設置認可処分は，たとえ右児童遊園がその設
置基準に適合しているものであるとしても，行政権の著しい濫用によるものとして，
国家賠償法1条1項にいう公権力の違法な行使にあたる。

判例8-2　最判昭和53年6月16日刑集32巻4号605頁（個室付浴場（ソープランド）事
件）（刑事事件）
【事案】　児童遊園施設の認可が下りたことにより営業ができないはずの建設地で営業
を行なったことから，1審においてX会社に風俗営業取締法違反により罰金7000円が
科された。控訴審も有罪としたため，X会社が上告。
【裁判要旨】　無罪。個室付浴場の規制を主たる動機，目的とする知事の本件児童遊園
設置認可処分は，行政権の濫用に相当する違法性があり，個室付浴場業を規制しうる
効力を有しない。

行政法こぼれ話8-3　トルコぶろからソープランドへ
　現在では風俗営業としての個室付特殊浴場のことを一般的に「ソープランド」という名称
を使うが，かつては「トルコぶろ」と呼ばれていた。親日的なトルコ共和国からの留学生の
抗議活動がきっかけとなって，1980年代に業界が名称を変更した。判決文や古い判例評
釈，昭和の行政法教科書などには「トルコぶろ」という名称が使われている。

5　行政処分（行政行為）の分類

　行政処分（行政行為）は様々な観点から分類される。分類する観点が持つ意味が
重要であり，分類することによって何が得られるかに注目しよう。

（1）利益的（授益的），不利益的（侵害的），二重効果的という観点
　利益的行政処分と不利益的行政処分という分類方法がある。これは名宛人の権
利・利益に行政処分がどのように作用するかを示している（授益的・侵害的という
表現は，行政処分を発する行政庁からみた表現である）。これに対して，二重効果的行
政処分とは，行政庁と名宛人という二極的関係以外に，行政処分が第三者（住民，
消費者など）に与える影響を考慮に入れている。名宛人にとって利益的であって
も，第三者には不利益的な影響を与えることがあり得る。

利益的，不利益的，二重効果的という観点は，行政過程における手続のあり方，手続的権利の保障，行政処分の取消・撤回の制限を考える際に有益となる。二重効果的行政処分の場合，公聴会の開催などが検討される。行政手続法が採用している区分は「申請に対する処分」と「不利益処分」であるが，二重効果的に作用する行政処分が存することを反映した規定もあり，「申請に対する処分であって，申請者以外の者の利益を考慮すべきことが当該法令において許認可等の要件とされているもの」を行う場合には，必要に応じて公聴会を開催するように努めるべきことが定められている（行手法10条）。

（2）対人処分と対物処分

　医師免許や自動車運転免許など人に対する処分と，自動車に対する車検証など物に対する処分がある。対人・対物という観点からの分類は，一身専属的な処分か否か，つまり譲渡や相続などが可能か否かを判断する際に有益である。

（3）準法律行為的行政行為と法律行為的行政行為

効果意思の観点からの分類

　この分類方法は，行政処分（行政行為）論が歴史的に民法学の「法律行為」に影響を受けて形成されたものであることを示し，**効果意思の観点から大別されている**。**法律行為的行政行為とは，行政庁が一定の法律効果の発生する意思**（効果意思）**をもち，これを外部に表示する行為**（表示行為）**によって成立するのに対して，準法律行為的行政行為は，行政庁の意思表示ではなく，それ以外の判断なり認識の表示に対し，法律により一定の法的効果が結合される結果，行政行為とされる**ものである。羈束（きそく）的な法律の執行や判断作用が該当する。

　両者の違いは裁量論に現れる。準法律行為的行政行為には効果意思というものが現れないから行政庁に裁量というものはなく，したがって行政行為の効果を制限する附款も付けることができないことになる。

　図表8-2は，昭和の時代に通説であった田中二郎の行政行為の分類図である。平成の時代にこの分類方法に対する学説の批判が多くあり，また，法制度が変わって分類の基盤が失われてしまったものもある。現代の行政法教科書に登場する行政処分（行政行為）の分類方法のベースとなっているのは田中二郎の分類方法であるため，分類の基本的な考え方を理解しておこう。

図表 8 - 2　田中二郎による行政行為の分類

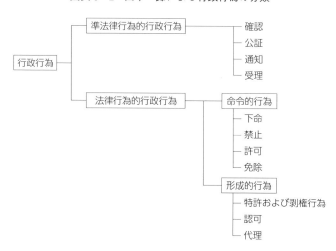

図表 8 - 3　準法律行為的行政行為

確認	特定の事実または法律関係の存否について公の権威をもって判断しこれを確定する行為 Ex. 当選人の決定，市町村の境界の裁定，**建築確認，所得税の更正処分**
公証	特定の事実または法律関係の存在を公に証明する行為 Ex. 選挙人名簿への登録，戸籍への記載，住民登録，弁護士登録など 最判平成15年 6 月26日集民210号189頁（旧オウム真理教転入事件）
通知	事実行為としての通知ではなく，一定の法的事実を国民に知らせて後続の手続が適法に進められる前提となるような行為 Ex. 納税の督促，行政代執行の戒告
受理	他人の行為を有効な行為として受領する行為（注意！　行政手続法37条「届出」と区別必要） Ex. 審査請求書の受理

　受理という類型を立てる意義は行政手続法制定によって失われたとされる（図表 8 - 3 ）。代理という類型は当事者間の協議が整わない場合などに該当するものであるから，これを一般化して論じる意味に乏しい（図表 8 - 5 ）。確認と公証は，実定法上の仕組みの性質を考えるに際して，行為の覊束性，裁量の有無などの視点を提供する概念である。

確認と公証

　実定法上の仕組みを行政行為の類型に分類するにあたって，学説が常に一致しているわけではない。確認という類型は，もっぱら法律要件の認定の面に着目し，厳格な覊束（きそく）行為性を表現するためにたてられることが多いが，建築確認を裁量が認められる「許可」に分類する学説も見られる。公証は，日本国民

図表8-4　法律行為的行政行為──命令的行為（義務の観点からの分類）

下命	一定の行為をする義務（作為義務）を課す行為 Ex.租税の賦課処分，違法建築の除却命令
禁止	一定の行為をしてはならない義務（不作為義務）を課す行為 Ex.営業禁止，違法建築の使用禁止，道路の通行止め
許可	すでに法令または行政行為によって課されている一般的禁止を，特定の場合に解除する行為（禁止の解除） Ex.飲食店などの営業許可，デモ行進の許可，自動車の運転免許，公衆浴場の営業許可，旅館業の許可，風俗営業の許可，薬局開設許可，質屋営業の許可，古物営業の許可，医師免許
免除	すでに法令または行政行為によって課されている作為義務を解除する行為 Ex.就学義務の免除，納税猶予など

としての身分の証明（戸籍），選挙権行使の前提（選挙人名簿への登録）に関わり，市町村から各種行政サービスを受ける際に必要となる居住の証明（住民登録）など，私たちの生活の身近にある。また，事業活動に関する「登録」制度は，一定の資格要件さえ一応証明できれば業務開始を認める制度である。「許可」制度と比較して，緩やかな業務監督のシステムとして機能している。

緩やかな業務監督としての「登録」

「登録」制度に関して，ストロングライフ事件と呼ばれる最高裁判決がある（最判昭和56年2月26日民集35巻1号117頁）。輸入業者が西ドイツ（当時）から護身用噴霧器（商品名ストロングライフ。催涙罪プロムアセトンを小型カートリッジに充填し霧状にして噴出させるもの）を輸入・販売しようと厚生大臣（1966年当時）へ輸入業の登録申請をしたが，厚生大臣は人体等への危険性を理由に拒否処分をしたという事例である。これは法定外の拒否事由であった。登録制度において法定外の拒否事由が認めらえるか否かに注目が集まったが，最高裁は行政行為の分類の観点から裁量を判断していない。法律に定められた仕組みから裁量権の有無を判断し，厚生大臣の登録拒否処分を違法であるとしている。

命令的行為は，人の自然の自由に制限を課す（義務を課すことによって自由を制限する），あるいは自由の制限の解除に関する行為である。本来自由であるものに対して制限を加え，義務を課すのであるから，必要最小限度の規制でなければならない（比例原則）。「命令」的行為であるから，従わなかった場合に強制的に命令の内容（義務）を実現する行政上の強制執行が可能である。また，義務違反に対しては罰則（刑罰，過料）が定められていることが多い。

命令的行為の中で最も重要なのは「許可」である。社会秩序を維持し，危険を

図表8-5　法律行為的行政行為——形成的行為（権利設定・変更・消滅の観点からの分類）

特許	特定人のために人が生まれながらに有していない法律上の力（権利，権利能力，法律関係など）を新たに付与する行為 Ex. 鉱業権設定の許可，河川の占有許可，公有水面埋立免許，土地収用にかかわる事業認定，公務員の任命（注意！　特許法による特許は，準法律行為的行政行為の確認に分類される）
	特定の権利，法律上の地位を奪う行為を剝権行為という。 Ex. 公務員の免職など
認可	契約，合同行為などの法律行為などを補充して，その法律上の効果を完成させる行為（補充行為） Ex. 農地売買契約の許可，公共料金の設定（電車，バス，タクシー等の運賃，電気，ガス等の料金）
代理	第三者のすべき行為を行政機関が代わってした場合，第三者自らがしたのと同じ効果を生じる行為（注意！　ここでの代理に該当する行為は，当事者間の協議が整わない場合などに用いられる） Ex. 主務大臣による役員の選任・解任など

防止するため法令によってあらかじめ一般的に禁止したうえで，一定の条件を充たした段階で禁止を解除する行為である。「社会秩序の維持」「危険防止」は警察目的とよばれ，この警察目的のために用いられる許可が「警察許可」である。**図表8-4**に挙げられている許可の例は，警察許可の例である。その特質は，法令の定める一定の要件を充たした場合，「許可を与えなければならない」と解される点にある。換言すれば，許可を与えるかどうかについて，裁量権がないと解される。

「許可」制度と距離制限

申請が法律上の要件を充たしていれば許可しなければならないが，法律が許可制度をとりつつ距離制限をとっていることがある（距離制限とは営業する店舗などが一定距離離れていなければならないこと）。距離制限がある「許可」制度において競願があった場合に問題となる。最高裁は先願主義をとり，申請の到達時点によって判断することを明らかにしている（最判昭和47年5月19日民集26巻4号698頁（公衆浴場営業許可））。

特許と規制緩和——特許から許可へ

特許は，人が生まれながらに有していない法律上の力を，国が特定人に付与する行為であるから，国に広い裁量権があることが前提とされている。かつて電力・ガスなどの事業や鉄道，バスなどの公共交通などに特許制度が用いられていた。事業者は地域において独占的な経営が可能であり，それと引き換えに，国に

よる強い監督を受ける。このような公企業特許は，公益サービスを安定的に供給するためにとられるのであるが，当該事業に新規に参入することが非常に難しいというデメリットがあり，規制緩和が求められるようになったのである。この場合の規制緩和とは，事業への参入に特許ではなく，「許可」制度がとられるようになった。つまり，特定の人に特別に権利を付与するという考え方ではなく，法律上の要件・基準を充たせば許可を得て参入できるという考え方がとられるようになったのである。

認可と許可の違い

許可と認可を一緒にした許認可という表現があるが，性質からすれば，両者は区別されなければならない。行政庁による認可は補充的な行為であり，私人間の法律行為が前提としてある。もし前提である私人間の法律行為（契約や合同行為）にそもそも瑕疵があれば，行政庁から認可を得たとしても，前提としての法律行為は有効とはならない。そして無認可で行われた取引は私法上無効である。他方，許可の場合，無許可営業に関する刑罰が定められているが，無許可での取引は私法上無効とはならない。

6　附款

附款とは，行政処分の効果を制限し，あるいは特別の義務を課すため，主たる意思表示に賦課された**行政庁の従たる意思表示**である。法律で附款を付けることが定められている場合，法定附款という。運転免許証には「眼鏡等」とある場合，運転に際して眼鏡等をかける義務が課せられていることを思い出してほしい。それが法定附款の例であり，附款の分類でいえば「負担」に該当する。

道路交通法のように法律が具体的に附款を定めているものもあるが，附款とは，法律で定められた以外の内容を行政処分に賦課することを認めたものであり，裁量権に基づき付することができる。しかし法目的と無関係であってはならず，附款によって相手方に課す義務は必要最小限でなければならない（比例原則）。これを附款の限界という。

附款を学習するうえでの難点は，法律上の用語・表現と，学問上の用語が食い違っていることである。法律に「条件を付することができる」とある場合，それは学問上の分類では負担に該当する。

図表8-6　附款の分類

条件	行政処分の効果を，**発生不確実な将来の事実**にかからせる意思表示
	停止条件 その事実の発生によって行政処分の効果が生じるもの（道路工事の開始の日より通行止めなど）
	解除条件 その事実の発生によって行政処分の効果が消滅するもの
期限	行政処分の効果を，**将来発生することの確実な事実**にかからせる意思表示
	始期 当該事実の発生により効果が発生する場合
	終期 当該事実の発生により効果が消滅する場合
負担	許可，認可，免許などの利益的行政処分にあたり，相手方に対して特別の義務（作為，不作為，給付，受忍など）を命じる意思表示
取消権の留保	許可，認可などの行政処分をするにあたって，これを取り消す権限を留保する旨の意思表示をすること

■**演習問題8-1**　輸入業者Xは，海外からの護身用噴霧器（商品名ストロングライフ）を**輸入・販売**しようとし（催涙罪ブロムアセトンを小型カートリッジに充填し霧状にして噴出させるもの），同商品の輸入につき厚生大臣（1966年当時）（Y）による輸入業の登録申請をしたが，Yは，ストロングライフの人体等への危険性を理由に拒否処分をしたいと考えた。下記の条文を参照して，Yが法定外の事由によって登録を拒否できるかを論じなさい。

【参照条文】　毒物及び劇物取締法
第5条　厚生大臣又は都道府県知事は，毒物又は劇物の製造業，輸入業又は販売業の登録を受けようとする者の設備が，左の各号に掲げる基準に適合しないと認めるときは，前条の登録をしてはならない。
　一　毒物又は劇物を貯蔵するタンク，ドラムかん，その他の容器は，毒物又は劇物が漏れ，又はしみ出るおそれがないものであること。　二　貯水池その他容器を用いないで毒物又は劇物を貯蔵する設備は，毒物又は劇物が地下にしみ込み，又は流れ出るおそれがないものであること。　三　毒物又は劇物を貯蔵し，又は陳列する場所にかぎをかける設備があること。但し，貯蔵の場所が性質上かぎをかけることのできないものであるときを除く。　四　毒物又は劇物を貯蔵する場所が性質上かぎをかけることのできないものであるときは，その周囲に，堅固なさくが設けてあること。　五　毒物又は劇物の運搬用具は，毒物又は劇物が漏れ，又はしみ出るおそれがないものであること。

第 **9** 章　行政処分の瑕疵と取消権

理解のポイント

　行政処分の「瑕疵」(かし)と「取消し」の関係を理解しよう。「瑕疵」(かし)とは,「きず」を意味する。法律上何らかの欠点・欠陥があることを表す表現である。

1　行政処分の瑕疵

　行政処分に不備がある場合,行政処分に「瑕疵がある」という。瑕疵の程度は様々であるが,(瑕疵を生じさせたのが自分ではないからといって) そのまま放っておいていいものではない。行政処分には公定力があるから,違法であっても権限ある機関が取り消すまでは有効である。その瑕疵が自分に不利益に作用するとき,争訟手続をとらなければ瑕疵のある行政処分の内容がそのまま実現されてしまう。過大に金銭給付する行政処分を受けたときは,場合によっては,過大に支給された額を遡って全額返還請求されることになる。

　瑕疵ある行政処分は取消しのための手続をとることが重要であるが,瑕疵の中には瑕疵の程度があまりにも重大で,そもそも効力がないと解されるものもある。これを無効の行政処分という。

行政処分の瑕疵と争訟手続

　行政処分に瑕疵があるという場合,法令違反 (違法),裁量権の逸脱・濫用 (違法) というほかに,不当という瑕疵がある。法令違反や裁量権の逸脱・濫用に該当しないが (つまり違法ではないが),行政目的を損なうような権限行使の場合に不当という。行政事件訴訟法30条および行政不服審査法1条の規定から,不当の行政処分については,取消訴訟ではなく行政上の不服申立て (審査請求) を提起することとされている。無効の行政処分には公定力・不可争力がないから,取消訴訟を提起する必要はなく,まず「その効力の有無を前提とする現在の法律関係に関する訴え」(争点訴訟,当事者訴訟) を提起することとされている。無効等確認訴訟 (行訴法36条) もあるが補充的に位置付けられている。

2　無効と取消しを区別する基準

　瑕疵の有無は主体,内容,手続,形式の4つの観点から問われる。行政処分が無効とされるのは,瑕疵の程度が**重大かつ明白** (通説・判例) な場合である。行政

図表 9 - 1　瑕疵ある行政処分の分類

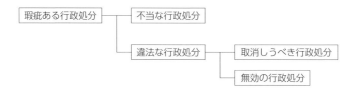

図表 9 - 2　取り消しべき行政処分・無効の行政処分

	取り消しべき行政処分	無効の行政処分
公定力	あり	なし
不可争力	あり	なし
争訟手続	審査請求（行服法） 取消訴訟（行訴法）	「現在の法律関係に関する訴え」（争点訴訟，当事者訴訟），無効等確認訴訟

処分に内在する瑕疵が重大な法規違反であること，瑕疵の存在が明白であること，という 2 つの要件を備えていることを意味する。瑕疵の程度が重大であることを求める点については学説・判例は一致しているが，瑕疵の明白さまで必要か否かについては争いがある。大別して①外観上一見明白説（最判昭和36年 3 月 7 日民集15巻 3 号381頁），②客観的明白説＝調査義務違反説（東京地判昭和36年 2 月21日判時256号23頁），③明白性補充要件説（最判昭和48年 4 月26日民集27巻 3 号629頁）の 3 つがある。

　最高裁は瑕疵の重大性と明白性を求める重大かつ明白説，明白性については外観上一見明白性に立ちつつも，「処分の存在を信頼する第三者の保護を考慮する必要のない」場合など，瑕疵が明白であることを必ずしも要しない場合があることを認めている。

　　理解のポイント
　　　取消し・無効と 4 つの観点
　　①　主体に関する瑕疵
　　　処分をした行政庁が当該処分につき無権限であった場合，無効原因となる。たとえば，任期満了後の公務員の行為，代理権を欠く代理行為，正当に組織されない合議体の行為（会議の召集がない，定足数に足りない，無資格者の参加など）が該当する。
　　　しかし，行政処分の相手方を保護するために，行政処分が有効とされることがある。無資格者が公務員に選任されて外観上公務員として行った場合，理論上は無権限者の行為であるが，行政法秩序の安定と継続性をまもるためにこれを有効なもの

として扱う。「事実上の公務員 (de facto Beamten) の理論」という。

② 内容に関する瑕疵

　内容に関する瑕疵は，基本的には取消原因である。しかし，行政行為の内容が法律上，または事実上不能な場合，無効原因となる。法律上不能な場合として，土地の買収対象が特定できないなど内容の不明確さ（最判昭和26年3月8日民集5巻4号151頁「買収農地は，事実上特定されているのみでなく，買収令書で特定されていることを要する。」），死者に対する運転免許，対象を誤った行政処分（同一姓の他人に対する課税処分）など，事実上・論理的にあり得ない場合などが該当する。

③ 手続に関する瑕疵

　行政処分を行うにあたって法律上の手続が定められている場合，これによらずに行われた場合，取消原因となる。しかし，手続的に瑕疵があれば必ず取消原因となるわけではない。手続に瑕疵があっても瑕疵の治癒が可能であり，内容に影響しない程度のものであれば，取消しとも無効ともならない。どのような手続であるか（法律で定められたものか），手続が名宛人にとってどのような意味を持つかを考えることが必要である。

④ 形式に関する瑕疵

　行政処分は別段の形式を要しない不要式行為であるが，法律が一定の形式を要求している場合がある。たとえば，書面による行政処分を法律が定めている場合，口頭でそれを行えば無効原因となる。

　書面に理由付記が義務付けられている場合，処分の根拠法条を示すだけでは足りない。取消原因となる。まったく理由を付さないなどのときは，無効原因となると考えられる。

判例9-1　最判昭和48年4月26日民集27巻3号629頁（譲渡所得課税無効事件）

【事案】　Dは，経営する会社の債権者から差押えを避けるため，自己が所有する土地・建物につき，同居していた妹夫婦X₁・X₂（以下，Xら）の名前で登記した。これはXらに無断で行われた。さらにDは，Xら名義の土地をFらに売却した。神奈川税務署長（Y）は，主に登記の情報に依拠して，Xらに土地の譲渡所得があるものとして課税処分を行った。Xらはこの課税処分の無効確認を求めて出訴したが，第1審，第2審ともにXらの請求を棄却したため，上告した。

【判旨】　「一般に，課税処分が課税庁と被課税者との間にのみ存するもので，処分の存在を信頼する第三者の保護を考慮する必要のないこと等を勘案すれば，当該処分における内容上の過誤が課税要件の根幹についてのそれであつて，徴税行政の安定とその円滑な運営の要請を斟酌してもなお，不服申立期間の徒過による不可争的効果の発生を理由として被課税者に右処分による不利益を甘受させることが，著しく不当と認められるような例外的な事情のある場合には，前記の過誤による瑕疵は，当該処分を当然無効ならしめるものと解するのが相当である。」

3　瑕疵の治癒と違法性の承継

瑕疵の治癒

　行政処分の瑕疵が軽微なものである場合，欠けていた要件が後に充たされることによって，当初から適法なものとして見なされることがある。これを瑕疵の治癒（ちゆ）という。手続や形式に瑕疵などがあるとき，しばしば追完によって治癒されることがある。

違法性の転換

　自作農創設特別措置法に関する古い最高裁判例の中には，見方を変えることによって行政処分の効力を維持するやり方を認めたものがある。当初Aとしてなされた行政処分はAとして必要な要件を欠いているため，Aとしては違法であるが，Bの行政行為の要件は充足している場合，これをBとして存続させるというやり方である。違法性の転換と呼ばれる方法である。かつて行政の効率性の観点から肯定されたが，名宛人は違法な行政処分を争っているのであるから，違法な行政処分を取り消さないことに対して現代では批判が強い。

違法性の承継

　行政過程において，複数の行政処分が積み重ねられて行政目的は達成される。先行する行政処分は不可争力が発生してもはや違法を争えなくなった場合，後続する行政処分自体に違法事由はないが，先行する行政処分の違法を理由として後続の行政処分の取消しを主張することが認められるか，という問題がある。

　行政処分相互間には，原則として違法性の承継は認められない。違法性の承継が認められた例は，先行行為と後行処分が連続した一連の手続を構成し，一定の法律効果の発生を目指していると解される場合である。認められた例として，農地買収計画の違法を理由にした後続の買収処分の取消し，事業認定の瑕疵を違法とした収用裁決の取消し，安全認定の違法を理由とした建築確認の取消しなどがある。他方，違法性の承継が認められないのは，行政処分が別個の目的でなされ，行政処分相互の間に手段目的の関係がない場合である。課税処分と滞納処分，予算の議決と市町村税の賦課がその例として挙げられる。

　最判平成21年12月17日民集63巻10号2631頁（東京都建築安全条例事件（たぬきの森事件））は，安全認定と建築確認は，沿革上は一体的であり，同一目的を達成するために行われ，両者が結合してはじめてその効果を発揮すること（目的の同一性・法律効果の一体性），安全認定が行われたことを周辺住民等が知る機会がないこ

と，安全認定によって直ちに不利益を受けることはないから，建築確認があった
段階で初めて不利益が現実化すると考えられた。その段階までは争訟の提起とい
う手段は執らないという判断をすることがあながち不合理ではないことから，安
全認定の違法を理由として建築確認の取消しを求めることを適法とし，争訟を提
起するうえでの手続的保障の観点から，違法性の承継を認めている。

4　取消しと撤回

理解のポイント

　学問上と実定法律の用語法の違いに注意し，学問上の用語法の意味を理解しよ
う！

① 行政処分の「瑕疵」が生じた時点により，「取消し」と「撤回」に分けられる。

② 「撤回」は学問上の用語である。「取消し」と「撤回」は，「取消権」に基づき行わ
　れる。実定法律上の表現では両者は区別されず，どちらも「取消し」「取り消す」
　となっている点に注意！

取消し（処分時の瑕疵）と撤回

　行政処分に瑕疵がある（不当，違法）ことが事後に判明した場合，行政庁（処分庁，
監督庁）はこれを取り消す権限を有している（職権取消し）。行政処分の成立時（処
分時）にすでに瑕疵があった場合（原始的瑕疵），判明した時点から処分時に遡って
効力が取り消される。必ず権限を行使しなければならないわけではないが，法律
による行政の原理からすれば，瑕疵ある行政処分であることを行政庁が認識して
いるにもかかわらず，行政処分の効力を維持することは適当ではない。職権取消
しの場合，瑕疵がある状態を是正するのであるから，法律に特別の根拠を要しな
いとされる。

　処分時には適法に成立したが，その後の事情の変化により（後発的事由），行政
処分を維持することがもはや適切ではないことがある。そういった場合には行政
処分を取り消すとしても処分時に遡るのではなく，将来に向けて効力を否定す
る。行政処分を職権で取り消す点において共通しているが，処分時に遡って効力
を取り消すことと区別し，学問上「撤回」と呼んでいる。

取消しと信頼保護の必要性

　取消しの制限は，名宛人にとって，不利益処分と利益処分に分けて考えなけれ
ばならない。不利益処分である場合，瑕疵があったことが判明したならば，原則
として速やかに取り消すべきであるといえる。これに対して利益処分を取り消そ

うとする場合には，考慮しなければならないことが多々あり，単純に取消権を行使することができず，取消しが制限される場合があり得る。

　まず，処分時の瑕疵が名宛人の責めに帰すべきものか，あるいは行政庁側に帰すべきものかが問題とされる（帰責性）。名宛人が申請時に誤りや不正を犯して行政処分が瑕疵を帯びたならば，取消しが制限される方向へ考慮は働かないであろう。他方，行政庁側に帰責性があれば，違法な行政処分を取り消すことによって得られる利益と相手方の被る不利益という対立的な利益を比較衡量し，名宛人の被る不利益があまりに大きければ違法な行政処分を信頼した名宛人を保護すべきであって，行政処分を取り消さないとする結論に至ることもあり得る。

　とりわけ個別的な慎重な衡量が必要なのは，社会保障行政における継続的な金銭給付処分（年金や生活保護）の取消しを行う場合である。給付の根拠が取り消されるのであるから，行政庁は返還請求を行わなければならないが，返還請求の仕方によっては相手方の生活の基盤自体を破壊しかねない。このような場合，取消しが制限され，返還の方法についても配慮が必要とされる。この問題について最高裁判例はなく，下級審の裁判例には，処分時に遡らないとする考え方（松山地裁宇和島支部判昭和43年12月10日行集19巻12号1896頁，東京地判平成9年2月27日判時1607号30頁），取消しは処分時に遡るが不当利得とする考え方（高松高判昭和45年4月24日判時607号37頁），法令に返還方法についての配慮があることを考慮に入れた判決（東京高判平成16年9月7日判時1905号68頁）などが見られる。

撤回の必要性と制限（撤回不自由の原則）

　撤回の制限は，利益処分に関して問題となる。処分時に適法であった行政処分の撤回が必要とされるのは，事後に処分要件を充たさなくなったとき，行政処分を維持するうえでいわゆる「公益上の支障」が生じたときであるが，行政庁は自由に撤回してよいわけではない。撤回の原因が私人の側にあるか否かが問われる。最判昭和63年6月17日判時1289号39頁（優生保護法指定医の指定取消処分事件）において，撤回の原因が私人の側にあるとき，法令に取消権（撤回権）が明記されていない場合であっても撤回が可能であることを認めているが，撤回を必要とする公益上の要請が私人の既得権益の保護の要請を上回るときに，撤回することができるとしている。

　これに対して，行政庁側の都合で利益処分が撤回される場合がある。行政財産の目的外使用許可を得て営業していても（たとえば行政庁舎にある食堂，理髪店，売店等），行政庁側に行政財産としての使用が必要になれば，目的外使用許可は撤

図表 9-3　職権による取消し

取消し	原始的瑕疵	遡及効（遡る）	取消しの制限	処分庁，上級監督庁（監督権）
撤回	後発的事情	将来効（遡らない）	撤回不自由の原則	処分庁

回されることになる。本来行政財産として使用されるべきものであるから（内在的制約），使用権に対する補償というものは否定されるが（最判昭和49年 2 月 5 日民集28巻 1 号 1 頁），撤回によって生じることとなった退去・移転に要する費用の補償の要否は検討されるべきであろう。私人に一方的に不利益を負わせることは適切でない。

発展問題に備える基礎知識

　建築基準法上の敷地と道路の関係は，司法試験対策など各種の論述試験問題にしばしば登場する。判例 9-2 に出てきた建築基準法（昭和25年法律第201号）「接道義務」を理解できているだろうか？　なぜ敷地が道路に接する必要があるのか，その根本的な理解が発展問題への対応に不可欠である。

建築基準法は何のためにある？

　もし建物が突然倒壊したら？　火事に際して燃焼しやすい建材が使われていたら？　と想像してみよう。建築基準法は「建築物の敷地，構造，設備及び用途に関する最低の基準」を定め，国民の生命・財産を保護することを目的としている。「最低の基準」とは国の定める最低限の基準という意味であって，住民間の合意や条例によって緩和することは基本的に認められない。

基準に合致しない「既存不適格」の存在

　建築基準法施行日（昭和25年11月23日）以前から存在していた建築物には，建築基準法の基準が適用されない。このような建築物を既存不適格という。しかし，存在することが許されるものであっても，「著しく保安上危険であり，又は著しく衛生上有害」な場合，除却，移転，改築，増築，修繕，模様替，使用禁止，使用制限その他保安上又は衛生上必要な措置を命じることが可能である（建基法10条 3 項）。

建築物の敷地は道路に 2 メートル以上接しなければならない（43条 1 項）

　災害時を想像してみよう。「接道義務」は防災上の観点から必要とされる規制である。たとえば避難する人々が狭い通路や道路に殺到すれば，それ自体が危険な状況である。
　建築物の敷地は，原則として「道路に 2 メートル以上接していなければならない」。これを「接道義務」という。つまり，2 メートル以上道路に接していない敷地に，新たに建築物を建築することはできない（既存不適格は存在する）。

接しなければならない「道路」（42条）とは？

　敷地が接する「道路」は「幅員が 4 メートル以上」（42条 1 項）でなければならない。これが原則である。しかし幅員 4 メートル未満の道路に接している家屋は多く存在し，これらを救済する規定がある。「この章の規定が適用されるに至った際現に建築物が立ち並んでい

る幅員４メートル未満の道」(つまり，建築基準法施行日 (昭和25年11月23日) の時点で現に建築物が建ち並んでいた道) であれば，特定行政庁が指定すれば道路とみなし (42条２項に基づくので２項道路という)，家屋の新築・改築は道路の中心線から２メートル後退 (セットバック) することで可能になる。

接道義務の例外が認められるのは？

周囲に空地があるなど安全上支障がないと特定行政庁が認めたときなどは，緩和する方向で例外が認められる (43条２項２号)。逆に，より制限する方向での例外は，条例制定によって行われる。特殊建築物・大規模建築物等について，接すべき道路幅員・接すべき長さその他について，条例で制限を付加することができる (43条３項)。

東京都建築安全条例４条１項は，特殊建築物・大規模建築物等について敷地面積に応じた接道義務を定めているが，３項に「建築物の周囲の空地の状況その他土地及び周囲の状況により知事が安全上支障がないと認める場合においては，適用しない。」という適用除外規定がある。３項適用除外に該当するという判断は「安全認定」と呼ばれ，行政処分である。

■演習問題９‐１　最高裁平成21年12月17日判決を素材にした設問

【事案】　株式会社Ａは新宿区内にある敷地2820㎡にマンション (以下，本件マンションという) を建設することを計画し，まず敷地について，東京都建築安全条例に基づいて新宿区長から「安全認定」を得た (2004年12月22日)。東京都建築安全条例４条１項の規定によれば，本件マンションは敷地が８メートル以上道路に接しなければならない。本件マンションは接道が８メートルを下回っていたが，４条３項の規定により，新宿区長は，周辺の空き地等の状況から安全上支障がないと判断して「安全認定」を行っていた。

そして次に，Ａは建築基準法に基づいて建築確認を申請し，新宿区建築主事から建築確認を得た (2006年７月31日)。本件マンション敷地の周辺に建物を所有し，または居住する付近住民Ｘらは，建設用地に建築確認の看板が示されたことによって初めてマンション建設を知った。Ｘらは，本件マンションと敷地の形状との関係から消防活動等に障害があり，災害時に本件マンションに隣接する建築物等やその居住者等に重大な被害が及ぶ恐れがあるとして，建築確認の取消しを求める審査請求において，「安全認定」に違法があったことを主張したいと考えた (2006年９月５日現在)。

(1) なぜ「安全認定」(2004年12月22日付け) の取消しではなく，建築確認 (2006年７月31日付け) の取消しを争わざるをえないのかを，行政処分の効力の観点から説明しなさい。

(2) 「安全認定」の違法性を建築確認の取消しを求める訴えにおいて主張すること，裁判所がこれを審理・判断することは認められるか。

第10章　行政処分と裁量

理解のポイント

「裁量」という概念を，法律との関係，裁判所の審理との関係，という2つの側面から理解しよう。

① 行政法理論における「裁量」論は，伝統的に，行政処分（行政行為）に付随するものとして発達してきたことをまず理解しよう。

② 「自由裁量」という場合，明治以来の古典的な学説では「裁判所の審査が及ばない」領域を意味するものであったが，現代では「裁判所の審査が及ばない」自由な領域はない。したがって，現代行政法では「自由裁量」というものが認められることはない。

③ 「裁量」に関する用語法を，対になる用語として覚えよう。古くから使われているのは裁量行為と羈束（きそく）行為，自由裁量と法規裁量（羈束裁量），要件裁量と効果裁量である。

1　裁量とは何か

行政機関に委ねられた判断の余地

裁量とは，法律が行政機関に委ねた判断の余地を意味している。裁量があるとしても行政機関に恣意（しい）的な判断が許されるのではなく，裁量権は行政目的に照らして適切に行使されなければならない。

行政法で「裁量」という場合，社会一般で使われる如く「判断が委ねられている」という意味に加えて，さらに2つの視点から説明される。法律の定め方がどうなっているか，そして裁判所の審理との関係である。たとえば，裁判所が行政機関の判断を「尊重する」場合に「裁量が認められる」と表現されるなど，「裁量」は行政法理論特有の意味合いを含んで用いられている。

法律と行政機関との関係

行政法において裁量とは何かと問われたならば，第一に，法律と行政機関の関係，すなわち法律の定め方の問題であって，裁量とは法律が行政機関に一定の判断の余地を認めている部分である。法律が一義的に定めていれば行政機関は羈束的（きそくてき）に執行することを求められるが，行政機関の専門技術的な判断が必要とされる場合など，法律には抽象的あるいは多義的な表現が用いられ，行政機関に一定の判断の余地が委ねられる。

裁判所の審査との関係

　第二に，裁量とは裁判所の審査が及ばない領域を意味する。古典的な裁量論において，裁量とは裁判所から自由な領域（古典的な自由裁量）と表現され，行政機関の判断のどこに裁判所の審理が及ばない自由裁量を認めるかが重要な論点であった。裁量権は行政機関の専権であり裁判所の統制を受けることがないという意味で裁量不審理原則と表現されたが，現代の学説・裁判例には裁判所の審理が及ばない自由裁量という領域をあらかじめ設定するという発想はない。現在の裁量論は裁判所の審理が及ぶことを前提として，行政機関の判断に対する裁判所の審理の在り方，審理の方式に関する議論が主になっている。

行政の行為形式と裁量論

　近年出版された行政法教科書の中には，たとえば行政立法や行政計画，行政契約など，行政機関に判断の余地ないし形成の自由の余地がある行為形式も含めて「裁量」の章で扱うものがある。しかし，行政法理論における「裁量」論は，歴史的・理論的に行政処分（行政行為）に付随するものとして発達してきた。行政法初学者は，まず，基本となる行政処分（行政行為）に付随する裁量を押さえよう。

行政法こぼれ話10 - 1　なぜひっくるめて「裁量」論として論じないのか？

　「裁量」論は，判断の余地の広狭という問題を，裁判を通じて統制しようとする側面を有する。行政法理論は行政処分（行政行為）論を中核として発達してきたが，それはわが国の訴訟法が伝統的に行政処分の取消しを求める争い方をとっていたせいである。したがって裁判を通じて裁量統制をしようとする場合，行政処分（行政行為）に付随する裁量を対象とすることを意味した。

　日本国憲法17条を受けて国家賠償法（昭和22年法律125号）が制定され，公務員の不法行為責任について損害賠償請求が可能となった。地方自治法には住民の資格で提起する住民訴訟の仕組みが1963（昭和38）年に定められた。しかし，行政立法や行政計画自体の違法を直接に攻撃するに適した訴訟類型はない。

　たとえば，国土交通省は「国土利用計画は，自然的，社会的，経済的，文化的といったさまざまな条件を十分に考慮しながら，総合的，長期的な観点に立って，国土の利用に関する基本構想を定める」と説明するが，そもそも何を，どう考慮するかが具体的に法律に定められているわけではない。国土利用計画に限らず，都市計画に関する制度は計画策定権者に形成の余地が非常に広く認められ，それに対して一国民，一市民として不満を持ったとしても裁判で争うことはできない。行政処分（行政行為）に付随する裁量が裁判を通じて統制されるのに対して，行政立法や行政計画の場合，判断の余地ないし形成の自由が認められることを前提として，策定手続への国民「参加」を通じて統制が図られるという違いがある。

図表 10-1　伝統的な裁量行為の類型

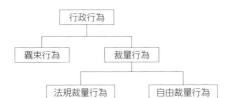

【注釈】　裁量行為の類型と裁判所の審査との関係
　明治憲法下には司法権ではなく行政権に属する行政裁判所が設置されていた。ここでいう「裁判所の審査」とは行政裁判所による審査である。要件裁量説（佐々木惣一）と効果裁量説（美濃部達吉）は，法規裁量行為と自由裁量行為のレベルで，どこに自由裁量を認めるかという区分の仕方をめぐる学説である。要件裁量説を唱える学者を京都学派，効果裁量説を唱える学者を東京学派という。

覊束行為＝法律の機械的執行……裁判所の審査対象
裁量行為＝法律の裁量的執行
　　　　法規裁量行為（覊束裁量）……裁判所の審査対象
　　　　自由裁量行為（便宜裁量・目的裁量）……裁判所の審査対象外

2　明治憲法下の裁量論

　古典的学説は，行政処分（行政行為）について，その要件および内容について，法令が一義的に定める覊束行為と，法令が行政庁の判断に委ねる裁量行為にまず二分する。覊束行為は行政機関が法律に全面的に拘束されているが，実際にはそのような覊束行為は多くない。覊束行為以外のすべてが司法審査の及ばない行政行為であるとすると，裁判的コントロールが及ばない範囲が広すぎることになる。そこで昔の学説は裁量行為の中に法規裁量行為というカテゴリーを設け，裁判的コントロールを広げようとした。つまり，法規裁量行為は一見裁量のように見えるが裁量ではない。

3　行政庁の判断プロセスと裁量

要件裁量と効果裁量──裁量を判断プロセスのどこに認めるか？

　昔の裁量問題とは関心の持ち方も訴訟法も異なっているにもかかわらず，要件裁量と効果裁量という古い用語が，今もなお現代の行政法教科書に登場する意味を考えてみよう。要件裁量説と効果裁量説が立脚している視点は，現代においても，行政庁が行政処分（行政行為）を決定するにあたりその判断プロセスのどこに裁量を認めるかということを説明するに適しているのである。

　要件裁量説は，**図表10-2**でいえば②の段階で裁量を認める考え方である。

図表10 - 2 行政庁の判断プロセス

> 行政処分（行政行為）の根拠法令の規定あり
> ① 事実認定
> ② 法律要件の解釈と，認定した事実を法律要件へ当てはめ（要件）
> ③ 手続の選択
> ④ 処分の選択（効果）
> 　　どの処分選択するか
> 　　その処分をするかしないか
> ⑤ 時の選択　いつその処分をするか

　佐々木惣一は，法律上まったく要件が定められていない場合や，「公益のため必要があるとき」といった多義的で明確でない場合，行政目的しか定められていないような場合などには，立法者の公益判断が行われていないから，行政に裁量が認められるとした。

　効果裁量説は，**図表10 - 2**④処分選択の段階で裁量を認める学説である。法律の規定には，複数の処分（営業許可取消し，営業禁止，営業停止など）が規定されている場合があるとともに，処分をするかしないかの選択が行政に委ねられているというのが効果裁量説である。いかなる場合に裁量が認められるかの基準を示したものが，いわゆる美濃部三原則とよばれる考え方である。つまり効果裁量説は，裁量を処分選択の段階に認めるかということのほかに，どういう場合にその裁量が限界を超えて違法となるか，ということを示した学説である。美濃部達吉『日本行政法　上巻』（有斐閣，1936年初版）は，警察上の法原則であった比例原則を裁量統制基準として行政法総論にもたらしたことで知られている。

行政法こぼれ話10 - 2　要件裁量説と効果裁量説はどっちが勝った？

　日本国憲法制定によって行政権に置かれた行政裁判所が廃止され，「一切の法律上の争訟」を（司法）裁判所が扱うこととなった。（司法）裁判所は司法権の管轄外であったものを新たに引き受けることになり，行政事件を審理したことのない裁判官たちが行政事件を担当することになった。裁判所が何を，どこまで，判示できるかが訴訟法から明かでなく，協議を通じて形成される行政事件担当裁判官たちの知見に委ねられていた。行政事件を担当することとなる裁判所の行政事件担当裁判官たちが行政事件訴訟特例法施行前に全国から最高裁判所に集められ，訓示や講演を聴き（1948（昭和23）年３月18日午前），そして協議を重ねた（同年３月18日午後・19日，沢田最高裁判所判事が議長）。

　行政事件について，実務上，「自由裁量処分」が行政訴訟の対象たる行政処分に含まれるか否かが裁判官にとって最大の関心事であるが，その答えを訴訟法からは導くことができなかった。協議では重要な論点につき，大体において，積極説，消極説，最高裁判所事務局の見解という３つが示され，積極説として「判例の趨勢から見ても東京学派の説が正当で

ある。即ち，行政訴訟の対象とならない自由裁量行為は狭くなりつつある。」と示されている。

　自由裁量処分か否か，換言すれば，自由裁量行為と法規裁量行為（覊束裁量行為）間の線引きは，京都学派と東京学派の論争として知られるが，その綱引きの結果がどうであったのか。最高裁判所事務局は「自由裁量行為は，抽象的には行政訴訟の目的たる行政処分の範囲に入らないがその範囲については専ら権利を設定し，権利を増進する行為，権利を制限し，義務を課する行為等各種の標準によっていろいろに考えられるので学説判例を研究されたい」と答えている。つまり，最高裁判所事務局の見解は，東京学派の考え方に立つようである。1950年代の下級審判決には，効果裁量説に依拠した比例原則適用の萌芽というべきものが見られる。

【文献】　須藤陽子「わが国裁判例における比例原則審査の生成」行政法研究34号（2019年），最高裁判所事務局行政部『昭和二十三年九月　行政裁判資料第二号　昭和二十三年三月十八・十九日　行政事件担当の裁判官会同概要』

4　現代の裁量論における要件裁量と効果裁量

　裁量権の存否は法律の定め方による。抽象的・多義的な不確定概念を用いる場合，解釈が必要となり，裁量基準が設定される。申請に対する処分であれば，法律上の要件が抽象的・多義的な場合，裁量基準は審査基準として具体化され，公にされなければならない。懲戒処分など不利益処分については，法律上，要件裁量と効果裁量がともに用いられていることがある。裁量基準は処分基準として具体化され設定されるが，設定も公にすることも義務付けられていない。

　現代の裁量論は，明治憲法下の学説のように対立的に要件と効果のいずれに裁量が認められるかを論じるのではなく，要件裁量も効果裁量も認める。裁量権は，**図表10-1**②要件の段階か，④処分選択の段階か，どの段階に裁量が認められるかによって，認められる裁量権の広狭，裁判所の審査の手法に差が生じる。

解説　法律の規定の仕方と裁量権の所在
●「〜できる」という規定の仕方は，裁量権があることを意味する表現である。「しない」ということも選択肢にあることを含んでいる。学説は，法律上の表現が「できる」であっても裁量が認められない場合があることを指摘する。
●「〜しなければならない」という規定の仕方は，一義的な対応をとらなければならず，裁量権がないことを意味する。
●要件面に多義的な表現（不確定概念）がある場合，立法者は要件裁量を認めていると解される。
●法律に要件に関する規定がないときも（例　河川法24条土地の占用の許可，河川法施行規則12条土地の占用の許可の申請），立法者は要件裁量を認めていると解される。
●立法者が要件裁量と効果裁量の両方を認めることがある。次頁医師法７条では，下線部(a)(b)が要件である。(b)が多義的であるため要件裁量を認めていると解される。(c)が効果裁

量を認めている部分である。

●下記医師法７条には，戒告，３年以内の医業の停止，免許の取消しという３つの異なる処分が規定されている。この３種類からいずれを選択するかという問題の他に，医業の停止処分とする場合，停止処分にも軽重があり，いずれを選択するかが問題となる（「３年以内の医業の停止」であるから，行政機関は期間の異なる停止処分を複数検討する）。

> ７条　医師が(a)第４条各号のいずれかに該当し，又は(b)医師としての品位を損するような行為のあつたときは，厚生労働大臣は，(c)次に掲げる処分をすることができる。
> 一　戒告
> 二　３年以内の医業の停止
> 三　免許の取消し

■演習問題10-1　懲戒処分を規定した下記建築士法10条の条文について，(1)(2)(3)の設問に解答しなさい。

第10条　国土交通大臣又は都道府県知事は，その免許を受けた一級建築士又は二級建築士若しくは木造建築士が次の各号のいずれかに該当する場合においては，当該一級建築士又は二級建築士若しくは木造建築士に対し，戒告し，若しくは１年以内の期間を定めて業務の停止を命じ，又はその免許を取り消すことができる。
一　この法律若しくは建築物の建築に関する他の法律又はこれらに基づく命令若しくは条例の規定に違反したとき。
二　業務に関して不誠実な行為をしたとき。

(1) 10条が規定している３種類の懲戒処分を答えなさい。
(2) 効果裁量を認めている部分に下線を引きなさい。
(3) 要件裁量を認めている部分に波線を引きなさい。

（１）要件裁量と最高裁判決

マクリーン事件――権利が否定され裁量権が広く認められる

　要件裁量を認めたとされる代表例はマクリーン事件判決（最大判昭和53年10月4日32巻7号1223頁）である。出入国管理令21条3項（現在の出入国管理及び難民認定法21条3項に相当）は在留期間の更新について，「前項の規定による申請があつた場合には，法務大臣は，当該外国人が提出した文書により在留期間の更新を適当と認めるに足りる相当の理由があるときに限り，これを許可することができる。」と定める。下線部が要件裁量に該当する部分である。マクリーン事件において最高裁は，外国人の入国の許否は，国際法上，**主権国家の裁量**に属すると解され，日本国憲法においても外国人の権利として認められるものではないことから，法

務大臣の裁量権を広く認めている。

　また「法務大臣の裁量権の性質にかんがみ，その判断が全く事実の基礎を欠き又は社会通念上著しく妥当性を欠くことが明らかである場合に限り，裁量権の範囲をこえ又はその濫用があつたものとして違法となるものというべきである。」と述べ，裁量統制の判断枠組み（どのように裁量処分を審理し，どのような場合に違法とするか）を示している（⇒第22章裁量権の逸脱・濫用型審査）。

温泉掘さく許可取消請求事件──専門技術的判断の必要性

　専門技術的判断の必要性から要件裁量を認めたとされるのが，最判昭和33年7月1日民集12巻11号1612頁（温泉掘さく許可取消請求事件）である。当時の温泉法4条は「都道府県知事は，温泉のゆう出量，温度若しくは成分に影響を及ぼし，その他公益を害する虞があると認めるときの外は，前条第1項の許可を与えなければならない。」としていた（平成13年法改正）。「公益を害する虞があると認めるとき」は許可を与えないことができるが，最高裁は，「公益を害する虞がある」場合とは，温泉源を保護しその利用の適正化を図るという見地からとくに必要があると認められる場合を指すものと解すべきであるとして，その判断は「専門技術的な判断を基礎とする行政庁の裁量により決定さるべきことがら」と述べ，要件裁量を認めている。

伊方原発訴訟──内閣総理大臣の合理的な判断

　判決中では「裁量」という用語を使っていないが実質的に裁量を認めたと解されているのが，最判平成4年10月29日民集46巻7号1174頁（原子炉設置許可取消請求事件）である。四国電力に対する内閣総理大臣の原子炉設置許可（平成24年原子炉等規制法改正により，許可権者が内閣総理大臣から原子力規制委員会となった）について，周辺住民が取消訴訟を提起した事件である。原子炉等規制法24条2項は，原子炉設置の許可をする場合においては，同条1項3号（技術的能力に係る部分に限る）および4号所定の基準の適用について，あらかじめ原子力委員会の意見を聴き，これを尊重してしなければならないと定めていた。最高裁は，原子炉施設の安全性に関する審査の特質を考慮し，右各号所定の基準の適合性については，各専門分野の学識経験者等を擁する原子力委員会の科学的，専門技術的知見に基づく意見を尊重して行う内閣総理大臣の合理的な判断に委ねる趣旨と解するのが相当であると述べた。「裁量」という用語を使っていなくても，学説はこれを要件裁量を認める趣旨と解している。

（2）効果裁量と最高裁判決

神戸税関事件──公務員の懲戒処分

　効果裁量を認めた最高裁判決の代表例として，最判昭和52年12月20日民集31巻7号1101頁（神戸税関事件）がある。最高裁は「公務員につき，国公法に定められた懲戒事由がある場合に，懲戒処分を行うかどうか，懲戒処分を行うときにいかなる処分を選ぶかは，懲戒権者の裁量に任されているとものと解すべき」であること，そして裁判所の審査の態度として，懲戒権者と同一の立場に立って懲戒処分をすべきであつたかどうか，またはいかなる処分を選択すべきであつたかについて判断し，その結果と懲戒処分とを比較してその軽重を論ずべきものではないということを示した。

　最高裁が懲戒権者と同一の立場に立って審査するものではないことを明確にした点が重要である。つまり，行政庁の判断を尊重し，「懲戒権者の裁量権の行使に基づく処分が社会観念上著しく妥当を欠き，裁量権を濫用したと認められる場合に限り違法であると判断すべき」という考え方につながっている。

■**演習問題10‐2**　懲戒処分を規定した国家公務員法82条1項について，(1)(2)(3)の設問に解答しなさい。

第82条　職員が，次の各号のいずれかに該当する場合においては，これに対し懲戒処分として，免職，停職，減給又は戒告の処分をすることができる。

一　この法律若しくは国家公務員倫理法又はこれらの法律に基づく命令（国家公務員倫理法第5条第3項の規定に基づく訓令及び同条第4項の規定に基づく規則を含む。）に違反した場合

二　職務上の義務に違反し，又は職務を怠った場合

三　国民全体の奉仕者たるにふさわしくない非行のあつた場合

(1) 懲戒処分をすべて答えなさい。

(2) 効果裁量を認めている部分に下線を引きなさい。

(3) 要件裁量を認めている部分に波線を引きなさい。

第11章　行政処分の事前手続

理解のポイント

　行政手続法は事前手続（ある具体の行政上の決定までのプロセス）の一般法，行政不服審査法は事後手続（処分の不当・違法を争う手続）の一般法であることを理解しよう。

　処分の違法とは，実体的違法（処分内容の問題）と手続的違法（処分をする手続の問題）の2通りがある。

1　事前手続整備の必要性

　本章では行政手続法の用語法に従い，行政処分ではなく「処分」（2条2号　行政庁の処分その他公権力の行使にあたる行為をいう）を用いる。本章では両者を同義に理解して差し支えない。行政手続とは，行政上の決定にいたるプロセスを意味する。処分の事前手続と事後手続に分けられる。わが国では不当・違法な処分を争う事後手続については，古くから整備されていた（1890（明治22）年訴願法，1964（昭和37）年行政不服審査法）。他方，事前手続については，何度か立法化が試みられたが，1993（平成5）年行政手続法制定まで長らく実現しなかった。

　事前手続に重きが置かれなかったのは，処分によって権利侵害があったならば救済する手続が整っていればよい，という考え方に立っていたからであると説明される。わが国のそういった実体法的思考は大陸法・ドイツ法の影響を受けたものとされるが，事前手続を重視する考え方は英米法において発達した。第二次世界大戦後にわが国を占領したGHQにより，アメリカ法の適正手続の考え方がもたらされたのであるが，事前手続（告知と聴聞）を重視する考え方は戦後のわが国行政に根づかなかった。

　事前手続を整備する必要性を理解するには，事前手続に関する統一的なルールがなかった，かつての行政運営の一端を知ることが早道であろう。行政手続法制定前は，非常に手厚い事前手続を定める法律がある一方で手薄な法律もあった。処分の審査基準や処理の基準が明確であったとは言い難く，事前手続規定は不備・不統一であった。また，行政運営で行政指導が多用される傾向があった。行政指導によって申請者は申請を取り下げざるを得ず，行政指導に従わないことに対して「江戸の敵を長崎で討つ」と揶揄される行政の対応も見られたのである。

行政法こぼれ話11‐1　なぜアメリカ法の考え方は根づかなかったのか？
英米法「告知と聴聞」

　占領期に立法された法律には，不利益処分に対するアメリカ法の適正手続の影響が色濃くある。公衆衛生行政（「公衆衛生」はGHQがもたらした英米の概念である）や警察行政（GHQが力を注いだのは戦前の「警察国家」の解体である）に属する法律の手続規定には，今もなおその痕跡が見られる。1948年に制定された公衆浴場法7条には，都道府県知事は営業者に法令違反があったときは許可の取消し，営業の停止を「できる」（1項）とあり，そういった不利益処分をする前に「その処分の原因と認められる違反行為を文書をもつて通知」して「公開の聴聞において弁明し，且つ，有利な証拠を提出する機会を与えなければならない」（2項）と定められていた。

　このような規定の仕方は，英米法にいう「告知と聴聞」という考え方を示している。不利益処分をしようとする場合，その処分の原因（事由）を事前に相手方に通知しなければならず（相手方は防御のために準備しなければならないから知る必要がある），意見陳述権・証拠提出権を保障し，公正に行われたことを示すために「公開」という方式をとっている。

　このように突出して手厚かった規定も，多くは1993年に行政手続法が制定される際に行政手続法並みに整備された。現行公衆浴場法7条2項は「許可の取消し」に対してのみ公開の聴聞が規定され，かつて2項に定められていたことは行政手続法に含まれるようになったため削除されている（行政手続法では聴聞に「公開」を義務付けていない）。かつての公衆浴場法7条のような手続規定を持つ法律はさほど珍しいものではなく，たとえば1949年に制定された古物営業法25条にも同様の規定が見られた。現行法でも古物営業法は，行政手続法13条の規定に関わらず「営業の停止」に公開の聴聞を適用する規定を有するなど，行政手続法以上に手厚い手続規定となっている。

なぜわが国に根づかなかったのか？

　手厚い事前手続の考え方をとる法律が占領期から少なからずありながら，なぜわが国に手続を重視する考え方が根づかなかったのかと，読者は不思議に思うかもしれない。端的にいえば，その手厚い事前手続が発揮される機会がなかったのである。

　近年，法令違反があればそれに対処する行政処分が行われるようになっているが，法律の定め方は行政処分をすることが「できる」であって，行政処分をすることを義務付けられているわけではない。わが国の行政運営には行政処分をせずに問題解決しようとする傾向があり（現在もそうだが），たとえば行政指導に従って事業者が自主的に営業を休止すれば営業停止処分をしなかった。営業許可の取消しに相当するような重大な法令違反が発生したときは，許可の取消しをするのではなく，行政指導によって廃業届を提出させた。そういうやり方をすれば，法律が事前手続規定をいくら整備しても無用の長物となってしまう。

　学問的にもアメリカ法の事前手続の考え方が根づかなかった理由が挙げられる。GHQの占領統治下に圧倒的なアメリカ法の影響を受けたが，それは敗戦によって受け入れざるを得なかったのであって，学者も望んでアメリカ法の影響を受け入れたわけではない。田中二郎は占領期の東大法学部講義用教科書で「これからはアメリカ法の時代だ」という趣旨を述べながらも，GHQがわが国から撤退した後に公刊された著名な体系書『行政法総論』（有斐閣，1957年）はドイツ法との比較法研究の成果であった。実定法律はアメリカ法の影響を受けつつ，学問的には実体法的思考のドイツ法の影響を受ける……昭和の時代の行政法には，捻じれのような現象があったのかもしれない。

2　行政手続に関する最高裁判例の形成

　行政手続法の骨格をなしているのは，行政手続法制定前にあったいくつかの最高裁判例で示された考え方である。従前の最高裁判決が判示した主な点は，審査基準の具体化・詳細化の必要，理由付記において記すべきこと，聴聞手続を経た処分の取消事由，行政指導の限界等である。行政手続法は「行政手続法違反と処分の取消し」について言及していないため，手続法的瑕疵と処分の取消し（あるいは無効）を判断する際に，従前の最高裁判決は重要な指針となっている。

審査基準の具体化・詳細化 (個人タクシー事件)

　申請に対する審査基準を明確化すること，法律が抽象的に定めていることを具体化・詳細化することは，なぜ必要なのだろうか。公正な手続のあり方と，公正な手続によって判定を受ける法的地位の保障という観点から考えてみよう。

　最高裁は個人タクシー事件判決において公正手続の観点からこれに答え，個人タクシー免許のように「多数の者のうちから少数特定の者を，具体的個別的事実関係に基づき選択して免許の許否を決しようとする行政庁としては，事実の認定につき行政庁の独断を疑うことが客観的にもっともと認められるような不公正な手続をとつてはならない」という。そして，申請人に対して，公正な手続によって免許の許否の判定を受ける法的利益を保障しようとする。行政庁は法律の規定を具体化した審査基準を設定し，その「基準を適用するうえで必要とされる事項について，申請人に対し，その主張と証拠の提出の機会を与えなければならない」としている。

> 判例11－1　最判昭和46年10月28日民集25巻7号1037頁 (個人タクシー事件)
> 【事案】　X（原告）は，Y（被告東京陸運局長）に対して個人タクシー運転免許を申請した。Yは，聴聞を実施した結果，Xが審査基準（第1審判決別表に挙げられている）17項目のうち「6　本人が他業を自営している場合には転業が困難なものでないこと」および「7　運転歴7年以上のもの」に該当しないことから，道路運送法6条1項3号ないし5号の要件を満たしていないとして申請を却下したが，聴聞担当官はこの基準の存在を知らなかったため，聴聞していなかった。
> 【判旨】　「6条は抽象的な免許基準を定めているにすぎないのであるから，内部的にせよ，さらに，その趣旨を具体化した審査基準を設定し，これを公正かつ合理的に適用すべく，とくに，右基準の内容が微妙，高度の認定を要するようなものである等の場合には，右基準を適用するうえで必要とされる事項について，申請人に対し，その主張と証拠の提出の機会を与えなければならないというべきである。免許の申請人は

このような公正な手続によって免許の許否につき判定を受くべき法的利益を有するものと解すべく，これに反する審査手続によって免許の申請の却下処分がされたときは，右利益を侵害するものとして，右処分の違法事由となるものというべきである。」

理由付記において記すべきこと（旅券発給拒否事件）

　行政手続法制定前，申請に対する拒否処分および不利益処分について，相手方に理由を示すことは一般的に義務付けられておらず，個別の法律に理由付記の規定があったにすぎない。最高裁は，単に「旅券法13条1項5号に該当する。」という該当条文を拒否理由とした一般旅券発給拒否事件において，非常に重要な2点を明らかにし，理由付記の不備という手続的瑕疵が処分の取消事由となることを明確に示した。

　第一に，なぜ理由付記が必要であるのかという点について，「外務大臣の判断の慎重と公正妥当を担保してその恣意を抑制する」（①恣意抑制機能。つまり，理由を示さなければならないから勝手・専横なことができないという意味）とともに，拒否の理由を示すことによって不服申立てにおいて相手方に十分に主張・立証ができるようにするため（②不服申立ての便宜）であることを示した。次に，理由として何を，どの程度，書くべきかを明らかにした。該当条文を示すだけでは足りず，「いかなる事実関係に基づきいかなる法規を適用」したかを示し，「申請者においてその記載自体から了知しうる」（つまり，書いてあることを読むことによって理解し得る）ものでなければならないとした。

　上記2点は行政手続法の条文から直接読み取ることができないものであるから，非常に重要である。

判例11-2　最判昭和60年1月22日民集39巻1月1日（一般旅券発給拒否処分事件）
【判旨】「旅券法が右のように一般旅券発給拒否通知書に拒否の理由を付記すべきものとしているのは，一般旅券の発給を拒否すれば，憲法22条2項で国民に保障された基本的人権である外国旅行の自由を制限することになるため，拒否事由の有無についての外務大臣の判断の慎重と公正妥当を担保してその恣意を抑制するとともに，拒否の理由を申請者に知らせることによって，その不服申立てに便宜を与える趣旨に出たものというべきであり，このような理由付記制度の趣旨にかんがみれば，一般旅券発給拒否通知書に付記すべき理由としては，いかなる事実関係に基づきいかなる法規を適用して一般旅券の発給が拒否されたかを，申請者においてその記載自体から了知しうるものでなければならず，単に発給拒否の根拠規定を示すだけでは，それによって当該規定の適用の基礎となった事実関係をも当然知りうるような場合を別として，旅

券法の要求する理由付記として十分でないといわなければならない。」

処分取消しとなる手続的瑕疵 (群馬中央バス事件)

　行政処分を発するのは行政庁の権限であるが，審議会等 (諮問機関) への諮問・答申を経たうえで行政庁が行政処分を行うことが法律で定められていることがある。この場合に問題となるのは，行政処分の前提となっている審議会における審理・決定の瑕疵である。最判昭和50年 5 月29日民集29巻 5 号662頁 (群馬中央バス事件) において，最高裁は，当該諮問機関の審理，決定の過程に重大な法規違反があることなどにより，その決定自体に法律が諮問機関に対する諮問を経ることを要求した趣旨に反すると認められるような瑕疵があるときは，行政処分は違法として取消を免れないことを判示している。

　上記の点以外にも，群馬中央バス事件判決が現代になお影響を及ぼしていることがある。最高裁は，申請者に主張・立証の機会を十分に与えなかったという瑕疵がある場合において，仮に運輸審議会がこのような機会を与えたとしても，申請者において運輸審議会の認定判断を左右するに足りる資料及び意見を提出しうる可能性があったとは認め難い判示のような事情があるときには，行政処分を取り消さないと結論づけた点である。つまり，主張の機会を与えても結果が変わらないのであれば，取消しをする瑕疵に当たらないということになってしまう。

　行政手続法における「行政手続法違反と処分の取消し」を考えるとき，最高裁群馬中央バス事件判決が判示したことは，現代でもなお意味を有している。

日本国憲法と行政手続

　前述 3 つの最高裁判決は，いずれも憲法の条文を挙げず，実定法律の手続規定を公正な手続の直接の根拠としていた。古くから学説では行政手続にも憲法上の保障は及ぶとされていたが，その根拠条文については，憲法31条説，憲法13条説，憲法13条・31条併用説，あえて条文上の根拠を求めない手続的法治国説という 4 つの説に分かれている。

　最大判平成 4 年 7 月 1 日民集46巻 5 号437頁 (成田新法事件) は，初めて憲法と行政手続の関係について言及し，憲法31条の保障が行政手続にも及ぶとしたが，行政目的に応じた多種多様な行政手続のすべてにその保障が及ぶわけではないとしている。当該事件において問題とされているのは不利益処分手続であるが，利益処分手続と憲法上の保障について平成 4 年最高裁大法廷判決は述べておらず，行政手続と憲法上の保障については，なお論点が残されている。

> **判例11-3　最大判平成4年7月1日民集46巻5号437頁（成田新法事件）**
> 【事案】　1978（昭和53）年新東京国際空港の開港にあたり，反対する過激派集団が新空港内に火炎車を突入させ，新空港内に火炎びんを投げるとともに，管制塔に侵入してレーダーや送受信器等の航空管制機器類を破壊する等の事件が発生した。これに対して，議員立法により「新東京国際空港の安全確保に関する緊急措置法」（成田新法）が制定され，上告人所有の滑走路にある工作物に対して3条1項1号又は2号の用に供することを禁止することが命じられた。
> 【判旨】　「憲法31条の定める法定手続の保障は，直接には刑事手続に関するものであるが，行政手続については，それが刑事手続ではないとの理由のみで，そのすべてが当然に同条による保障の枠外にあると判断することは相当ではない。しかしながら，同条による保障が及ぶと解すべき場合であっても，一般に，行政手続は，刑事手続とその性質においておのずから差異があり，また，行政目的に応じて多種多様であるから，行政処分の相手方に事前の告知，弁解，防御の機会を与えるかどうかは，行政処分により制限を受ける権利利益の内容，性質，制限の程度，行政処分により達成しようとする公益の内容，程度，緊急性等を総合較量して決定されるべきものであって，常に必ずそのような機会を与えることを必要とするものではないと解するのが相当である。」

3　行政手続法の構成

（1）目的と対象（1条1項）

　行政手続法1条1項が掲げる目的は，①行政運営における公正の確保と透明性の向上を図り，もって②国民の権利利益の保護に資する，という2つである。行政手続のルールを確立することは，行政と国民の双方に有益であること，「もって」という表現から最終的に国民の権利利益の保護に資するべきことが示されている。

　行政手続法は行政手続の一般法であるが，すべての行政手続ではなく，処分，行政指導，届出，命令等を対象としている。つまり，契約，行政計画，行政調査，行政上の強制執行などは対象となっていないことに留意が必要である。それらは法律制定時にまだ一般法に取り込めるだけの学問的な議論が蓄積されていなかったのである。

　平成5年法律制定時からある部分と平成17年法改正により挿入された部分は，若干性格が異なっている。法律制定時からある部分が国民の権利保護に主眼を置くものであるとするならば，平成17年法改正により挿入された第6章意見公募手

続等は，国民の参加手続，民主主義的なプロセスの実現に主眼があるといえよう。また，平成26年法改正は行政不服審査法の全部改正と歩調を合わせたものであり，権利「救済」の観点からの規定が挿入されている。

（2）適用除外（3条1項）

　行政手続法は行政手続の一般法であるが，すべての行政分野に適用を及ぼそうとするのではない。国会や裁判所での処分など本来の行政権の行使になじまないもの，刑務所や少年院など特別の規律で律せられる関係が認められるもの，処分の性質上行政手続法の諸規定になじまないもの等の観点から，3条1項に18の適用除外が列挙されている。

　そして部分的に行政手続法の適用が除外されるものがある。個別の法律に行政手続法を上回る手厚い手続や（前述の公衆浴場法や古物営業法など），行政手続法とは異なって簡易な手続をとるもの（身体障害者福祉法や生活保護法など）などが見られるが，それらは個別の法律に行政手続法の規定を部分的に適用しない旨の規定が置かれている。

（3）適用関係──国の法律と地方公共団体の関係

　行政手続法が採った考え方は，法令に基づく処分や届出に行政手続法の適用が及ぶとするものであった。地方公共団体が法令を執行する際に行政手続法の適用は及び，自主条例を制定して処分や届出などを定めた場合には，当該地方公共団体の行政手続条例が適用になる。また，地方公共団体の機関が行う行政指導には行政手続法の適用はなく，行政手続条例の規律に従うことになる。

　地方公共団体が制定した行政手続条例は，一部に行政指導について特色のあるものが見られるが，多くは行政手続法に倣った規定の仕方となっている。

■**演習問題11-1**　行政手続法3条3項の条文を読み，行政手続法と行政手続条例の適用関係について，矢印（⇒）の後に，行政手続法か，行政手続条例かを答えなさい。

　3条3項第1項各号及び前項各号に掲げるもののほか，地方公共団体の機関がする処分（その根拠となる規定が条例又は規則に置かれているものに限る。）及び行政指導，地方公共団体の機関に対する届出（前条第7号の通知の根拠となる規定が条例又は規則に置かれているものに限る。）並びに地方公共団体の機関が命令等を定める行為については，次章から第六章までの規定は，適用しない。

地方公共団体の機関がする処分
　　　その根拠となる規定が条例又は規則⇒
　　　その根拠となる規定が法律⇒
地方公共団体の機関がする行政指導⇒
地方公共団体の機関に対する届出
　　　通知の根拠となる規定が条例又は規則⇒
　　　通知の根拠となる規定が法律⇒

4　申請に対する処分手続

　かつて，申請があっても「受け付けない」という対応（申請書類をそっくりそのまま送り返す「返戻（へんれい）」など）や，（申請者が申請を取り下げることを期待して）申請を審査せずに長期間放置するなど，申請権というものが存在しないかのような酷い行政運営が行われていた。行政手続法はこれを反映して，このようなやり方を許さず，行政運営の改善を期する考え方が軸となっているが，規定違反がすべて処分取消しとなるわけではない点に留意が必要である。

審査基準の設定・公開（5条）

　法律の規定を具体化・詳細化した基準を設定し，申請者に主張・立証の機会を与えることが公正手続に不可欠である。5条は審査基準を定めること（1項），許認可等の性質に照らしてできるだけ具体的なものとすること（2項），審査基準を「公にしておく」こと（3項）が義務付けられた。個人タクシー事件最高裁判決は審査基準を公にしておくことには言及していなかったから，その点で最高裁判決の示したことより進んだ規定の仕方となっており，5条違反は処分取消しとなる。

申請に対する審査・応答義務と到達主義の採用（7条）

　申請があっても「受け付けない」「審査しない」という対応を改善すべく，7条はまず「申請がその事務所に到達したときは遅滞なく当該申請の審査を開始」しなければならないことを定めている。「事務所に到達したとき」と定めることによって，適法に受け付ける「受理」という概念を廃したことは画期的なことであった。到達主義に反するような「返戻」などの行為は違法である。取消訴訟において返戻は拒否処分と見做され，処分取消しとなる。

　申請が形式上の要件に適合していない不適法なときは，申請者に対して相当の期間を定めて補正を求めなければならない。そして結論において法令上の形式要件および審査基準を満たせないとき，「当該申請により求められた許認可等を拒

否しなければならない」を定めている。申請に対して認容ないし拒否という決定をすることが重要であって，許否処分を受けることによって行政上の不服申立てや訴訟提起によって権利救済の契機となる。

拒否処分の理由の提示（8条）

申請に対して拒否処分をする場合，当該処分の理由を示さなければならない（例外：数量的指標その他の客観的指標が明確に定められているとき）。理由の提示（書面での理由付記に限らず口頭での提示を含んでいる）は，①恣意抑制機能と②不服申立便宜機能を有することから，非常に重要である。該当条文を示すだけでは足りず，「いかなる事実関係に基づきいかなる法規を適用したか」を，「申請者においてその記載自体から了知しうる」程度に示さなければならず，8条違反は処分取消しとなる。

標準処理期間（6条），情報の提供（9条）

申請者にとって，申請の結果をいつ頃得られるかなど，見通しを得ることは非常に重要である。行政庁は申請が事務所に到達してから処分までに通常要する期間をあらかじめ標準処理期間として設定し，これを公にしておくことが求められる。標準処理期間を設定することは努力義務に止められており，標準処理期間を経過することが即違法となるわけではないが，標準処理期間を経過してなお処分を得られないのであれば，申請者は9条に基づいて処分の見通しを求めることができる。それによって行政庁の事務処理を促すことができるであろう。

公聴会の開催等（10条）

申請者にとって利益処分であっても，地域住民など第三者にとって不利益的に作用することがある。二重効果的行政処分と呼ばれる処分である。10条は第三者の利害を考慮すべきことが法令において許認可の要件とされているときは，公聴会等の開催など適当な方法により第三者の意見を聞く機会を持つことを定めているが，努力義務規定である。

5　届　出

第5章届出はたった1か条（37条）の章であるが，私人（事業者）にとって実務上非常に意義のある条項である。届出とは「行政庁に対し一定の事項の通知をする行為（申請に該当するものを除く。）であって，法令により直接に当該通知が義務付けられているもの（自己の期待する一定の法律上の効果を発生させるためには当該通知をすべきこととされているものを含む。）をいう。」（2条7号）と定義される。行政庁

は一定の事実を把握するために，私人に対して行政庁に「通知をする」という手続上の義務を課している。「通知をする」とは，簡単に言えば，届出書に記載し，法令で定められた添付書類などとともに提出することである。記載事項に不備がないこと，添付書類がそろっていることなど，法令で求められている形式上の要件に適合している場合，提出先とされている機関の事務所に到達したときに手続上の義務が履行されたものとされる。

　申請という行為が行政庁の応答を伴うのに対して，届出には応答がない。手続上の義務を課す緩やかな規制の手法であり，到達主義をとることによって「受け付けない」という対応を排除している。

6　不利益処分手続

　不利益処分手続の基本となるのは英米法の「告知と聴聞」という考え方である。いきなり不利益処分が行われるのではなく，防御のための準備と反論の機会が与えられなければならない。「告知」に該当するのは書面による「通知」（15条，30条）であり，予定される不利益処分の内容及び根拠となる法令の条項，不利益処分の原因となる事実，証拠提出権等の手続的権利を，防御のためにあらかじめ知らされなければならない。そして「聴聞」に該当するのは聴聞（15条〜28条）・弁明（29条〜31条）という意見陳述の機会の保障規定である。英米法では「公開」が原則の聴聞であるが，行政手続法では公開が原則ではなく（20条6項），個別の法律（たとえば公衆浴場法や古物営業法，後述の建築士法など）で行政手続法より手厚く公開の聴聞が定められている。

　行政手続法に定められた不利益処分手続の特色を挙げるならば，聴聞と弁明という手続間の格差が非常に大きい点である。不利益処分はいずれかの手続に振り分けられるが，手続的権利の保障度が大きく違う。聴聞に該当する不利益処分は非常に「重い」処分である。実際に出される不利益処分は弁明相当が圧倒的に多く，法律上は不利益処分に対して手厚く見えても，現実にはそうではない。

処分基準の設定・公開（12条）

　処分基準は，不利益処分の性質に応じてできる限り具体的，公開されていることが望ましい。しかし，審査基準の設定・公開は義務付けられているが，処分基準の設定・公開は努力義務に止められている。その違いは，不利益処分というものが法令違反を監督する行政において適用されることから生じる。法令違反に対する対処方針が公にされていれば悪質な事業者がそれを逆手にとって基準まで法

令違反をすることも予想され，取り締まりの手の内をさらすようなことは避けたいからである。

行政法こぼれ話11 - 2　処分基準が定められていないとどうなる？

　行政手続法制定から30年経ったが，処分基準制定が努力義務に止められたため，分野によって処分基準の設定は思いの外進んでいない。基準というようなものは一応あるが，それが書面化された正式な形になっていないのである。しかし，たとえば複雑な事案に対して処分基準を持たない場合，形式的な処理に陥りがちである。また，逆に場当たり的な対応に終始し，一貫性を欠いてしまうこともある。不利益処分の数が少ないため書面化された正式な処分基準がなくても日常の行政運営に支障はないが，処分基準がないことによる問題は訴訟において顕在化する。

　形式的な処理や場当たり的な処理は，書面化された正式な処分基準を有しないため基準適用の考え方について明確な説明をすることが困難となる。処分基準の設定は私人の権利保護のみならず，行政運営に資するものである。行政庁は処分基準の設定に取り組むべきである。

不利益処分理由の提示 (14条)

　不利益処分について理由の提示の必要性は，前述した申請に対する処分のそれと変わらないが，理由の提示を要しない場合が異なる。不利益処分は「理由を示さないで処分をすべき差し迫った必要がある場合」に理由の提示を要しないとされている（14条1項但し書き）。

　学説は理由付記について申請に対する処分と不利益処分を特に区別しておらず，理由付記の程度を不利益処分に際しても昭和60年最高裁判決（一般旅券発給拒否事件）の判示をベースとしている。そして「いかなる事実関係に基づきいかなる法規を適用したか」を「申請者においてその記載自体から了知しうる」程度に示すことに加え，一級建築士免許取消事件において最判平成23年6月7日民集65巻4号2081頁は，根拠法令の要件が抽象的であること，処分の選択が裁量に委ねられていること，処分基準自体が複雑であることから，理由付記には本件処分基準の適用関係も示されなければならないとした。

意見陳述手続の振り分け (13条)──聴聞と弁明

　13条の定め方はいたってシンプルである。聴聞に相当するものを13条1項1号イ～ニに列挙し，2号でそれに該当しないものを一括して弁明とする。聴聞に相当するのは，許認可の取消し，資格又は地位のはく奪，役員の解任，除名など，重大な不利益処分である。これら以外の不利益処分が弁明に相当する。

　聴聞・弁明という意見陳述の手続がとられずに不利益処分が行われた場合，手

続的瑕疵により処分取消しとなる。

聴聞の構造

　聴聞は，聴聞の主宰者（19条1項行政庁の指名する職員その他政令で定める者），行政庁の職員，不利益処分の名宛人（16条代理人，17条参加人）という三者による対審構造である。主宰者は聴聞の期日の冒頭において行政庁の職員に「予定される不利益処分の内容及び根拠となる法令の条項並びにその原因となる事実」を説明させ（20条1項），当事者および参加人は主宰者の許可を得て行政庁の職員に対して質問することができる。当事者は意見陳述の機会が保障されているのはもちろんのこと，説明に対する質問という口頭でのやりとりが「質問権」として保障されていることが特筆される（2項）。質問権のほかに証拠提出権，そして「当該事案についてした調査の結果に係る調書その他の当該不利益処分の原因となる事実を証する資料」の閲覧を求めることができる文書閲覧権（18条）が保障されている。このように，聴聞手続は不利益処分の名宛人に対して防御のための手続的権利を手厚く保障している点に特色がある。

　主宰者は，聴聞の審理を指揮し，審理が終結したときは聴聞の審理の経過を記載した聴聞調書を作成し，当事者等の主張に理由があるかどうかについて主宰者の意見を記載した聴聞報告書を作成する。

弁明手続

　不利益処分の多くが弁明手続に相当する。弁明は書面主義がとられ，行政庁が口頭ですることを認めた場合を除き，通例，弁明を記載した書面の提出をもって行う（29条1項）。証拠提出権は認められているが（2項），文書閲覧権はない。

第12章　行政指導

理解のポイント

　行政指導はあらゆる局面で用いられる。法令違反が存する場合にいきなり不利益処分が行われるのではなく、通例、まず行政指導によって改善が図られる。法律によっては不利益処分に先立って「勧告」を行うことが規定されているが、「勧告」は非権力的性質を有し行政指導と同質である。

　行政指導は「処分に該当しないもの」であるから、取消訴訟など抗告訴訟で争うことはできないが、若干の例外があることを第19章で学ぼう。

1　行政指導の性質と必要性

　行政指導とは「行政機関がその任務又は所掌事務の範囲内において一定の行政目的を実現するため特定の者に一定の作為又は不作為を求める指導、勧告、助言その他の行為であって処分に該当しないものをいう。」(行手法2条6号)と定義される。この定義が意味しているのは、各省庁設置法の任務又は所掌事務の範囲内であれば行政指導に個別法律の根拠は不要であること、非権力的な事実行為であること(＝「処分に該当しない」)、行政指導が法令などでは「指導」「勧告」「助言」などの別の表現で言い表されることがあるということである。行政指導は相手方にとって規制的に作用するばかりでなく(「指導」「勧告」など)、助成的に作用する場合(「助言」など)、そして対立的な関係が存する場合に調整的に用いられる場合もある。

　わが国の行政運営の特質ともいえるが、インフォーマルな行政指導によって問題解決を図ろうとする傾向がある。行政指導が限度を超えれば問題なのであって、行政指導によって適宜解決を図ること自体が悪いわけではない。行政指導の存在意義は、その機動性にある。社会的問題となるような事態が出来しても事業者を規制する法律が存在しないことがままあり、国会が法律を制定するにはかなりの時間を要する。規制する根拠法律がない場合でも行政指導ならば対応可能であり、事業者に対する規制的行政指導、事業者と対立する人々の間を調整する調整的行政指導など、様々に行政指導は活躍する。

　行政指導の原則と限界は行政手続法制定前の最高裁判決によって示され、行政手続法第4章行政指導に取り込まれている。従前の最高裁判決(武蔵野マンション

事件，品川マンション事件）を学んで得られることはなお多いのである。

2　行政指導の原則と限界

行政指導の一般原則（32条）

　行政指導は非権力的な行為形式であり，換言すれば，強制できない性質のものである。32条は行政指導の一般原則として，行政指導の内容が「相手方の任意の協力によってのみ実現されるもの」と規定し（1項），「その相手方が行政指導に従わなかったことを理由として，不利益な取扱いをしてはならない」（2項）と戒める。

制裁的措置を背景とした行政指導は違法

　「不利益な取り扱いをしてはならない」とは，行政指導に従わなかったことに対して制裁的措置をとってはならないことばかりではなく，制裁的措置があることを背景にして行政指導に従わせてはならないということも意味している。

　たとえば武蔵野マンション事件で問題になった「武蔵野市宅地開発等に関する指導要綱」（1971（昭和46）年）には「指導要綱に従わない事業主に対して市は上下水道等必要な施設その他必要な協力を行わないことがある」という項目があった。そのような不利益な取り扱いを背景にして実現したい行政指導の内容は，建築物について付近住民の同意を得ること，市の定めた基準に従い建築計画に応じた教育施設負担金という寄付の要請であった。給水契約を締結しないという市の対応は，事業者にとってマンションの建築計画が事実上不可能につながる。最判平成5年2月18日民集47巻2号574頁（武蔵野マンション教育施設負担金事件）は，教育施設負担金納付の事実上強制であるとして，本来任意に寄付金の納付を求めるべき行政指導の限度を超える，違法な公権力の行使であるとした。

　平成5年最高裁判決は教育施設負担金という寄付の事実上の強制に焦点が当てられているが，もう1つ，そもそも水道事業者が行政指導のために給水契約の締結を拒むことが許されるか否かという論点がある。水道法15条1項は給水義務として「水道事業者は，事業計画に定める給水区域内の需要者から給水契約の申込みを受けたときは，正当の理由がなければ，これを拒んではならない。」と定め，「正当の理由」なく給水契約の締結を拒否すれば刑罰がある（53条3号）。武蔵野マンション事件において，給水契約の締結を拒否した水道事業者（市長）は有罪判決（最判平成元年11月8日集刑253号299頁（武蔵野市長給水拒否事件））を受けている。

　これに対して，近い将来において需要量が給水量を上回り水不足が生ずること

が確実に予見されるという地域において，水道事業者が需要量が特に大きい分譲
住宅の事業を営む者に対して給水契約の締結を拒否する指導要綱を定めて急激な
需要の増加を抑制することは「正当の理由」に該当するという最高裁判決（最判平
成11年1月21日民集53巻1号13頁（志免町給水拒否事件））がある。武蔵野マンション
事件のように水道給水契約を行政指導に従わせるための道具として使うこととの
区別が必要である。

なぜ非権力的な行政指導に従うのか？——許認可等の権限に関連する行政指導（34条）

　そもそも，なぜ非権力的な行政指導に事業者は従い，なぜ行政指導という行為
形式は効果を上げるのだろうか。33条が規定するように非権力的な行政指導に従
わないからといって不利益を受けるわけではないとするならば，事業者はなぜ行
政指導によって法律上認められていることを断念し，あるいは法律の規制を上回
るような規制を受け入れるのだろうか。行政指導というものを理解するために，
それをまず考えてほしい。

　その答えのヒントは34条にある。34条は「許認可等をする権限又は許認可等に
基づく処分をする権限を有する行政機関が，当該権限を行使することができない
場合又は行使する意思がない場合においてする行政指導にあっては，行政指導に
携わる者は，当該権限を行使し得る旨を殊更に示すことにより相手方に当該行政
指導に従うことを余儀なくさせるようなことをしてはならない。」という。つま
り，許認可権限およびそれに付随する様々な権限を有する行政機関と事業者の関
係はそもそも対等ではない。事業者は許認可がなければ事業を展開できず，許認
可を得て許認可を受けた後も当該行政機関の監督を受ける関係にあり，その関係
性と裁量を伴う権限行使の可能性が事業者に行政指導に従わざるをえないと思わ
せる。権限行使や，権限を有することを強調して従わせることを戒めるような規
定がやはり必要なのである。

申請に関連する行政指導の限界（33条）

　33条のベースになっているのは，最判昭和60年7月16日民集39巻5号989頁（品
川マンション事件）である。行政指導が非権力的な協力のお願いであったとして
も，相手方が従うまで行政指導が止むことがないのであればそれは権利侵害につ
ながる。品川マンション事件は，建築主と付近住民との紛争において建築主に対
して行政指導が行われていることを理由として，建築確認申請に対する処分が留
保された事件であった。33条は申請の取り下げまたは内容の変更を求める行政指
導について，最高裁判決を反映して「申請者が当該行政指導に従う意思がない旨

を表明したにもかかわらず当該行政指導を継続すること等により当該申請者の権利の行使を妨げるようなことをしてはならない」と規定している。その意思表示は，最高裁裁判要旨の表現を借りれば，単に行政指導に協力できないと言えば足りるのではなく，行政指導に従えないということが「真摯かつ明確に」示されたときである。

判例12-1　最判昭和60年7月16日民集39巻5号989頁（品川マンション事件）

【事案】　X（原告）は，1972（昭和47）年10月28日，品川区にマンションを建設するためにY（被告東京都）の建築主事Aに対して建築確認申請を行った。地域住民の反対があり，YはXに対して地域住民と話し合うように行政指導を行い，Yの建築主事は1973（昭和48）年1月5日の時点で建築確認の処分をすることが可能であったがこれを行わず留保した。Xは行政指導に応じて10数回地域住民と話し合いの場を設けたが，同年3月1日東京都建築審査会に対して審査請求を行い，建築確認の通知は同年4月2日に出された。Xは，建築主事は建築基準法6条に基づき建築確認申請の関係諸法令適合性を審査し，確認，不確認の通知を申請者になすべき義務があり，審査が終了しているにもかかわらず，行政的配慮等から確認処分を留保したのは違法であるとして，国家賠償請求訴訟を提起した。1審はX敗訴，2審はXの主張を認め，請求を一部認容したため，Yが上告した。

【判旨】　「右のような確認処分の留保は，建築主の任意の協力・服従のもとに行政指導が行われていることに基づく事実上の措置にとどまるものであるから，建築主において自己の申請に対する確認処分を留保されたままでの行政指導には応じられないとの意思を明確にしている場合には，かかる建築主の明示の意思に反してその受忍を強いることは許されない筋合のものであるといわなければならず，建築主が右のような行政指導に不協力・不服従の意思を表明している場合には，当該建築主が受ける不利益と右行政指導の目的とする公益上の必要性とを比較衡量して，右行政指導に対する建築主の不協力が社会通念上正義の観念に反するものといえるような特段の事情が存在しない限り，行政指導が行われているとの理由だけで確認処分を留保することは，違法であると解するのが相当である。」

【注釈】　行政手続法33条は申請者が行政指導に従う意思がない旨を表明したときをもって行政指導を継続してはならないとしているが，最高裁品川マンション事件判決には，行政指導の継続が許容され得る余地に言及している箇所がある。行政手続法制定以後，学説は行政指導の継続が許容され得るか否かを「行政指導に対する建築主の不協力が社会通念上正義の観念に反するといえるような特段の事情」の有無によって判断している。

3　行政指導の方式

　行政指導が口頭で行われる場合，行政指導の内容・責任の所在が曖昧になりがちである。35条1項は「行政指導に携わる者は，その相手方に対して，当該行政指導の趣旨及び内容並びに責任者を明確に示さなければならない。」とする。平成26年行政手続法改正により，35条2項には「行政機関が許認可等をする権限又は許認可等に基づく処分をする権限を行使し得る旨を示すとき」，当該権限を行使し得る根拠法令の条項，要件，要件に該当する理由を示さなければならないとする制約が挿入された。3項には行政指導の相手方の権利として，1項および2項で示された事項を書面で交付することを求める書面交付請求権が規定されている。

　複数の者を対象とする行政指導は，あらかじめ行政指導指針を定め，公表することが義務付けられている（36条）。

4　救　済

　行政指導は非権力的な事実上の行為であるが，法令違反に対する勧告などのように，事業者にとって社会的評価の低下につながる場合がある。平成26年法改正により，法律上の要件に適合しない勧告，つまり違法な勧告を受けた場合の救済手段が36条の2に挿入された。その根拠となる規定が法律に置かれているものに限るが，法令違反行為の是正を求める行為の相手方は，当該行政指導が法律に規定する要件に適合しないと考えるときは，当該行政指導の中止その他必要な措置をとることを求めることができる。

　第三者が「処分等」を求める仕組みも，平成26年法改正により36条の3に規定された。法令違反の事実があり，その是正のための処分または行政指導（その根拠となる規定が法律に置かれているものに限る）がなされていない考えられるとき，何人もその是正のための処分又は行政指導をすることを求めることができる。

　ただし，これらの救済の仕組みは，応答を求める権利を保障するものではない。行政機関には申出応答義務がなく，必要に応じて措置を講じるべきこととなる。

第**13**章　行政上の強制措置

理解のポイント

　行政上の強制執行と即時強制の違いは，あらかじめ義務が課されているか否かにある。差し迫った危険に対処するために講じられる即時強制の場合，義務が課されているかどうか，義務の不履行は問題とされないことを理解しよう。

1　行政上の強制措置の必要性

　行政法の最大の特色（民事法との違い）を挙げるとするならば，行政権は裁判所を介在させずに自己の責任と判断で人の身体や財産に実力を行使することが認められることがある点である。行政上の強制措置には，行政上の強制執行と即時強制の２種がある。いかなる場合に，人の身体や財産に有形力ないし実力の行使が許容されるか，その要件が重要である。

深い反省，不自由な権限行使

　現代の行政実務は，端的に言えば，強制手段の欠如という状況にあり，強制執行消極主義ともいうべき傾向がある。その遠因は戦前の行政執行法（明治33年法律第84号，昭和23年６月15日廃止。１条〜４条即時強制，５条強制執行）の苛烈な執行にある。人権侵害をもたらした苛烈な執行に対する戦後の深い反省が，現代行政の強制手段の欠如という問題と結びついている。

　行政執行法廃止と同日，行政代執行法が制定されたが，戦後の行政上の強制執行の仕組みは，廃止された行政執行法５条を基本としたものである。行政代執行法１条は「行政上の義務の履行確保に関しては，別に法律で定めるものを除いては，この法律の定めるところによる。」と定める。下線部は，直接強制や執行罰については個別の「法律」に規定を置く必要があり，法律の根拠なく条例で行政上の義務履行確保のための強制手段を作り出すことはできないと解されている。しかし個別の法律で執行罰，直接強制が規定される例は非常に少なく，新しいタイプの強制手段も創出されていない。代執行が「行政上の義務の履行確保」の基本とされるが，権限行使に厳重に縛りをかけられ（２条），現代に至るまで実質的な法改正は行われていない。

　強制手段の欠如という状況は，行政実務および学説において様々な「工夫」を生み出した。占領期以降，義務の履行を促すべく，罰則を付することに強制手段

資料13－1　　行政執行法（明治33年法律第84号，昭和23年6月15日廃止）

> 第五条　当該行政官庁ハ法令又ハ法令ニ基ツキテ為ス処分ニ依リ命シタル行為又ハ不行為ヲ強制スル為左ノ処分ヲ為スコトヲ得
> 一　自ラ義務者ヲ為スヘキ行為ヲ為シ又ハ第三者ヲシテ之ヲ為サシメ其ノ費用ヲ義務者ヨリ徴収スルコト
> 二　強制スヘキ行為ニシテ他人ノ為スコトヲ能ハサルモノナルトキ又ハ不行為ヲ強制スヘキトキハ命令ノ規定ニ依リ二五円以下ノ過料ニ処スルコト
> 　前項ノ処分ハ予メ戒告スルニ非サレハ之ヲ為スコトヲ得ス但シ急迫ノ事情アル場合ニ於イテ第一号ノ処分ヲ為スハ此ノ限リニ在ラス
> 　行政官庁ハ第一項ノ処分ニ依リ行為又ハ不行為ヲ強制スルコト能ハスト認ムルトキ又ハ急迫ノ事情アル場合ニ非サレハ直接強制ヲ為スコトヲ得ス

行政法こぼれ話13－1　「行政強制」「行政上の義務履行確保」「行政上の実効性確保」はどう違う？

　様々な行政法教科書を比較すれば，強制の仕組みについて「行政強制」，「行政上の義務履行確保」，「行政上の実効性確保」という3つの異なった章題があることがわかる。その章題に込められた意味は，大きく異なっている。

　「行政強制」は，昭和の行政法教科書に見られる標準的な章題である。「行政強制」は田中二郎が占領期に出版した東京大学法学部用教科書に初めて使い，行政上の強制執行と「行政上の即時強制」を包含する用語法である。即時強制は戦前に行政法各論警察法の仕組みであり，占領期に田中二郎が警察法から行政法総論に「行政上の即時強制」として移し替えた（つまり，戦前の行政法総論に即時強制はない）。そういった意味でも，「行政強制」という用語法は画期的なものであった。

　1989（平成元）年に東京大学法学部用教科書として公刊された塩野宏『行政法第一部講義案（下）』は，「行政強制」を用いず，「行政上の義務履行確保の制度」と「即時執行」（注：塩野宏が提唱した新しい用語）を各々独立させ，新たに「行政調査」を行政上の行為形式とする構成であった。その影響は大きく，平成に公刊された多くの行政法教科書に「行政調査」が新たに位置付けられるようになった。

　そして令和の時代，単独で即時執行という用語法を用いる教科書はほとんど見られない。多くの行政法教科書は，即時強制ないし即時強制（即時執行）という表記をし，「行政上の実効性確保」という章題が多く見られるようになっている。それは，行政上の強制執行や行政刑罰が機能不全の状態に陥っていることから，義務の履行を促して行政目的を達成するため（行政上の実効性を確保するため），強制手段ではないが「強制」に似た効果をもたらすように，様々な工夫を取り込もうとする。たとえば，義務違反，不履行に対する「行政サービスの停止」や，義務違反者の「公表」，許認可の撤回などの手法が挙げられている。

　3つの異なった章題は，時代の移り変わりと学問的な動きを示している。

の補完的役割を担わせた（学説は間接強制と呼んでいる）。また，近年では「公表」という手法に多義的な効果を期待する傾向が見られる。

2　義務の性質と行政上の強制執行の種類

　行政上の強制執行は不履行の「行政上の義務」を強制するものであるが，義務の性質によって，適用可能な行政上の強制執行の手段は異なる。行政上の強制執行には，行為に関わる義務（非金銭債権）に対する代執行，執行罰，直接強制と，行政上の金銭給付義務（金銭債権）に対する強制徴収という4つがある。行為に関わる義務は，作為義務（〜しなければならない）と不作為義務（〜してはならない。端的に言えば，「禁止」である）に大別される。実力の行使の対象が「財産」（「物」）か「身体」か，その行為を代わってなすことができるか否か（代替的か，非代替的か）という視点が加わって，対応する強制執行の手段が定まる。

　行政上の強制執行の対象となる「行政上の義務」は，通例，行政処分の形式で個別具体的に課される（行政代執行法2条によれば「法律により直接に命ぜられ」る場合も含まれるが，代執行には個別具体性を要すると解されるため，古い学説が挙げる該当例が1例あるのみである）。行政処分によって課された義務が不履行である場合，行政上の強制執行の手段を講じることが可能となる。

> **行政法こぼれ話13 - 2　自主条例に行政代執行は適用できるか？**
> 　行政代執行法2条の文理からすれば，代執行が適用できる「条例」は法律の委任に基づく条例である。しかし現実には文理と実態が乖離し，法律の委任によらない自主条例にも適用されている。この問題は占領期からすでに生じていた。地方公共団体が国に照会し，行政代執行法2条にいう条例は法律の個別的な委任に基づく条例のみでなく，地方自治法14条1項および2項の規定（現行法では1項および3項）に基づいて制定される条例を含む，という1951（昭和26）年10月23日付け自治庁行政課長の福岡県議会事務局長宛回答がある。地方自治法は1947（昭和22）年5月3日施行後すぐに幾度も法改正が行われ，条例制定権が漸次拡大していたのに対して，行政代執行法2条がそれに見合った制度になっていなかったのである。

（1）代執行

　代執行は「行政庁が自らまたは第三者をして，他人が代わってなすことのできる行為を義務づけられた者に代わって行い，その費用を，義務を怠った者から徴収する制度」であると定義される。この定義の中には金銭給付義務という，性質の異なった義務も含まれている。6条に「国税滞納処分の例により」とあることから，国税徴収法の強制徴収の仕組みが適用可能となっている。

図表13-1　義務の性質と強制手段の対応関係

	代執行	執行罰	直接強制
代替的作為義務	◎	×	○
非代替的作為義務	×	○	○
不作為義務	×	○	○

代執行適用の要件（2条）

　行政代執行法2条は、「法律（法律の委任に基く命令，規則及び条例を含む。以下同じ。）により直接に命ぜられ，又は法律に基き行政庁により命ぜられた行為（他人が代ってなすことのできる行為に限る。）について①義務者がこれを履行しない場合，②他の手段によってその履行を確保することが困難であり，且つ③その不履行を放置することが著しく公益に反すると認められるときは，当該行政庁は，自ら義務者のなすべき行為をなし，又は第三者をしてこれをなさしめ，その費用を義務者から徴収することができる。」と定め，適用にあたり，厳重な縛りをかけている。

　代執行を適用することができるのは，①「義務者が義務を履行しない場合」であることが大前提であり，そして次に，②「他の手段によってその履行を確保することが著しく困難」③「その不履行を放置することが著しく公益に反すると認められるとき」という要件を2つとも満たさなければならない。

（2）執行罰（強制罰）

　執行罰とは，義務の不履行に対して一定額の過料を課すことを通告して義務の履行を促し，それによっても義務を履行しない場合に強制的に金銭（過料）を徴収する制度である。「罰」が付いているが，決して罰則ではない。罰則が過去に対する制裁であるのに対して，未来の行為を促している（明治憲法下の学説では強制罰ともいわれていた）。執行罰は制裁ではない。

　かつて執行罰に対する評価は低く，そのため現在では行政執行法制定以前からある砂防法（明治30年法律第29号）1本にのみ規定され，実質的に使われていないが，執行罰をもっと立法化するべきであるという執行罰活用論が，環境法の分野などで提唱されている。

（3）直接強制

　直接強制は，義務者の身体または財産に直接に実力を行使して，義務の履行があった状態を実現するものであると定義される。**図表13-1**に示したように，直

接強制は理論的に代替的作為義務，非代替的作為義務，不作為義務のいずれにも
対応する手段である。しかし，直接強制を現実に立法化する例は極端に少ない。

非代替的作為義務（人の身体に対する強制）と直接強制

　物に関する代替的作為義務について，現行法では原則として代執行で対応する
こととされているが，理論的には直接強制によることも可能である。他方，非代
替的作為義務とは，他人が代わってなすことのできないものであり，人の「身体」
に関わるものがあげられる。おもに公衆衛生，精神保健などで用いられる。人の
「身体」に関わる作為義務は，代執行ではなく，執行罰か直接強制という強制手
段が相応する。代替的作為義務・非代替的作為義務の両方に適用可能なものに，
学校施設の確保に関する政令21条がある（ポツダム命令）。

不作為義務（禁止）と直接強制

　現行法では，成田新法3条1項（工作物の使用禁止命令），6項（禁止された工作物
の封鎖等の必要な措置）がある。

行政法こぼれ話13-3　代執行と直接強制の違いとは？　直接強制はなぜ忌避される？

　代執行と直接強制は，物に関して，代替的作為義務に適用可能である点において共通し
ている。代執行を行政上の義務履行確保の基本とする1条の定め方から，代執行がまず適
用されるが，それは代執行と直接強制の違いを説明することにならない。代執行と直接強
制の違いは，明治憲法下の行政執行法の理解に遡って説明される。端的に言えば，代執行
と直接強制の違いは，費用の強制徴収の可否と結びついた義務の実現の仕方と関わる。

　代執行は，相手方から費用を徴収することを前提として行われるが，直接強制は原則と
して費用徴収が行われないものと理解されてきた（行政執行法逐条解説書が挙げる論拠は，
直接強制の費用負担が行政執行法に記されていないことである）。そして費用負担の違いは
執行の態様の違いとなって説明される。代執行にあっては，代執行が義務違反に対して行
われるものであっても費用徴収が可能であるために，義務者の意思を忖度する，義務者の
立場を尊重する，義務者の財産権に配慮する，というような執行方法をとる。他方，直接
強制は，義務者の意思を実力で曲げるものであり，代執行が直接に実力を行使するとはい
え義務者に対する配慮を含むこととは対照的に，あくまで違法な状態を除去するという行
政の意思を実現するために，相手方に配慮することなく執行方法が苛烈であったとされる。

　戦後に公刊された行政法教科書で田中二郎は「直接強制は，直接義務者の身体又は財産に実
力を加えるもので，これを行政上の強制執行の一般的手段として認めることは，基本的人権の
尊重を第一義とする憲法の精神からいって妥当ではない。」と述べている。田中二郎が直接強制
という手段に対して抑制的であったのは，直接強制は「苛烈な」執行を行い得る手段，という認
識であったためと思われるが，直接強制は「苛烈な」執行を行い得るというのは戦前の不文律で
あって，行政執行法の条文から導かれるものではなく，学説によって構築されたものでもない。

　現代において，日本国憲法下の現代の人権論・権利論では，相手方の人権や権利に配慮
するのは当然のことであるから，明治憲法下の説明がそのまま妥当するわけではないが，
直接強制が，代執行と異なって，相手方の意思をまげて実力の行使によって直線的に義務
の内容を実現する制度であることは，現代でも同様である。成田新法を例にとれば，工作

物の撤去を命じて代執行とすることも可能なはずであるが，確固たる政治的思想信条に基づいて実力による抵抗活動もいとわない人々に対して，抵抗のシンボルである工作物の撤去命令を出しても，自主的に撤去することはあり得ず，代執行の前提がそもそも成立しないのである。また，執行にあたって激しい抵抗も予測されるところから，代執行では対処できない。やはり直接強制という仕組みが必要とされるのである。

図表13-2　国税・地方税滞納処分のプロセス

督　促　滞納者に滞納の告知をして納税を促す
↓
差押え　一定期間を経過してもなお納税がなされないとき財産を差押えて管理権を奪う
↓
公　売　差押えた財産を公売処分に付して換金
↓
充　当　換価代金を滞納債権へ充当し，滞納者の債務の消滅をはかる

（4）行政上の強制徴収

　行政上の強制徴収とは，公法上の金銭給付義務が履行されない場合，行政機関がこれを強制的に実現することをいう。行政上の強制徴収は，税を徴収する国税徴収法および地方税法の滞納処分手続の仕組みを借りている。

強制徴収の対象範囲

　国と地方公共団体の歳入は，強制徴収の定め方に違いがある。地方公共団体については一般的な規定があり，地方自治法231条の3に督促，滞納処分等に関する規定があるが，国の歳入について一般的な規定はなく，個別の法律で国税徴収法に規定する滞納処分の例によるものとしている。

　公法上の金銭債権に，国税徴収法や地方税法の規定が当然に適用可能なわけではない。個別の法律に「国税滞納処分の例により」あるいは「地方税の滞納処分の例により」徴収が可能である旨が明記されていなければならない。法律に強制徴収に関する規定がないときは，民事手続によって徴収がなされる。

　具体的には，たとえば社会保険料（健康保険法180条4項，国民年金法95条・96条，厚生年金保険法86条・89条），代執行に要した費用（行政代執行法6条1項）などは「国税滞納処分の例により」強制徴収される。普通地方公共団体の歳入については，地方自治法231条の3第3項により，「分担金，加入金，過料，**法律で定める**使用料その他の普通地方公共団体の歳入」が，「地方税の滞納処分の例により」強制徴収可能となる。

■演習問題13－1　下記から，行政上の強制徴収ができるものを全部選びなさい。
（あ）公営住宅の家賃，（い）公立学校の授業料，（う）保育料，（え）公立病院の診療債権，
（お）上水道料金，（か）下水道料金，（き）給食費
【参照条文】　地方自治法231条の３，地方自治法附則６条，児童福祉法56条

3　行政上の強制執行と司法上の強制執行の関係

代執行の対象とならない義務

　行政代執行法を適用するのではなく，民事上の強制執行によるべきとされたものに庁舎の明渡しの事例がある。裁判所は「行政代執行法２条所定の行政代執行により履行の確保される行政上の義務は，いわゆる「為す義務」である作為義務のうち代替的なものに限られ，庁舎の明渡しないし立退のような，いわゆる「与える義務」は含まれない。」とした（大阪高決昭和40年10月５日行集16巻10号1756頁（茨木市職員組合事務所明渡事件））。

公法上の金銭債権の強制徴収権限と司法上の強制執行の可否

　行政上の強制執行手段が法律によって認められている場合，これを行使せず，民事上の強制執行という手段を選択することが可能か否か，という問題がある。

　最高裁は最大判昭和41年２月23日民集20巻２号320頁（農業共済組合連合会事件）において，否定する立場をとった。最高裁は，農業災害補償法が一般私法上の債権にみられない特別の取扱いを認めている理由から説明する。農業災害に関する共済事業の公共性に鑑み，その事業遂行上必要な財源を確保するため，租税に準ずる簡易迅速な行政上の強制徴収の手段とすることが，もっとも適切かつ妥当であるとしたからにほかならないという。農業共済組合が，法律上特にこのような独自の強制徴収の手段を与えられながら，この手段によることなく，一般私法上の債権と同様，訴えを提起し，民訴法上の強制執行の手段によってこれら債権の実現を図ることは，立法の趣旨に反し，公共性の強い農業共済組合の権能行使の適正を欠くものとして，許されないとした。

行政上の強制手段の欠缺と司法上の強制執行の可否

　代替的作為義務については行政代執行法という一般法があるが，不作為義務についてはこれを強制する手段が欠如している。行政上の強制手段は法律によって定められなければならず，条例によって強制手段を創り出すことはできないため，学説は地方公共団体が条例において定めた不作為義務を民事訴訟の強制的実現の方法によって義務履行を確保することについて，肯定的に捉えていた。

　最高裁は最判平成14年7月9日民集56巻6号1134頁（宝塚市パチンコ店条例事件）は，行政上の義務の履行を求める訴訟は裁判所法3条1項にいう法律上の争訟に当たらないとして，行政上の義務の民事執行を認めなかった。「財産権の主体」として自己の権利利益の保護救済を求めるような場合には，法律上の争訟に当たるというべきであるが，「行政権の主体」として行政上の義務の履行を求める訴訟は，法規の適用の適正ないし一般公益の保護を目的とされるものであるから，当然に裁判所の審判の対象となるのではなく，「法律に特別の規定がある場合に限り」，提起することが許されるという。

　しかし，行政上の義務の履行を確保する強制手段の立法化が進まない中で，この最高裁判決に対する学説の批判は根強い。行政処分と並んで契約も行政上の行為形式の1つであるが，契約は「財産権の主体」のみならず「行政権の主体」としての行政活動にも用いられている。行政活動において両者の線引きを図ることは不合理であろう。

4　即時強制

行政上の義務と関わらない実力の行使

　市民を危害から保護し，社会の秩序を保持するため，行政権はときに人の身体または財産（「物」）に有形力ないし実力を行使する。即時強制は，義務を課すことなく，義務の不履行を前提とせず，実力の行使が許容される制度である。

　即時強制の典型例は警察法に基づく警察官の行為であるが，人の身体や財産に義務の不履行を問題とせずいきなり実力を行使することを認めるのであるから，権限の濫用は人権侵害につながりやすい。第二次世界大戦後の立法者は戦前の苛烈な警察強制を深く反省し，そして日本国憲法13条を反映して，比例原則（必要最小限の原則）を警職法1条2項に規定している（「この法律に規定する手段は，前項の目的のため必要な最小の限度において用いるべきものであつて，いやしくもその濫用にわたるようなことがあってはならない。」）。また，即時強制は，あらかじめ義務を課すことがないから事前に行政争訟で争うことができない。実力の行使の違法性を争うには，事後に国賠訴訟を提起することとなる。

> 行政法こぼれ話13-4　それは限度を超えた行為です（比例原則違反です）！　選挙演説のヤジ排除行為（札幌地判令和4年3月25日裁判所ウェッブサイト）
> 　2019年7月15日札幌で行われた首相・自民党総裁の選挙演説で「辞めろ」，「帰れ」などと声を上げた原告X1に対して，警察官ら2名が肩や腕をつかみ，さらに警察官ら4，5名

がこれを取り囲んで移動させた。裁判所は，動画によれば，X1が「辞めろ」と声を上げてから警察官らが動き出すまでにわずか数秒程度，肩や腕をつかむまででも10秒程度であって，そのわずかな間，X1と聴衆との間で騒然となったり，小競り合いが生じたりしたようにはうかがえないとして，警察法4条1項，5条の要件を充足せず，かかる有形力の行使は，国賠法1条1項の適用上，違法であると判示した。

　また「増税反対」と言った原告X2は，警察官らに肩や腕をつかまれて移動させられ，その後，複数の警察官らがずっと追従し続けた（約1.9km，40〜50分）。被告Y（道）は警察官らの追従行為は，犯罪を予防するという目的で，警職法2条1項に基づき，X2を説得するために，警察法2条の責務を達成するために必要かつ相当な程度で行われたものであるから，適法に行われた職務行為であったと主張した。しかし，裁判所は，説得するために必要であったとの主張はその前提を欠き，追従行為の態様等に照らせば，警察官らの追従行為は，もはや警察法2条1項の趣旨から認められる必要かつ相当な手段を超えていたものといわざるを得ないとして，国賠法1条1項の適用上，違法であるとした。

　この裁判では録画・録音が決定的な役割を果たしている。現場の詳細な様子や追従行為中の警察官の発言が記録され，被告側が「生命若しくは身体」に危険を及ぼすおそれのある「危険な事態」にあったとか（警察法4条1項），「犯罪がまさに行われようと」していた（同法5条）と主張しても，権限行使を裏付ける前提がなかったことは明らかである。昔は警職法の要件を充足していなかったことを原告側が証明することが困難であったが，現代は誰もが手軽に録画・録音する時代である。裁判所が警職法に基づく権限行使の必要性を検証することが容易な時代になったといえよう。

即時強制とは

　即時強制は，人の身体および財産（物）を対象にした作用である。占領期に田中二郎が行政法各論警察法から行政法総論にもたらした強制の仕組みであるが，行政法における即時強制の研究は，思いの外，足踏み状態にある。

　田中二郎は「行政上の即時強制（sofortiger Zwang）とは，義務の履行を強制するためではなく，①目前急迫の障害を除く必要上義務を命ずる暇のない場合又は②その性質上義務を命ずることによってはその目的を達し難い場合に，直接に人民の身体又は財産に実力を加え，もって行政上必要な状態を実現する作用である。」と定義したが，その意味内容について説明していない（この定義は大正時代の美濃部達吉『行政法撮要　全』の警察上の即時強制の記述と非常によく似ている）。該当する実定法律の制度の説明に終始したためであるが，この定義自体も問題を抱えている。

即時強制（即時執行）という表記

　また，平成の時代に提唱された「即時執行」という用語と即時強制の差異がわかりにくいという問題もある。「即時執行」という用語は，田中二郎の即時強制の定義下線部②から「行政調査」に該当するものを除外した残りを指すものであり，即時強制と即時執行は異なった内容を意味する。しかし，現代の多くの行政

法教科書が「即時強制（即時執行）」と併記
して表記するため，学説の意図すること
が，初学者に伝わりにくくなってしまっ
ている。

即時強制 － 行政調査 ＝ 即時執行

　ここでは初学者が即時強制のイメージをつかみやすいように，実定法律上の制
度と，定義の下線部①②を関連づけて説明する。即時強制と行政上の強制執行
（代執行，執行罰，直接強制）の違いは，あらかじめ行政処分による義務を課してい
るか否かという点にあるが，なぜあらかじめ義務を課さないのか（課すことができ
ないのか），その理由を理解しよう。

　即時強制の要件──「目前急迫の障害を除く必要上義務を命ずる暇のない場合」

　即時強制の典型例は，警察官職務執行法と消防法に見られる行政活動である。
下線部①にいう「目前急迫の障害」とは，警察官職務執行法の規定を例にとれば，
「人の生命若しくは身体に危険を及ぼし，又は財産に重大な損害を及ぼす虞のあ
る天災，事変，工作物の損壊，交通事故，危険物の爆発，狂犬，奔馬の類等の出
現，極端な雑踏等危険な事態がある場合天災，事変，工作物の損壊」（4条避難等
の措置），「犯罪がまさに行われようとする」場合や「もしその行為により人の生
命若しくは身体に危険が及び，又は財産に重大な損害を受ける虞があって，急を
要する場合」（5条犯罪の予防および制止），「消火若しくは延焼の防止又は人命の救
助のために必要があるとき」（消防法29条）である。

　「その性質上義務を命ずることによってはその目的を達し難い場合」

　「即時執行」は，下線部②から「行政調査」に該当するものを除外し，そして「行
政調査」を独立させようとする試みであったが，個別の法律が定める「立入り」，
「検査」，「臨検」などの中には，実力の行使を許容する即時強制の性質を有する
ものがある。

　また，下線部②の意味は「行政調査」に相応する行政活動に尽きるわけではな
い。たとえば，警職法3条は泥酔者や迷子，病人などの保護に用いられるが，そ
のような人々に自分で何とかするように義務を命じても，問題解決には役立たな
いから，相手の身体に有形力を行使するほかない。「物」について言えば，古く
から挙げられていたのは，「所有者不明ナル狂犬又ハ家畜ノ撲殺」である。つま
り，障害となっている「物」の所有者が不明の場合には撤去の義務を命じること
ができない。このような場合が下線部②「その性質上義務を命ずることによって
はその目的を達し難い場合」に該当する。

人の身体に対する実力の行使 (有形力の行使)

　人の身体に対する実力の行使 (有形力の行使) として即時強制が用いられる。警職法4条や消防法29条,「精神保健及び精神障害者福祉に関する法律」29条に基づく措置入院,「出入国管理及び難民認定法」に基づく不法滞在者に対する強制収容 (39条) など, 下線部①「目前急迫の障害」に該当する急迫性のあるもの, それほど急迫性はない警職法3条に基づく保護のような措置が挙げられる。

物に対する実力の行使 (有形力の行使)

　危険を除去するため, 物を対象にした即時強制がある。物が障害となり危険を生ぜしめているためこれを除去する必要があるが, 義務を命じる暇がない場合 (下線部①) に該当するのは, 消防法29条に基づく消防活動, 道路法44条の3第1項 (違法放置等物件に関する措置) などである。これに対して, 下線部②に該当するものとして, 運転者が不在で義務を命じることができない場合を定める道交法51条3項 (違法駐車に対する措置), 物の所有者が不明の場合に講じられる措置 (道交法81条の2第2項, 屋外広告物法7条2項, 建築基準法9条11項, 空家等対策の推進に関する特別措置法14条10項など) が挙げられる。

> **行政法こぼれ話13-5　簡易代執行・略式代執行は「即時強制」**
> 　簡易代執行ないし略式代執行と称される制度がある。「過失がなくてその措置を命ぜられるべき者を確知することができ」ない (河川法75条3項) 場合の措置について建設省の通達は「簡易代執行」という用語を用い, 空き家対策について国土交通省は,「過失がなくてその措置を命ぜられるべき者を確知することができないとき」(空き家特措法14条10項) の措置を「略式代執行」という用語を用いている。いずれも法令用語ではなく, 用語の由来ははっきりしない。「簡易」ないし「略式」とは, 行政代執行法の定める手続に合致していないことからそのように呼ばれていると推察されるが, 相手方に義務を課していないのだから代執行ではなく, その性質は即時強制である。あらかじめ「公告」や「公示」をする規定となっているが, それによって義務を命じるものではないからである。

立法者の選択——直接強制か, 即時強制か

　人の身体または財産に有形力ないし実力を行使するという点において, 直接強制と即時強制はよく似た作用である。「感染症の予防及び感染症の患者に対する医療に関する法律」(平成10年法律第114号) 19条3項は入院の「勧告」に従わない場合, 強制的に入院させ得ることを定めている。「勧告」は行政指導であって義務を命じる行政処分ではないから, 19条3項に基づく措置は直接強制ではなく即時強制であると厚生労働省は説明してきた。しかし, コロナ禍にあってその仕組みは機能せず, 結果的に立法者は「強制力」を求めて新たに罰則として過料を定め

る令和３年法改正を行わざるをえなかった。

　行政処分を介在させる直接強制の場合，不利益処分に該当するため行政手続法に沿って行政手続が行われ，義務を課する行政処分の不服申立て・取消訴訟を提起して争うことができる。しかし，即時強制の場合，行政手続法は適用除外となり，争訟の契機を得ることも難しい。換言すれば，それは実力を行使する側にとって都合が良いと言える。

　明治憲法下の美濃部達吉の学説および現代のドイツ法は，まず行政上の強制執行の手段をとるべきであって即時強制を例外とする考え方を明確にしているが，日本国憲法下の学説では原則論が曖昧になっている。

■**演習問題13-1**　O市では，市政改革をめぐって市長と市議会，市長と市職員間に対立が起こり，出直し選挙が行われた。市職員労働組合は，組合事務所として①市役所庁舎内の一室の利用が許可されていたが（１年間の使用期限。市行政財産の使用料徴収条例に基づき使用料を免除），再選された市長は，公益上の支障があるとして，市職員労働組合に対して②使用期限前ではあるが利用許可を取消す旨を伝えた。しかし，市職員労働組合が庁舎の明渡しを拒絶し，立ち退かないため，市長は③強制的な措置をとりたいと考えた。

(1) 下線部①の市役所庁舎内の一室を利用することを認める許可は，「法律行為的行政行為」うち，どの分類（下命，許可，免除，特許，認可，代理）に該当するか。その分類に位置付けた理由も答えなさい。

(2) 下線部③について，どのような措置を講じることが可能か。

116

第**14**章　行政上の義務違反に対する制裁

理解のポイント

　現代の行政法理論において，行政罰は本来の役割のみならず，行政上の強制措置の欠如を補う補完的役割が期待されていることを理解しよう。
① 刑罰の一種である科料（かりょう）と，刑罰ではない過料（かりょう）の違いを区別しよう。
② 行政罰に用いられるのは刑罰と過料である。法律で定める過料は，裁判所において非訟事件手続法に基づき裁判で科せられる。地方自治法に基づく過料は，地方公共団体の長が行政処分により科する。両者の違いを理解しよう。

1　行政罰

　行政罰とは，行政上の義務違反に対して科せられる制裁をいう。法令上の義務への違反に対して科せられる場合と，行政処分によって科せられた義務に対する違反があった場合に科せられる場合がある。刑罰と過料が用いられる。

行政法こぼれ話14-1　科料と過料──その由来は？

　科料と過料は，どちらも「かりょう」と読み，区別しにくい。そのため，科料（とがりょう）と過料（あやまちりょう）と呼び分けられている。科料は刑罰の一種であり，1000円以上1万円未満の財産刑である。しかしこの説明では科料と罰金の違いは額の違いになってしまう。これに対して，過料は「刑罰ではない」「刑法総則は適用されない」とされ，その額は1000円程度のものから高額なものまである（空き家特措法では50万円，感染症予防法50万円，新型インフルエンザ等特措法30万円など）。過料は刑罰ではないから，非常に便利に使われている。

　科料と罰金の違いは，歴史的に説明される。科料は違警罪（警察違反の意味）に用いられる刑罰であり，違警罪は警察義務違反に対する警察罰であった。フランス法の影響を受けて制定された1880（明治13）年旧刑法は，犯罪を重罪，軽罪，違警罪に分け，軽罪の主刑を罰金，違警罪の主刑を科料としていた。違警罪は1907（明治40）年刑法（現行刑法）の制定により廃止され，代わって警察犯処罰令（明治41年内務省令第16号。警察犯処罰令は1948（昭和23）年廃止，軽犯罪法が内容を引き継いだ）が58種の雑多な罪に対して「拘留」と「科料」を定めた。刑法から違警罪は消えたが，警察犯に対する科料という刑罰は昭和の時代まで存続した。

　他方，過料はかつて旧刑法下では刑罰であった。旧刑法5条は「此法律ニ正條ナクシテ他ノ法律規則ニ刑名アル者ハ各其ノ法律規則ニ従フ　若シ法律規則ニ於テ別ニ総則ノ掲ケサル者ハ此刑法ノ総則ニ従フ」と規定していた。つまり，旧来，刑法にはない刑名が個別の法律にあり，個別の法律に刑法に刑名のないものを規定し得るということを意味している。過料は旧刑法下の1890（明治23）年商法や1896（明治29）年民法（現行民法）に規定され，旧刑法5条により刑罰の性質を有していたが，明治40年刑法が死刑，懲役，禁錮，罰金，拘留，科料のみを刑罰としたことによって，過料は刑罰としての性質を失ったのである。

【文献】　須藤陽子『過料と不文の原則』(法律文化社, 2018年)

2　行政刑罰

刑事犯と行政犯

刑事犯に対して科せられる刑罰を刑事罰といい, 行政犯に対して科せられる罰を行政刑罰という。刑事犯とは, 行為の性質上, 人としてすることを許されない反社会的・反道義的行為であり, 当該行為を禁止する規定が置かれていることを前提としない。これに対して, 行政犯とは行政法令や行政処分によって課された義務の存在を前提とし, これに違反する行為をさす。行政犯に科せられる刑罰を行政刑罰という。

行政刑罰——刑法8条刑法総則の適用あり

かつて, 刑事罰と行政罰を峻別し,「刑事罰は, 実質的に, 法益を侵害する犯人の悪性に対する罰であるのに対し, 行政罰は, 形式的に, 行政法上の目的を侵害する非行者の行政法規の不遵守に対する罰である」とする学説があった。このような理解は, 過失や違法性の認識などについて, 刑事犯と行政犯で異なった取り扱いを主張することに結びついていた。

しかし現代の学説は, 刑事犯と行政犯, 刑事罰と行政罰の区別を相対的なものとして捉えている。行政法規には両罰規定が多く見られるなどの特徴はあるが, 行政犯であることから特別な取り扱いを認めず, 行政犯であっても刑法総則が適用され, 刑罰であるから刑事訴訟法が適用される。

行政法こぼれ話14 - 2　強制手段の欠如, 強制執行消極主義, 行政刑罰機能不全, 三拍子揃った深刻な「強制」問題

　第二次世界大戦後, 強制手段の立法化が進まなかったため, それを補うかのように, 行政法規に罰則規定を置くことによって, 本来の役割ではない行政上の義務者に「心理的に」「間接的に」強制することに期待がかけられるようになった。ほとんどの行政法規に行政上の義務違反に対する罰則規定が置かれている。しかし, 行政刑罰が機能しているとは言い難い。

　たとえば, 空き缶や煙草等のポイ捨てに罰金を科す旨の条例が各地に見られるが, そのような軽微な違反行為をいちいち検察が捜査し, 起訴することは考え難い。違反行為があっても, 行政機関が告発することを好まない傾向も見られる。また, 行政機関が告発しようとしても, 警察が積極的でないという指摘もある。行政刑罰が機能不全に陥っている理由は, 複数考えられるのである。

3　過料──過料を科する目的による区別

秩序罰

　秩序維持を目的とする秩序罰で用いられる金銭罰は，主に過料である。古くからの過料の分類論によれば，行政上の秩序罰のほかに，民事上の秩序罰（会社法などに規定される過料），訴訟上の秩序罰という区分がある。行政上の秩序罰としての過料は，届出義務違反など，軽微な手続上の義務違反に適した罰則である。たとえば，住民基本台帳法は転入（22条）・転居（23条）・転出（24条）などの届出義務を課し，届出義務を怠った場合に，52条2項は「正当な理由がなくて」届出をしない者は，5万円以下の過料に処する旨を規定している。

　市町村は届出義務違反があったとき，総務省が定める住民基本台帳法事務処理要領に従って裁判所に通知する。法律に過料が規定されていてもそれが機能するとは限らず，一度も適用されたことがない過料もあるが，住民基本台帳法52条2項の過料は市町村が定型的に事務を処理し，非常によく機能している。

財政罰，懲戒罰

　秩序維持の目的以外にも，過料という罰則は用いられる。財政法上の義務違反に対する財政罰（地方自治法228条3項），特別の監督関係において義務違反に対して用いられる懲戒罰（裁判官分限法2条，公証人法2条）などがある。罰則であっても刑罰ではないため，刑法総則の適用はない。

手続の違い

　法律で定める過料と，地方自治法に基づく過料がある。両者の違いは過料を科する手続の違いに現れる。法律で定める過料は，非訟事件手続法に基づき裁判所が過料の裁判で科する（119条～122条）。地方自治法に基づく過料は，地方自治法255条の3に基づき地方公共団体の長が行政処分により課する。

4　地方自治法が規定する過料

　地方自治法には，14条3項，15条2項，228条に，歴史的に由来の異なる3種の過料が定められている。

条例違反に対する過料

　14条3項の過料は，1999（平成11）年地方自治法改正によって挿入されたものである。従来，条例に違反した場合には「2年以下の懲役若しくは禁錮，100万円以下の罰金，拘留，科料若しくは没収の刑」しか科すことができなかったが，刑

罰に加えて5万円以下の過料を科すことができるように改正された。刑罰というものが軽微な条例違反に対して重すぎることがあり，あるいは刑事訴訟法を適用した起訴便宜主義の下では，条例制定権者が意図したように罰則が機能しないことがある。しかし，過料の場合，地方公共団体の長による行政処分で課するため，罰則をより機動的に適用できるようになったのである。

　条例違反について刑罰ではなく過料を定める条例が増えたが，どのような条例違反行為が刑罰に相当するか，あるいは過料とすることが適切であるのか，刑罰と過料を使い分ける基準というものは明確ではない。

規則違反に対する過料

　15条2項の過料は，1947（昭和22）年12月地方自治法改正によって規定された過料である。地方公共団体の長は，長が定める規則に違反した者に対して5万円以下の過料を科することができる。長の規則制定権は二元代表制との関係で論じられる。

財政罰としての過料

　228条の過料は，戦前の市制，町村制という法律から地方自治法に受け継がれた規定である。228条2項は「分担金，使用料，加入金及び手数料の徴収」に関して，条例で5万円以下の過料を定めることができること，そして3項は「詐欺その他不正の行為により，分担金，使用料，加入金又は手数料の徴収を免れた者については，条例でその徴収を免れた金額の5倍に相当する金額（当該5倍に相当する金額が5万円を超えないときは，5万円とする。）以下の過料を科する規定を設けることができる。」と定める。

　14条3項や15条2項，228条2項は5万円以下という限定が付いているが，228条3項の過料は，詐欺その他不正の行為により徴収を免れた金額が高ければ，その5倍に相当する金額となるから，ときに1,000万円を超えるような高額になる。そのような高額な過料であっても地方公共団体の長による行政処分によって課せられ，裁量統制の問題となることがある。

過料処分と比例原則

　不利益処分である過料処分に対して，比例原則の適用がなされる。過料は罰則であるから，その罰則が被処分者にとって必要最小限であるべきということは要請されない。比例原則が適用されるとすれば，非違行為に対する懲戒処分と同様に，処分事由と処分の釣り合いを求め，「過度な」（重すぎる）処分を排する「狭義の比例原則」である。（名古屋地判平成16年9月22日判タ1203号144頁は，228条3項の過

料処分について必要最小限の原則が適用されるといい，そして３倍ではなく２倍の3762万5000円の過料を科すことで足りると結論づけるが，なぜ３倍ではなく２倍で足りるのか，その論拠が示されておらず，まるで裁判所が裁量権を行使しているかのようだと批判する学説がある）。228条３項の過料は「その徴収を免れた金額」が算定の基礎であり，過料額は徴収を免れようとした行為の悪質さ（巧妙さ，不正水量など），免れた期間の長短に応じた額となり，被処分者の行為の質・量の側面を反映したものとなる。

行政法こぼれ話14−3　即時強制と罰則

　2021年２月３日に可決・成立した「新型インフルエンザ等対策特別措置法等の一部を改正する法律」は，特措法のみならず「感染症の予防及び感染症の患者に対する医療に関する法律」（平成10年法律第114号）にも改正を加えるものであった。注目すべき改正点は，19条に基づく入院に対する拒否に対して，「正当な理由がなくその入院すべき期間の始期までに入院しなかったときは，50万円以下の過料に処する。」ことを定めたことである（80条）。この罰則規定によれば，入院すべき義務があるかのように読める。しかし19条の入院を厚生労働省は即時強制として説明するから，入院する義務はそもそも課していないはずである。

　これまで即時強制において問題とされてきたのは「強制を受忍する義務」違反であり，公務執行妨害罪が適用されるか，あるいは拒否・抵抗・忌避に対する罰則が立法化されてきた。80条の規定はあたかも入院義務を予め課してあるかのような，行政上の義務懈怠に対する罰則であるかのような書きぶりである。理論的に説明のつかない，非常に奇妙な法改正であった。

第15章　行政契約

理解のポイント
　行政目的を達成するために，「契約」という手法がどのような状況で用いられているかを理解しよう。
① 「行政契約」という概念が，近年の学説では，行政主体間の契約，行政主体と私人間の契約，行政主体が関わる私人間の契約という３つのカテゴリーを含んでいる。
② 法律の文言が「契約」でなくても，「契約」に該当する行為があることに注意しよう。

1　行政契約の意義

　古い行政法教科書には「行政契約」ではなく，「公法契約」というタイトルが使われている。かつて学説は公法私法二元論に立って，民法上の契約である私法契約と公法契約を区別していた。現代では民事法の適用に着眼する公法私法二元論に立つのではなく，契約という手法を使った行政活動を「行政契約」というカテゴリーの下で整序しようとする。

　行政機関が「契約」という手法を使う状況は様々であるが，現在の学説は，行政主体が締結する契約を「行政契約」とする。狭義の行政契約説は，行政主体が少なくとも一方の当事者となる契約をさすが，広義の行政契約説は，行政が関与する私人相互間の契約も含めている。

2　行政主体相互間の契約

　行政主体相互間の契約は，国から地方公共団体への国有財産の売却や，地方公共団体間で事務の共同処理のために締結される。

　地方公共団体の事務の共同処理は，法律により与えられた行政上の事務処理権限の変動があるため，法律の根拠が必要である。地方自治法252条の14第１項「普通地方公共団体は，協議により規約を定め，普通地方公共団体の事務の一部を，他の普通地方公共団体に委託して，当該他の普通地方公共団体の長又は同種の委員会若しくは委員をして管理し及び執行させることができる。」と定めている。下線部「協議により規約を定め」がここでいう行政契約の締結に該当する部分である。地方自治法の条文には「協議」という用語がしばしば出てくるが，「協議」とは対等な立場での話し合いを意味する。地方公共団体の事務の共同処理の例と

図表 15-1 行政契約に含まれる契約

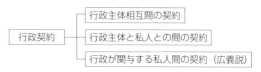

して，学校教育法40条教育事務の委託がある。

3 行政主体と私人との間の契約

　行政主体と私人との間の契約は，調達行政，給付行政，規制行政において用いられている。調達行政は，行政主体は行政活動のために，物品を購入し，用地を購入して公共施設を建設し，あるいは行政活動に不要となった土地や物品を売却する。

行政事務の民間委託

　行政活動の外部委託，いわゆるアウトソーシングとは，民間事業者と契約を結んで行政事務を委託する方法である。身近な例を挙げれば，民間の一般廃棄物事業者と契約を結んで家庭ごみを収集・運搬・処理をさせている市町村があることに気づくであろう。

　公共施設の建設は，民間事業者と建築工事の請負契約を結んで建設する方法の他に，民間事業者に資金調達から，建設，運営までを一貫して委ねるPFI（Private Finance Initiative）という方法がある。1999（平成11）年に「民間資金等の活用による公共施設等の整備等の促進に関する法律」を制定し，イギリスの行政改革の手法を導入した。道路，鉄道，港湾，空港，河川，公園，水道，下水道，工業用水道，庁舎，宿舎，公営住宅，教育文化施設，廃棄物処理施設，医療施設，社会福祉施設，更生保護施設，駐車場，地下街，情報通信施設，熱供給施設，新エネルギー施設，リサイクル施設，観光施設，研究施設など，PFIの対象は広い範囲に及んでいる。

調達行政における行政契約の特色

　契約にはすべて民法が適用されるが，法律により特別な制約もかけられている。たとえば，国および地方公共団体は，物品の調達に際して2000（平成12）年に制定された「国等による環境物品等の調達の推進等に関する法律」（いわゆるグリーン購入法）により，国等が自ら率先して環境物品等を優先的購入することとされている。契約の相手方は，入札を経て決定される。国の場合は会計法29条の3，地方公共団体の場合は地方自治法234条に原則が定められ，売買，貸借，請負そ

の他の契約は，一般競争入札，指名競争入札，随意契約又はせり売りの方法により締結するものとされている。随意契約とは競争によることなく締結する契約であるが，例外に位置付けられる。

　地方公共団体が調達行政において締結する契約に関する訴訟は，民間事業者が訴訟を提起する場合と，住民が住民の資格で提起する住民監査請求・住民訴訟（地方自治法242条，242条の2）によって地方公共団体の財政に損害を与えるような違法・不当な契約の締結を争う訴訟とがある。しかし，国民の資格で提起できる同様の制度はない。国が締結する契約については，会計検査院の検査や総務省の行政評価・監視により統制が図られる。

判例15-1　最判平成18年10月26日集民221号627頁（損害賠償請求事件）
【事案】　村の発注する公共工事の指名競争入札に1998（平成10）年度まで継続的に参加していたX（原告）が，1999（平成11）年度〜2004（平成16）年度までの間，村長から違法に指名を回避されたとして，国家賠償法1条1項に基づき，合併によりA村の地位を承継したY（被告町）に対し，逸失利益等の損害賠償を求めた。
【裁判要旨】　「村の発注する公共工事の指名競争入札に1985（昭和60）年ころから1998（平成10）年度まで指名を受けて継続的に参加し工事を受注してきていた建設業者に対し，村が，村外業者に当たること等を理由に，2000（平成12）年度以降全く指名せず入札に参加させない措置を採った場合において，(1)村内業者で対応できる工事の指名競争入札では村内業者のみを指名するという実際の運用基準は村の要綱等に明定されておらず，村内業者であるか否かの客観的で具体的な判定基準も明らかにされていなかったこと，(2)上記業者は，1994（平成6）年に代表者らが同村から県内の他の町へ転居した後も，登記簿上の本店所在地を同村内とし，同所に代表者の母である監査役が居住し，上記業者の看板を掲げるなどしており，1998（平成10）年度までは指名を受け，受注した工事において施工上の支障を生じさせたこともうかがわれないことなど判示の事情の下では，指名についての上記運用及び上記業者が村外業者に当たるという判断が合理的であるとし，そのことのみを理由として，村の上記措置が違法であるとはいえないとした原審の判断には違法がある。」

給付行政における行政契約

　給付行政には行政処分の他に契約も用いられている。公共交通の運送契約（運送約款）や上水道の供給契約など，市民に対して一律にサービスを提供するとき，契約が適しているといえる。サービスの供給に関する行政契約の特徴は，行政の定める供給条件に即して締結され，自由に形成される余地がなく（附合契約），また，サービスを提供する側は，正当の理由がなければ契約の締結を拒むことがで

きない（契約強制）点である。

　社会福祉分野では，行政処分の権限を残しつつ，契約という手法を導入する例
がある。老人福祉法は有料老人ホームへの入所を一般的に契約としつつも，行政
処分の権限が定められており（11条），環境上の理由及び経済的理由等の事情があ
れば契約ではなく行政処分による措置入所が講じられる。また，「限りなく処分
に近い契約」と評される契約制度もある。公立保育所への入所は保護者と市町村
間の契約であるが，保育所への入所申し込みに対する不承諾と，保育の解除決定
は「処分」とみなされている。それによって，入所申し込みに対する不承諾と保
育の解除決定を訴訟において争う場合，行政事件訴訟法の当事者訴訟ではなく，
抗告訴訟という類型が用いられる。

規制行政における行政契約

　規制的な行政作用は，規制的であるがゆえに法律・条例に基づき行政処分の形
式をとって行われるが，契約という手法が排除されるわけではない。法律があれ
ば規制は十分というわけではないからである。1968（昭和43）年に初めて締結され
た公害防止協定が代表例である。法律を上回る規制，地域的な特性に対応した規
制が必要である場合，地方公共団体は事業者に対して行政指導を行い，事業者の
任意の協力を得て規制に関する取り決めを結ぶ。深刻な「公害」に悩む地方公共
団体が生み出した手法である。

　現在では廃棄物処理施設の設置にあたり，地方公共団体と事業者間，地域住民
と事業者間で協定が結ばれている。施設が設置される市町村は法律上の廃棄物処
理施設の許可権限・監督権限を有しないが，協定を結ぶことによって市町村や住
民が廃棄物処理施設の操業にあたって立入りが可能となり，操業の様子が情報公
開される。協定が法的拘束力を有するか否かについて，かつて学説は，法的拘束
力を有しないとする紳士協定説と，行政機関が相手方の任意の同意を得て自由意
思により処分できる利益について譲歩を求めることは許されるとする行政契約説
に分かれていたが，最高裁は協定で定められた処分場の使用期限に関する条項の
法的拘束力を肯定した。協定違反に対する罰則や代執行などの強制的措置をとる
ことはできない。あくまで契約違反に対する民事上の措置を講じるにとどまる。

判例15-2　最判平成21年 7 月10日集民231号273頁（産業廃棄物最終処分場使用差止請求事件）

【事案】　事業者 Y（被告，控訴人，被上告人）は，1995（平成 7 ）年 7 月26日，旧福間

町との間で，本件処分場の使用期限を「2003（平成15）年12月31日まで」と定め，上記期限を超えて産業廃棄物の処分を行ってはならない旨を定める公害防止協定を締結した。旧福間町と旧津屋崎町は2005（平成17）年1月24日に合併して市となり，市が旧福間町の地位を承継した。X（市。原告，被控訴人，上告人）は，旧福間町とYとの間の公害防止協定で定められた本件処分場の使用期限が経過したと主張し，同協定に基づく義務の履行として，本件土地を本件処分場として使用することの差止めを求めて訴訟を提起した。1審はXの請求を認容したが，2審は期限条項に法的拘束力を認めることができないとして，Xの請求を棄却した。

【判旨】　破棄差戻「処分業者が，公害防止協定において，協定の相手方に対し，その事業や処理施設を将来廃止する旨を約束することは，処分業者自身の自由な判断で行えることであり，その結果，許可が効力を有する期間内に事業や処理施設が廃止されることがあったとしても，同法に何ら抵触するものではない。したがって，旧期限条項が同法の趣旨に反するということはできないし，同法の上記のような趣旨，内容は，その後の改正によっても，変更されていないので，本件期限条項が本件協定が締結された当時の廃棄物処理法の趣旨に反するということもできない。そして，旧期限条項及び本件期限条項が知事の許可の本質的な部分にかかわるものではないことは，以上の説示により明らかであるから，旧期限条項及び本件期限条項は，本件条例15条が予定する協定の基本的な性格及び目的から逸脱するものでもない。以上によれば，福間町の地位を承継した上告人と被上告人との間において，原審の判示するような理由によって本件期限条項の法的拘束力を否定することはできないものというべきである。」

4　行政が関与する私人間の契約

第三者効のある契約

　「まちづくり」の分野では，住民発意による第三者効のある協定が用いられている。第三者効とは，協定締結後に協定の当事者以外の者が不動産を購入した場合であっても協定の効果が及ぶことをいう。協定の認可というかたちで行政が関与している。建築協定（建築基準法69条）や景観協定（景観法81条），緑地協定（都市緑地法46条）などである。

　建築協定は，区市町村がまず建築協定条例を定め，その区域内における建築物の「敷地」「位置」「構造」「用途」「形態」「意匠」「建築設備」に関する基準のほか，協定の目的となっている土地の区域，協定の有効期間，協定違反があった場合の措置を協定の条項とすることができる。協定にはその区域内の土地所有者，借地権者の全員の合意が必要であり，特定行政庁に申請して認可を得なければならない。それによって，協定には第三者効が認められるようになる。

第Ⅱ部

行政争訟

第16章　行政上の不服申立て

理解のポイント
　　行政処分の効力は，民事訴訟では争うことができない。公定力のある行政処分は，行政争訟（行政上の不服申立て，あるいは，取消訴訟）を提起して取り消さなければならないことを大前提として，行政上の不服申立てと取消訴訟との違い，その関係を理解しよう。

1　行政上の不服申立て制度の意義（1条）

制度の目的

「行政庁の処分に不服がある者」（2条）は，行政不服審査法に基づき，行政機関に対して不服申立てを行うことができる。行政上の不服申立て制度は，国民に「簡易迅速かつ公正な手続」を保障する趣旨で設けられ，行政不服審査法1条が掲げる目的は「国民の権利利益の救済」と「行政の適正な運営を確保すること」の2点である。

後者の目的は行政の自己統制を意味している。裁判所による権利救済には見られない行政不服審査法特有の目的である。行政上の不服申立ての審理において職権探知主義（当事者が主張しない事実を判断の基礎にできる）が採られているのは，権利救済のみならず，行政の自己統制を目的とするからであり，違法に至らない「不当」処分の取消しも，行政の自己統制という目的から説明される。

行政上の不服申立て制度の利点──「簡易迅速」

「簡易迅速」は，行政上の不服申立ての利点である。裁判手続と比較すれば「簡易」な手続である。行政不服審査法には代理人（12条）の規定があるが，代理人を立てずに処分の名宛人本人が不服を申し立てて争うことは十分に可能である。また，訴訟提起には裁判所に手数料を納付しなければならないが，行政上の不服申立ては手数料無料である。

行政法こぼれ話16-1　あやうく無権代理──新人弁護士のミス

　行政上の不服申立ては「簡易な」手続が利点であり，書式も特に定められていない。まず審査請求書を提出しなければならないが，法定の記載事項（19条2項）がきちんと記載されていればよい。書式は問題にならない。行政機関の担当部署は親切に書き方を教えてくれるから，代理人を立てなくても簡単に本人が手続できる。不服申立ての代理人（12条）

は，弁護士，税理士，行政書士等の士業に携わる者である必要はないが，弁護士法72条の規定から，法律に別段の規定がない限り，弁護士または弁護士法人以外の者が報酬を得る目的で代理人をすることができない。

　弁護士の側からすれば，不服申立ては不慣れである。個別の法律によって設置された第三者機関への不服申立てなど，むろん受任する機会はほぼない。事務所に裁判所へ提出する書式はあるが不服申立て用の書式はなく，多くの場合，裁判所へ提出する委任状の書式をそのまま使う。あるとき，担当部局へ提出された書類を確認すると，委任状に瑕疵があった。委任状には訴訟手続のいろいろなことを想定した委任内容が書かれていた。しかし，肝心の不服申立てに関することが一言も書かれていなかったのである。あやうく無権代理のまま審理に入るところであった。新人が初めて不服申立て代理人を務めれば，そういうこともある。

裁判所による審理との違い——「行政庁の不当又は違法な処分」

　行政不服審査法1条1項によれば，不服申立ての対象は「行政庁の不当又は違法な処分その他公権力の行使に当たる処分」である。裁判所は違法・適法の判断をするのに対して，行政上の不服申立てでは「不当」であることによっても取消しができるとする点に特色がある。

行政法こぼれ話16-2　不当と違法はどう違う？

　昔から行政法の教科書は，不服申立てと取消訴訟の違いとして，行政上の不服申立てでは「不当」であることによっても取消しができるとする点を挙げていた。しかし，不当と違法の違い，あるいは区別する基準というものが全く言及されていなかった。不当と違法の違いは，不服申立てと取消訴訟のいずれを選択するかという点において重要であるはずが，最近まで不当に関する研究がほぼ見られなかった。不当に関する研究がない原因というのは，不当による処分取消しがなかったからであろう。旧行政不服審査法の下では認容率が極端に低かった。処分庁に対して異議申立てをする仕組みであったが，処分庁が自分で判断して出したものを素直に見直して取り消すはずもなく，機能していなかった。不当の研究素材がそもそもなかったのである。

　「法令違反や裁量権の逸脱・濫用を違法という」と説明すれば初学者は「違法」を理解できるが，「違法」に該当しない「不当」というものを理解できない。抽象的に説明されるだけでは想像することは難しい。「不当」の具体例で考えてみよう。

　2016（平成28）年に全部改正法が施行され，審理員や行政不服審査会制度が機能するようになると，不当による処分取消しが各地で出されるようになった。都道府県行政不服審査会で扱う多くは生活保護の案件である。たとえば，生活保護の案件において不当と判断されるのは，十分に検討しないままに決定をした，事実認定が不十分であった，確認不足のまま決定をした，というようなことである。それらは違法とまでは言えないが，生活に困窮する者の権利・利益を侵害し，生活保護法の目的を損ない，不当と言えよう。

図表16-1　主な再審査請求

	審査請求先（審査庁）	再審査請求先（再審査庁）
厚生年金保険法	社会保険審査官（90条1項）	社会保険審査会（90条1項）
労働者災害補償保険法	労働者災害補償保険審査官（38条1項）	労働者災害補償保険審査会（38条1項）
生活保護法	都道府県知事（64条1項）	厚生労働大臣（66条1項）

2　不服申立ての種類

　かつて訴願法（明治23年法律第105号。昭和37年行政不服審査法施行と同時に廃止）は法律で列挙されたものを対象とする列記主義をとっていたが、行政不服審査法は「処分」一般を対象とする概括主義である。行政不服審査法が定めている不服申立ては、①審査請求（2条・3条）、②再調査の請求（5条）、③再審査請求（6条）の3種類であるが、一般的に用いられるのは、①審査請求であり、行政庁の不作為（申請から相当の期間が経過したにもかかわらず、何らの処分をしない）についても審査請求が可能である（3条）。

再調査の請求，再審査請求

　再調査の請求、再審査請求は、個別の法律にそれができることが記されていなければすることができない。法律に再調査の請求ができるとされていても、審査請求を提起した場合にはすることができない（5条1項）。再調査の請求が主に用いられるのは、不服申立てが毎年大量に行われる税法分野であり、国税通則法（81条、82条）、関税法（89条）などに規定がある。このほかに公害健康被害の補償等に関する法律（106条1項）などにも規定がある。

　再審査請求の規定があるのは、図表16-1からわかるように、主に社会保障法の分野である。

審査請求をすべき行政庁（4条）

　行政不服審査法4条1号〜4号は「審査請求をすべき行政庁」（＝審査庁。つまり、審査請求先）を定めている。「審査請求をすべき行政庁」は、個別の法律が規定している場合もあるが、個別の法律に特別の規定がなければ、行政不服審査法4条1号〜4号により、審査請求をすべき行政庁（審査庁）が定まる。

理解のポイント
　思い出そう「行政庁」の意味！　4条で使われている用語の意味
「行政庁」とは，行政主体のために，その意思を決定し外部に表示する権限を有する行政機関である。法律上，行政処分をする権限を有する（処分庁ともいう）。不作為とは処分をすべきであるのに処分をしないままとしていることであるから，処分庁と不作為庁は同じである。

　　　行政庁＝処分庁＝不作為庁
　　　「審査請求をすべき行政庁」＝審査庁
　　　上級行政庁＝当該事務に関し，処分庁等を指揮監督する権限を有する行政庁
　　　最上級行政庁＝それ以上の上級行政庁を有しない行政庁

1）処分庁等または不作為庁に上級行政庁がない場合⇒審査庁は，当該処分庁等（1号）

【具体例】
　会計検査院の長，市町村長，都道府県知事，地方公共団体の長以外の執行機関（委員会および委員），特別地方公共団体の長が行った処分

2）処分庁等が主任の大臣，宮内庁長官，内閣府設置法49条1項（内閣府に外局としておかれる委員会と庁），2項（法律で国務大臣をもってその長に充てることと定められている委員会に置かれた委員会または庁），国家行政組織法3条2項（同法により国の行政機関として置かれるもの）に規定する庁の長である場合⇒審査庁は，当該処分庁等（1号）

【具体例】
　主任の大臣，宮内庁長官，内閣府の外局（公正取引委員会，国家公安委員会，個人情報保護委員会，カジノ管理委員会，金融庁，消費者庁。内閣府設置法49条1項）の長が行った処分

3）宮内庁長官，内閣府設置法49条1項，2項，国家行政組織法3条2項に規定する庁の長が処分庁等の上級行政庁である場合⇒審査庁は，宮内庁長官または当該庁の長（2号）

【具体例】
　宮内庁地方支分部局　京都事務所所長が行った処分
　⇒宮内庁長官が審査庁
　海上保安庁地方支分部局　管区海上保安部長が行った処分
　⇒海上保安庁長官

4）主任の大臣が処分庁等の上級行政庁である場合（4条1号，2号に掲げる場合を除く。つまり，1）〜3）を除く）⇒当該主任の大臣（3号）

【具体例】（復興庁には復興大臣がいるが，主任の大臣は内閣総理大臣）
復興庁の主任の大臣は内閣総理大臣（復興庁設置法6条）
内閣府の主任の大臣は内閣総理大臣（内閣府設置法6条）

5）4条1号〜3号（上記の1）〜4）に掲げる場合以外の場合）⇒当該処分庁等の最上級行政庁

【具体例】国土交通省
運輸支局長（処分庁）→地方運輸局長（上級行政庁）→国土交通大臣（最上級行政庁）
運輸支局長が行った処分⇒最上級行政庁である国土交通大臣が審査庁

3 審査請求の適法要件

審査請求の要件を満たさなければ，審査請求は不適法であるとして「却下」となる。審査請求の対象，審査請求を提起する資格（審査請求をする法律上の利益の有無），審査請求期間内かどうか，といった点が判断される。

審査請求の対象

審査請求の対象となるのは，「行政庁の違法又は不当な処分その他公権力の行使に当たる行為」（1条）である。「処分」と「その他公権力の行使に当たる行為」が対象であり，「その他公権力の行使に当たる行為」とは，権力的事実行為を意味する。改正前行政不服審査法（2条1項）には不服申立ての対象として「公権力の行使に当たる事実上の行為で，人の収容，物の留置その他その内容が継続的性質を有するもの」と明記されていたから，権力的な継続的事実行為は新法においても当然に対象となる。

不服申立適格（審査請求適格）

不服申立て（審査請求）を提起する資格を不服申立適格（審査請求適格）という。処分の名宛人は当然に不服申立適格（審査請求適格）を有するが，処分の名宛人以外の第三者に関して問題となる。第三者のどういう範囲に資格を認めるかという議論である。行政不服審査法には不服申立適格に関する条文が置かれていないが，判例・学説は行政事件訴訟法9条「原告適格」と同様に，不服申立適格は不服申立てをする「法律上の利益を有する者」に認められるとしている。

　不服申立適格のリーディングケースは，最判昭和53年3月14日民集32巻2号211頁（主婦連ジュース事件）ある。最高裁は主婦連ジュース事件において，景表法（不当景品類及び不当表示防止法）は公益の実現を目的としており，一般消費者は公益保護の結果として反射的利益を受けるにすぎないから，不服申立適格を認められないとした。2006（平成18）年に消費者契約法で適格消費者団体の団体訴訟が制度化され，現在の景表法30条も適格消費者団体の差止請求権を規定している。しかし，現代でも行政争訟において一般消費者の立場で争訟を提起する資格は認められていない。

判例16-1　最判昭和53年3月14日民集32巻2号211頁（主婦連ジュース事件）

【事案】　公正取引委員会は，1971（昭和46）年3月5日，社団法人日本果汁協会ほか3名の申請に基づき，「果汁飲料等の表示に関する公正競争規約」を認定した。この規約によれば，果汁含有率5％未満または果汁を含まないものもそれを明記せずに「合成着色料」「香料使用」などと表記すればよかった。Xら（原告，主婦連合会および同会会長）は，一般消費者の立場で，このような表示の方法が不適切なものであることを理由に，当時の景表法10条6項に基づきY（被告，公正取引委員会）に対して不服の申立てをした。

　Yは Xらには不服申立適格がないとして，申立てを却下する審決をした。Xらは却下審決の取消しを求めて東京高等裁判所に審決取消訴訟を提起したが，東京高裁も不服申立適格を認めず請求を棄却したため，Xらが上告した。

【判旨】　上告棄却。景表法10条6項の定める不服申立手続は，行政上の不服申立ての一種に他ならないから，「景表法の条項にいう「第一項……の規定による公正取引委員会の処分について不服があるもの」とは，一般の行政処分についての不服申立の場合と同様に，当該処分について不服申立をする法律上の利益がある者，すなわち，当該処分により自己の権利若しくは法律上保護された利益を侵害され又は必然的に侵害されるおそれのある者をいう，と解すべきである。」景表法の規定により一般消費者が受ける利益は，「同法の規定の目的である公益の保護の結果として生ずる反射的な利益ないし事実上の利益であつて，本来私人等権利主体の個人的な利益を保護することを目的とする法規により保障される法律上保護された利益とはいえないものである。」「単に一般消費者であるというだけでは，公正取引委員会による公正競争規約の認定につき景表法10条6項による不服申立をする法律上の利益をもつ者であるということはできない」。

審査請求書の提出（19条）

　審査請求は，他の法律（条例に基づく処分については，条例）に口頭ですることができる旨の定めがある場合を除き，審査請求書を提出しなければならない。審査

請求書に記載すべき事項は19条2項に列記されている。もし提出された審査請求書に不備があれば，審査庁は相当の期間を定めて補正を命じなければならない（23条）。

教示（82条），誤った教示をした場合の救済方法（22条）

審査請求書の提出先は4条の定めによる。82条1項は行政庁に教示の義務を課し，行政庁は不服申立てができる処分をするときは，処分の相手方に対し，当該処分につき不服申立てをすることができること，不服申立てをすべき行政庁，不服申立てをすることができる期間を書面で教示しなければならない。誤った教示をした場合の救済方法は22条に定められている。処分庁が誤って審査請求をすべき行政庁でない行政庁を，審査請求をすべき行政庁として教示した場合，その教示された行政庁に書面で審査請求がされたときは，当該行政庁は，速やかに，審査請求書を処分庁又は審査庁となるべき行政庁に送付し，かつ，その旨を審査請求人に通知しなければならない。

審査請求期間（18条）

処分について審査請求ができるのは，処分があったことを知った日の翌日から起算して3か月（主観的審査請求期間），当該処分について再調査の請求をしたときは，当該再調査の請求についての決定があったことを知った日の翌日から起算して1か月と定められている（18条1項）。この期間を過ぎると審査請求をすることができない。

1項は「処分があったことを<u>知った日</u>」を起算点としている。しかし1項によれば，処分があったことを知らなければ，いつまででも審査請求ができることになってしまう。そこで，2項には処分があったことを知ったか否かを問わず，<u>処分があった日</u>の翌日から起算して1年を経過したときはすることができないと定められている（客観的審査請求期間。18条2項）。

1項も2項も「正当な理由があるときは，この限りでない。」という但し書きが付いているが，ここでいう「正当な理由」とは，審査請求期間が教示されなかった，誤って長期の審査請求期間が教示された，などを指すと解されている。

4　審査請求の審理手続──二段階審査の導入

審理員による審理

平成26年全部改正行政不服審査法は，審理員による審理と，第三者機関によるチェックを保障する仕組みを導入した。改正前行政不服審査法の異議申し立てと

いう仕組みは処分に関わった職員が審理に関与することがあり，新しい制度は中立・公正な審理のために，処分に関わらない職員が審理員として審理を主宰することとなった。ただし，行政委員会が審査庁となるときは審理員による審理は行われない（9条1項ただし書）。審査請求書が審査庁に提出されると，審査庁は審査庁に所属する職員の中から審理員を指名する（9条1項）。「審査庁に所属する職員」には任期付き職員や非常勤職員も含まれるため，弁護士など外部の人材を登用することも可能である。

　審査請求書が審査庁に提出された後，審理員による審理が行われる。審理員は処分庁に弁明書の提出を求め（29条2項），審査請求人は弁明書に対する反論書（30条1項），参加人は意見書（30条2項）を提出することができる（参加人とは，13条により審理に参加した利害関係人である）。審理は職権主義をとり，手続は審査請求人または参加人の申立てによるほか，審理員の職権で進んでいく（職権進行主義）。

　審理員は，必要な審理を終えたと認めるときは審理手続を終了し（41条），遅滞なく，審査庁がすべき裁決に関する意見書（審理員意見書）を作成し，事件記録とともに審査庁に提出しなければならない（42条1項）。審査庁が裁決として最終的な判断をするにあたり，事件記録と審理員意見書は非常に重要であるが，法的拘束力はない。

手続的権利の保障

　審理は書面主義をとっているが，口頭意見陳述を審査請求人または参加人が申し立てれば，審理員はその機会を与えなければならない（31条1項：口頭意見陳述権）。審理員は意見陳述に際してすべての審理関係人を招集し（31条2項），口頭意見陳述に際し，申立人は審理員の許可を得て，審査請求に係る事件に関し，処分庁に対して，質問を発することができる（31条5項：質問権）。この質問権は書面主義の欠点を補い，書面では伝わり難いものも直接に問い質すことによって疑問点を明らかにすることができる。この他に，審査請求人および参加人には，証拠書類または証拠物を提出する権利（32条1項），参考人の陳述および鑑定を求める権利（34条），必要な場所につき検証を求める権利（35条），提出書類等の閲覧権・写しの交付を求める権利（38条1項）などが認められている。

第三者機関によるチェック──行政不服審査会

　審査庁は，審理員意見書の提出を受けたときは，原則として第三者機関である行政不服審査会等に諮問しなければならない。諮問が不要であるのは，処分の前または後に第三者機関に諮問する仕組みがとられている場合，審査請求を不適法

として却下する場合，審査請求の内容を全部認容する場合，行政不服審査会等が諮問を要しないとする場合，審査請求人が諮問を希望しない場合である。審理員意見書が出された後に第三者機関に諮問するのは，独立性を有する第三者機関がチェックすることによって手続の公正さを保つためであるが，結論を得るまでにさらに時間がかかってしまう。権利救済の手続が長期化することを審査請求人が望まないこともある。

　行政不服審査会は，必要があると認める場合には，審査庁に資料の提出を求め，審査請求人，参加人から書面・資料の提出を受け，適当と認める者にその知っている事実を陳述させ，または鑑定を求めるなど，必要な調査をすることができる（74条　調査権）。審査請求人から申立てがあった場合には，口頭で意見を述べる機会が与えられる（75条　意見の陳述）。そのような調査・審査を経て，行政不服審査会は諮問に対する答申を行い，審査庁はそれを踏まえて裁決を行う。

5　仮の権利救済——執行停止

執行不停止原則

　行政不服審査法は，執行不停止原則をとる。つまり，不服申立てを提起しただけでは処分の効力，執行，手続はとどまらない。25条1項は「審査請求は，処分の効力，処分の執行又は手続の続行を妨げない」と規定しているため，審査請求人は審査請求の申立てとは別に，執行停止の申立てをしなければならない。

　審査請求人の申立てによるだけでなく，審理員は，必要があると認める場合には，審査庁に対し執行停止の意見書を提出することも認められ（40条），審査庁が，職権で執行停止を行うこともある。「処分庁の上級行政庁又は処分庁である審査庁」の場合には，「処分の効力，処分の執行又は手続の続行の全部又は一部の停止」という執行停止の他に，「その他の措置」をとることもできる（25条2項）。「その他の措置」とは，暫定的に原処分を変更するなどの「処分の効力，処分の執行又は手続の続行の全部又は一部の停止」と同様の効果をもつ措置である。

義務的執行停止

　「執行停止をしなければならない」のは，審査請求人の申立てがあって，「処分，処分の執行又は手続の続行により生ずる重大な損害を避けるために緊急の必要があると認めるとき」である。ただし，執行停止をすることによって「公共の福祉に重大な影響を及ぼすおそれがあるとき」，または「本案について理由がないとみえるとき」には義務的なものではない（25条4項）。「本案について理由がな

いとみえるとき」とは，換言すれば，審査請求が認容されないであろうと予測されるときである。

　処分の執行停止には，処分の効力停止，執行の停止，手続停止，という3つがある。この3つのうち，いずれを選択するかという問題であるが，処分の効力を止めるまでもなく，手続や事実行為の執行を止めれば済むということであれば，処分の効力を止めるまでもない。25条6項は「第2項から第4項までの場合において，処分の効力の停止は，処分の効力の停止以外の措置によって目的を達することができるときは，することができない。」と定めている。

執行停止の考慮，勘案事項

　執行停止をすべきか否かの判断に際して，考慮，勘案すべきことが明記されている。「損害の回復の困難の程度」を考慮するものとし，「損害の性質及び程度並びに処分の内容及び性質」をも勘案するものとする（25条5項）。

> **行政法こぼれ話16-3　開発審査会（都市計画法）と執行停止**
> 　行政不服審査法25条3項は「処分庁の上級行政庁又は処分庁のいずれでもない審査庁は，必要があると認める場合には，審査請求人の申立てにより，処分庁の意見を聴取した上，執行停止をすることができる。」と定めている。2項と3項の違いがわかるだろうか？　3項の場合，「処分庁の上級行政庁又は処分庁のいずれでもない審査庁」とは，第三者機関が審査庁になっていることを意味している。第三者機関が審査庁のとき，職権による執行停止は認められておらず，審査請求人の申立てしか規定されていない。そして「その他の措置」をとることができない。
> 　あるとき，開発審査会へ隣地に出された開発許可の取消しを求める審査請求が出されたことがある。開発工事によって境界近くにある木が切り倒されると根が腐り，境界を越えて木の根が及んでいる自宅が傾く，という主張であった。執行不停止原則であるから，審査請求を提起しただけでは審査請求人が心配している工事は止まらない。しかし，審査請求人は審査請求をしたが，執行停止の申立てをしていなかったのである。
> 　処分庁に義務付けられている教示には，執行停止に関することは含まれていない。執行停止に関する手続は，自分から尋ねなければ誰も教えてくれないが，開発審査会には職権による執行停止が認められていない。第三者機関の審査庁は中立性において優れているが，処分庁のように，権限を行使して事態に対応するということができないのである。

6　裁　決

裁決の種類

　裁決は，不服申立ての要件を欠く不適法な申立てに対する却下裁決（45条1項），審理の結果審査請求に理由がないとして退ける棄却裁決（45条2項），審査請求に理由があるとして認める認容裁決（46条）の3種である。

　棄却裁決の一種として，いわゆる事情裁決がある。46条3項は「取り消し，又は撤廃することにより公の利益に著しい障害を生ずる場合」に，違法・不当であることを認めても，処分の取消しや事実行為の撤廃を行わないことがある。この場合には，審査庁は，裁決の主文で，当該処分が違法または不当であることを宣言しなければならない。

認容裁決

　認容裁決は，審査請求の内容に応じて異なる。処分についての審査請求に理由がある場合，審査庁は，裁決で，当該処分の全部もしくは一部を取り消し，又はこれを変更する（46条1項）。申請拒否処分について全部または一部を取り消す場合，処分庁の上級行政庁が審査庁であるとき，審査庁は当該処分庁に対し，当該処分をすべき旨を命ずる（46条2項1号）。審査庁が処分庁であるときは，当該処分をする（46条2項2号）。

　事実上の行為についての審査請求に理由がある場合，審査庁は，裁決で，当該事実上の行為が違法または不当である旨を宣言するとともに，審査庁の区分に応じて措置を講じる。ただし，審査庁が処分庁の上級行政庁以外の審査庁である場合には，当該事実上の行為を変更すべき旨を命ずることはできない。審査庁が処分庁以外であるときは，当該処分庁に対し，当該事実上の行為の全部もしくは一部を撤廃し，またはこれを変更すべき旨を命ずる（47条1号）。審査庁が処分庁であるときは，当該事実上の行為の全部もしくは一部を撤廃し，またはこれを変更する（47条2号）。

不利益変更の禁止

　上級行政庁と処分庁が審査庁であるとき，当該処分や当該事実上の行為を「変更」することができるが，審査庁は審査請求人の不利益に変更することができないことが明文化されている（48条）。

裁決の効力

　裁決は，関係行政庁を拘束する（52条1項）。これを裁決の拘束力という。申請に対する処分が裁決で取り消された場合，処分庁は裁決の趣旨に従い，改めて申請に対する処分をしなければならない（52条2項）。

　裁決は，行政処分の一種である。したがって，公定力，不可争力，そして裁判類似の紛争裁断行為であるので，不可変更力があるとされる。

7　特別の不服申立て

特別法と一般法

　行政不服審査法は行政上の不服申立ての一般法である。個別の法律が特に不服申立てについて規定を置いている場合，個別の法律の規定が優先する。**図表16-1**にある法律や，**行政法こぼれ話16-3**にある都市計画法など，不服申立てについて特別の規定が置かれている。つまり，特別法と一般法の関係である。

不服申立前置主義

　平成26年行政不服審査法全部改正のとき，不服申立前置主義を定めていた96法律が同時に見直され，47法律で不服申立前置が全廃止された。不服申立前置が残ったのが，**図表16-1，16-2**の仕組みである。生活保護法の場合，従前から都道府県知事への審査請求の裁決を経た後でなければ訴訟提起できないこととされ，平成26年法改正時の見直しでも仕組みは変わらなかった。

　これまで教科書に登場した国家公務員の懲戒処分，固定資産税の過徴収の問題は，不服申立前置の事案である。不服申立前置を理解することによって，判例の理解が深まるであろう。

行政審判

　裁判類似の準司法的手続で不服申立てを審査する場合，学問上，行政審判という分類がある。学問上の定義というものが定まっているわけではなく，事前手続としての制度，私人間の紛争に関する手続，事後手続として不服申立制度をも含める学説もある。したがって，行政法教科書で行政審判の説明の仕方は論者によって異なるが，実定の制度にはある一定の共通項が見られるのである。審理を担当する機関が通常の行政組織から独立性があり，審理には裁判類似の準司法的手続がとられる，という点である。

　しかし，学説のいう準司法的手続というものが何を指すかが定まっているわけではない。かつて改正前行政不服審査法の書面審理と，主宰する審理官を指名する三者構造の対審構造には大きな差があった。しかし現行行政不服審査法は，原処分とは関わりのない中立的な審理員が審理し，審査請求人または参加人が希望すれば，関係人をすべて集めた対審構造での審理も可能である。かつて大きかった審理手続の差が，法改正によって現代では縮小していると言えよう。

　電波法に基づき設置される電波監理審議会への審査請求，審理手続は，学説が共通して行政審判に分類する一例である。不服申立ての手続や，主宰者である審

図表16-2　不服申立前置の主な例

不服申立前置を定める条文	審査庁
国家公務員法92条の2	人事院
地方公務員法51条の2	人事委員会または公平委員会
国税通則法115条1項柱書	その処分をした税務署長・国税局長または税関長，国税不服審判所長，国税庁長官
地方税法（固定資産税について）434条2項	固定資産評価審査委員会
生活保護法69条	都道府県知事
公害健康被害の補償等に関する法律108条	公害健康被害補償不服審査会

理官による審理手続が電波法に独自に規定され，審査請求と訴訟の関係が，通常の不服申立てとは大きく異なっている。電波法は，電波監理審議会の裁決に対して東京高等裁判所の専属管轄を定め (97条)，二審制である。そして，事実認定の拘束力について「電波監理審議会が適法に認定した事実は，これを立証する実質的な証拠があるときは，裁判所を拘束する。」(99条1項) と明文で定めている。これを実質的証拠の原則というが，第三者機関の審査庁におしなべて認められるわけではない点に注意が必要である。

8　原処分主義と裁決主義（行政事件訴訟法10条2項）

最後に，審査庁の裁決に対して不服がある場合，その争う方法が問題となる。図表16-1に挙げたように，法律が再審査請求を可能とする旨を定めていることもあるが，それは数少ない。

原処分主義

審査請求に対する審査庁の結論である「裁決」は行政処分であるから，取消訴訟を提起することになる。ただし，裁決に不服があっても，裁決の取消訴訟を起こすことはできない。行政事件訴訟法10条2項が「処分の取消しの訴えとその処分についての審査請求を棄却した裁決の取消しの訴えとを提起することができる場合には，裁決の取消しの訴えにおいては，処分の違法を理由として取消しを求めることができない。」と規定しているからである。これは原処分主義と呼ばれる規定であって，裁決に不服があっても裁決の取消しを求めるのではなく，そもそもの処分 (原処分) を対象として取消訴訟を提起すべきことを定めている。

人事院の修正裁決によって原処分は消滅したのか？

国家公務員が懲戒処分に不服があるとき，まず人事院に不服申立てを提起しな

ければならない。人事院の修正裁決がだされた場合，修正裁決によって原処分が消滅したのか否かという論点がある。最判昭和62年4月21日民集41巻3号309頁の事案は，停職6か月という原処分を6か月の減給10分の1という処分に修正したというものであった。最高裁は，「原処分は，当初から修正裁決による修正どおりの法律効果を伴う懲戒処分として存在していたものとみなされる」と述べ，原処分は消滅して争えないのではなく，修正裁決によって変更された形で当初から存在していたものとみなされ，原処分として争うことを認めた。

裁決主義

裁決の取消訴訟を提起すべき場合は，個別の法律が裁決の取消訴訟を提起することを明文で定めている場合である。これを裁決主義という。電波法96条の2は「この法律又はこの法律に基づく命令の規定による総務大臣の処分に不服がある者は，当該処分についての審査請求に対する裁決に対してのみ，取消しの訴えを提起することができる。」と定めている。

「裁決の取消しの訴え」と「裁決固有の瑕疵」

次に，行政事件訴訟法3条3項に「裁決の取消しの訴え」がある。この3条3項「裁決の取消しの訴え」は原処分の違法を主張するものではなく，「裁決固有の瑕疵」を理由に裁決の違法を主張する訴訟である。ここでいう「裁決固有の瑕疵」とは，たとえば審理手続において審査請求人に当然に認められるべき手続的権利が認められなかったなど，裁決自体に瑕疵があった場合である。

第**17**章　行政訴訟概説

理解のポイント

　日本国憲法の三権分立の考え方が，行政訴訟の在り方にどのような影響を及ぼしているかを理解しよう。

1　日本国憲法と行政訴訟

行政裁判所の廃止

　明治憲法61条は「行政官庁ノ違法処分ニ由リ権利ヲ傷害セラレタリトスルノ訴訟ニシテ別ニ法律ヲ以テ定メタル行政裁判所ノ裁判ニ属スヘキモノハ司法裁判所ニ於テ受理スルノ限ニ在ラス」と定めていた。明治憲法制定にあたり，わが国が参考にした大陸法系諸外国の例をみれば，行政裁判所を設置するについて司法権に属せしめるもの，行政権に属せしめるもの，2通りがあった（英米法系諸国にはそもそも行政裁判所という特別の裁判所はない）。わが国の行政裁判所は司法裁判所とは別系統の裁判所であり，行政権に属するものであった。

　日本国憲法制定時に指摘された行政裁判所の欠点は，1審にして最終審かつ東京に1か所しかない，行政裁判所判決の遅延，行政裁判所は偏頗（へんぱ）であって原告を敗訴させることが多い，という3点であった。

平野事件

　日本国憲法施行（1947（昭和22）年5月3日施行）と同日に施行となった裁判所法によって行政裁判所は廃止され，その対応として，同日に「日本国憲法の制定に伴う民事訴訟法の応急的措置に関する法律」が施行された。行政事件についてはわずか1か条規定が置かれていた（「第8条　行政庁の違法な処分の取消又は変更を求める訴は，他の法律（昭和22年3月1日前に制定されたものを除く。）に特別の定めがあるものを除いて，当事者がその処分があったことを知った日から6か月以内に，これを提起しなければならない。但し，処分の日から3年を経過したときは，訴を提起することができない。」）。つまり，出訴期間について特別の規定はあるが，それ以外は，民事訴訟法に従って手続が行われるということであった。

　このような民事事件と特段の差異を設けない行政事件の訴訟手続を見直す契機となったのは，1948年に起きた平野事件であった。衆議院議員平野力三がGHQの指令による公職追放処分となり，東京地方裁判所に仮処分の訴えを提起したと

図表17 - 1　訴訟法年表

1890（明治23）年10月 1 日施行 1890（明治23）年10月10日施行	行政裁判法 ＊出訴事項については，法律第106号に列記 法律第106号
1890（明治23）年10月10日施行 ＊1962（昭和37）年行政不服審査法施行と同時に廃止	訴願法 ＊行政訴訟は訴願前置主義（不服申立前置主義）をとることが行政不服審査法施行まで続いていた
1947（昭和22）年 5 月 3 日施行	日本国憲法の制定に伴う民事訴訟法の応急的措置に関する法律
1948（昭和23）年 7 月15日施行	行政事件訴訟特例法
1962（昭和37）年10月 1 日施行	行政事件訴訟法
2004（平成16）年行政事件訴訟法改正	義務付け訴訟，差止訴訟の法定

ころ，東京地方裁判所が地位保全の仮処分を認めた事件である。東京地方裁判所は，公職追放処分は行政処分であり，日本国憲法の制定に伴う民事訴訟法の応急的措置に関する法律によれば出訴期間の定めを除いて特に民事事件と区別するところはなく，民事の仮処分による地位保全を可能であるとしたのである。

　しかしそれはGHQの指令に基づく行政処分を民事訴訟で覆せることを意味し，GHQの統治には甚だ不都合であった（最高裁長官が公職追放事件について日本の裁判所は管轄権を有しないという声明を出し，東京地方裁判所は仮処分を取り消した）。そのため，GHQは行政事件を特に区別する方針に転換し，民事事件に対する特色を明らかにした12か条からなる1948（昭和23）年行政事件訴訟特例法（昭和23年法律第81号）が制定された。その 1 条は「行政庁の違法な処分の取消又は変更に係る訴訟その他公法上の権利関係に関する訴訟については，この法律によるの外，民事訴訟法の定めるところによる。」と定めて，「処分」を対象として訴訟を提起すべきこと，訴願前置主義，出訴期間，仮処分の排除，執行停止に対する内閣総理大臣の異議，違法であっても公共の福祉に適合しない場合に請求を棄却することを認める事情判決など，現代の行政事件訴訟法に通じる制度が規定された。

行政法こぼれ話17 - 1　違憲立法審査権と行政事件訴訟特例法

　日本国憲法81条違憲立法審査権は，実質的法治国の実現のため，憲法学のみならず行政法学でも重要であることは言うまでもない。しかし，憲法学・行政法学が違憲立法審査権を訴訟法の観点から論じることはあまりない。81条は審査の対象を「一切の法律，命令，規則又は処分」と列記しているにもかかわらず，行政事件訴訟特例法の対象は 1 条「行政庁の違法な処分」「公法上の権利関係」である。なぜ「法律，命令，規則」は行政事件訴訟特例法で対象外とされたのであろうか。

　1948（昭和23）年 7 月行政裁判資料第 1 号『行政事件訴訟特例法解説』（最高裁判所事務

局行政部）には，違憲立法審査権に関わる説明らしきものはわずか3行，第1条「違法な処分」という文言の解説として現れる。「本条にいう行政庁の違法な処分には，その処分が直接憲法その他の法令に違背した場合だけでなく，その処分の根拠となった法令が憲法その他の法令に違背した場合を含むものである。」と述べられている。

2　行政訴訟の類型

理解のポイント

　　行政事件訴訟法が行政訴訟を類型化したこと，「抗告訴訟」（とりわけ，その一種の取消訴訟）が行政事件訴訟法の中核にあることを理解しよう。行政事件訴訟法の規定の大部分が抗告訴訟に関するものである。

① 抗告訴訟とは，行政庁の公権力の行使に関する「不服の訴訟」である。一言で「不服がある」といっても，「不服」にも様々なバリエーションがある。その「不服」のバリエーションに対応する形で，抗告訴訟の類型となっていることを理解しよう。

② 自己の法律上の利益と関係のないことを理由とする訴訟を提起することは，基本的に許されない。それが特に許されるのは，法律が特に定める場合（客観訴訟）である。

主観訴訟と客観訴訟

　行政事件訴訟法2条は，行政訴訟の類型として「抗告訴訟」「当事者訴訟」「民衆訴訟」および「機関訴訟」を列挙する。4つの類型は，主観訴訟と客観訴訟に大別される。このうち抗告訴訟と当事者訴訟は，自己の権利利益の侵害を理由として，主観的利益の保護のために提起される訴訟である。裁判所法3条にいう「法律上の争訟」に該当する。

　これに対して客観訴訟とは，自己の権利利益の保護とは関わりのない訴訟であり，特に法律が定めることによって訴訟の資格が設けられる。民衆訴訟と機関訴訟が客観訴訟に分類される。

主観訴訟──抗告訴訟（3条）

　行政事件訴訟法の中核に位置するのは，抗告訴訟（行政庁の公権力の行使に関する不服の訴訟）である。3条は抗告訴訟として「処分の取消しの訴え」（2項），「裁決の取消しの訴え」（3項），「無効等確認訴訟」（4項），「不作為の違法確認の訴え」（5項），「義務付けの訴え」（6項），「差止めの訴え」（7項）を列挙している。

　1962年の法律制定時からある訴訟類型は，「処分の取消しの訴え」，「裁決の取消しの訴え」，「無効等確認訴訟」，「不作為の違法確認の訴え」の4つである。

「処分の取消しの訴え」がいわゆる
取消訴訟と呼ばれ，抗告訴訟の中で
も中心に位置する。「処分の取消し
の訴え」がもっともよく使われる。

図表 17 - 2　主観訴訟と客観訴訟

　裁決も行政処分であるが，第16章
ですでに学んだように，行政事件訴
訟法10条2項は裁決に不服があっても原処分の取消しを求めるべきことを定めて
いる。3項の「裁決の取消しの訴え」は，個別の法律が裁決の取消しを提起すべ
きと定めているとき（裁決主義），そして原処分主義をとるとしても「裁決固有の
瑕疵」があるときに提起する。4項の「無効等確認訴訟」は，「処分若しくは裁決
の存否又はその効力の有無の確認を求める訴訟」であるが，後述するように，他
に争える手段があるときは提起することができない。

　2004年（平成16年）に追加された訴訟類型が，「義務付けの訴え」（6項）と「差止
めの訴え」（7項）の2つである

行政法こぼれ話17 - 2　「無名抗告訴訟」は名前が悪い

　平成16年法改正により，抗告訴訟に義務付け訴訟と差止め訴訟が新たに加わり，教科書
にあまり見られなくなった用語がある。「無名（むめい）抗告訴訟」である。昔，この「無名
抗告訴訟」という用語の意味を学生に理解させるのが一苦労であった。「無名」って何です
か？　と学生は質問してきた。
　簡単に言えば，「不服の訴訟」のバリエーションは法定の4つに尽きず，名前はないが
もっとバリエーションを考える余地がある，ということであった。学説がドイツ法に学ん
で盛んに提唱したのが義務付け訴訟であった。命名者はわからないが「無名抗告訴訟」とい
う学説名がわかりにくかったと思う。法定外抗告訴訟のままのほうが学生にはわかりやす
かったのではないだろうか。

主観訴訟──当事者訴訟（4条）

　4条当事者訴訟の条文は，意味合いの異なる2つの当事者訴訟を含んでいる。
実質的には抗告訴訟であるが「法令の規定により」当事者訴訟の形をとる形式的
当事者訴訟と，公法上の法律関係に関する実質的当事者訴訟である。後者の実質
的当事者訴訟の性質は，民事訴訟とほとんど変わらないとされる。平成16年法改
正により，実質的当事者訴訟に関する部分に「公法上の法律関係に関する確認の
訴え」が挿入された。これは新しい訴訟が挿入されたのではなく，従来から適用
されていた確認訴訟を明確に位置付けたにすぎない。確認訴訟を活用することが
期待されたのである。

客観訴訟——民衆訴訟（5条），機関訴訟（6条）

　民衆訴訟とは，「国又は公共団体の機関の法規に適合しない行為の是正を求める訴訟で，選挙人たる資格その他自己の法律上の利益にかかわらない資格で提起するもの」をいう。法律で特に定められた訴訟である。自己の権利利益の主張に関わらない「法規に適合しない行為の是正を求める訴訟」であることと，誰でも訴訟提起できるのではなく「選挙人たる資格その他自己の法律上の利益にかかわらない資格」が求められる点が重要である。

　民衆訴訟の典型例は，公職選挙法に基づく選挙の効力に関する訴訟（公選法203条・204条），地方自治法に基づく住民訴訟（地自法242条の2）である。憲法で学んだ議員定数是正訴訟は公職選挙法に基づく選挙の効力に関する訴訟であり，津地鎮祭訴訟，愛媛玉ぐし料訴訟，空知太神社訴訟は住民訴訟である。

　機関訴訟とは，「国又は公共団体の機関相互間における権限の存否又はその行使に関する紛争についての訴訟」をいう。権限をめぐる機関相互間の訴訟であり，私人とは関わりのないものである。機関訴訟の典型例は，地方自治法176条議会の瑕疵ある議決又は選挙に関する瑕疵をめぐる訴訟である。

第18章　取消訴訟の訴訟要件：概説

理解のポイント

　取消訴訟の訴訟要件は非常に厳しい。その主張を審理する本案で決着がつく民事訴訟に比べて，取消訴訟は本案に入る前に，訴訟の入口で退けられてしまうことが多い（いわゆる門前払い）。民事訴訟と取消訴訟の違いを，訴訟要件の観点から大まかに頭に思い描こう！

　取消訴訟の被告適格は，平成16年法改正により原則的な考え方が，処分を行った「行政庁」から，処分を行った行政庁が属する「行政主体」へと変わった。「行政庁」と「行政主体」の概念を再確認しよう！

1　取消訴訟と７つの訴訟要件

　行政事件訴訟法において中心となる訴訟は「行政庁の公権力の行使に関する不服の訴訟」である抗告訴訟であり，その中でも取消訴訟がもっとも利用される訴訟である。

　取消訴訟の訴訟要件として挙げられるのは，審査請求前置，出訴期間，被告適格，裁判所の管轄，処分性，原告適格，（狭義の）訴えの利益という７つである。このうち，行政事件訴訟法の定めに従って求められる形式を満たしているか否かが客観的に判断される出訴期間，審査請求前置，被告適格，裁判所の管轄という４つの訴訟要件と，行政事件訴訟法の規定に照らして事案ごとに判断される，処分性，原告適格，訴えの利益という３つの訴訟要件に分かれる。前者を客観的訴訟要件，後者を主観的訴訟要件ということがある。

　処分性，原告適格，訴えの利益という訴訟要件のいずれかを満たしていないという理由で却下されることが多く，処分性，原告適格，訴えの利益を「３点セット」と揶揄されることもある。審査請求前置，出訴期間，被告適格，裁判所の管轄が個別に形式的に判断されるのに対して，裁判所は処分性，原告適格，訴えの利益を明確に区別して別個に判断するというわけではない。とりわけ，原告適格と訴えの利益には分かち難い点がある。

　処分性，原告適格，訴えの利益は，後述するように，多くの最高裁判例・学説の蓄積がある。４つの客観的訴訟要件とは異なって，３つの訴訟要件の可否について行政事件訴訟法の条文からすぐに答えが導けるものではない点に難しさがある。

2　審査請求前置

自由選択主義（8条1項）

　行政処分が行われた場合，審査請求と取消訴訟のいずれを提起するかは，名宛人の選択に委ねられている。

審査請求前置（ぜんち）

　ただし，個別の法律がまず審査請求をすべきことを定めている場合には，取消訴訟を提起することができない。仕組みの多くが平成26年法改正により廃止されたが，税法分野，社会保障法分野などの法律や，国家公務員法，地方公務員法などにまだ審査請求前置が残されている。

裁決を経ないで取消訴訟の提起が認められる場合

　審査請求前置にもかかわらず，裁決を経ないで取消訴訟の提起が認められる場合がある。8条2項は，1号「審査請求があつた日から3箇月を経過しても裁決がないとき」，2号「処分，処分の執行又は手続の続行により生ずる著しい損害を避けるため緊急の必要があるとき」，3号「その他裁決を経ないことにつき正当な理由があるとき」の3つを定めている。

3　取消訴訟の出訴期間（14条）

　取消訴訟は，処分または裁決があったことを知った日から6か月を経過したときは提起することができない（1項　主観的出訴期間）。つまり，6か月以内に提起しなければならないが，1項には「処分又は裁決があったことを<u>知つた日</u>」とあり，処分があったことを知らなければ，いつまででも訴訟提起ができることになってしまう。そこで，2項には処分があったことを知ったか否かを問わず，「処分又は裁決の日から1年を経過したときは，提起することができない。」と定められている（2項　客観的出訴期間）。

出訴期間の起算点

　出訴期間の起算点について，すでに学んだ行政不服審査法18条の規定と比較してみよう。審査請求出訴期間の起算点は「処分があったことを<u>知つた日の翌日から起算</u>」することとされていたが，取消訴訟の場合，14条1項の条文では「処分又は裁決があつたことを知つた日から」となっている。しかし，やはり起算点は「知つた日の翌日」となる。なぜなら，民事訴訟法95条1項「期間の計算については，民法の期間に関する規定に従う。」という規定により民法140条が適用され，

初日不算入となるからである。

「知った日」の意味

次に，「知った」という意味が問われなければならない。ここでいう「知った」というのは現実に「知る」ということを要するのであるが，自らの怠慢によって通知書などを放置して「知らなかった」と主張することは認められない。了知し得る状態に置かれていた場合，その処分のあったことを知ったものと推定されるからである。

判例18-1　最判昭和27年11月20日民集6巻10号1038頁（自作農創設特別措置法第47条の2「当事者がその処分のあつたことを知つた日」の意義）
【判旨】「「処分のあつたことを知つた日」とは，当事者が書類の交付，口頭の告知その他の方法により処分の存在を現実に知つた日を指すものであつて，抽象的な知り得べかりし日を意味するものでないと解するを相当とする。尤も処分を記載した書類が当事者の住所に送達される等のことがあつて，社会通念上処分のあつたことを当事者の知り得べき状態に置かれたときは，反証のない限り，その処分のあつたことを知つたものと推定することはできる。」

審査請求があったとき

3項には，審査請求を経た処分または裁決に関して，主観的出訴期間と客観的出訴期間は，「審査請求があつたときは，処分又は裁決に係る取消訴訟は，その審査請求をした者については，前2項の規定にかかわらず，これに対する裁決があつたことを知つた日から6箇月を経過したとき又は当該裁決の日から1年を経過したときは，提起することができない。」と規定されている。

正当な理由

1項，2項，3項には各々「ただし，正当な理由があるときは，この限りでない。」とあるから，正当な理由と解される事由が問題となる。災害，病気，怪我，海外出張等の事情や，行政庁の誤った教示などがその事由として挙げられるが，単なる多忙などは正当な理由とはみなされない。

4　被告適格（11条）

誰を被告として取消訴訟を提起すべきか。平成16年行政事件訴訟法改正により，被告適格に大きな変化があった。処分庁を被告とすべきという考え方から，処分庁が属する行政主体を被告とすべきとする考え方に原則を転換したのであ

る。取消訴訟の被告適格を行政主体に変更したことにより，被告となるべき行政庁を特定する原告の負担を軽減し，被告の変更を伴わずに訴えの変更や併合などの手続がしやすくなった（国賠訴訟の被告は行政主体である）。しかし，行政処分は行政機関がするものとは限らず，法律によって私人が行政処分に該当する行為をすることもある。11条は，そういった場合の取消訴訟の被告についても定めている。

　被告を誤った場合には却下となるが，15条には被告を誤った場合の規定があり，「故意又は重大な過失によらないで」被告とすべき者を誤ったときは，申立てにより，裁判所の決定をもって被告の変更が認められる。

　以下，すでに学んだ「行政主体」の概念を思い出し，具体的な例とともに11条が定める取消訴訟の被告適格を理解しよう。

1）取消訴訟の被告は，当該処分（裁決）をした行政庁の所属する国または公共団体（11条1項1号，2号）

■演習問題18-1　以下の例について，被告となる行政主体を挙げなさい。
　地方運輸局長が行った乗合バスの車両使用停止処分⇒
　税務署長が行った所得税の更正処分⇒
　都道府県知事が行った廃棄物処理場の設置不許可処分⇒
　市職員の建築主事が行った建築確認⇒
　市教育委員会が行った公民館使用不許可処分⇒

2）当該処分（裁決）を行った行政庁が国または公共団体に所属しない場合（11条2項）には，処分を行った行政庁が取消訴訟の被告

■演習問題18-2　以下の処分の取消訴訟を提起する場合について，被告を答えなさい。
　日弁連が行った弁護士に対する懲戒処分（弁護士法）⇒
　指定確認検査機関が行った建築確認（建築基準法）⇒

5　裁判所の管轄（12条）

取消訴訟は地方裁判所へ

　取消訴訟は，被告の普通裁判籍の所在地を管轄する裁判所，または処分若しくは裁決をした行政庁の所在地を管轄する地方裁判所（裁判所法24条，33条1項1号。

図表18-1　個別法律の例外規定

```
＊東京地方裁判所を専属管轄とする例
　独占禁止法85条
＊東京高等裁判所を専属管轄とする例
　電波法97条，特許法178条1項，実用新案法47条1項，意匠法59条1項，商標法63条1項，
　海難審判法53条1項
＊高等裁判所を第1審とする例
　公職選挙法217条，国の関与に関する訴えの提起　地方自治法251条の5第1項，都道府県
　の関与に関する訴えの提起　地方自治法251条の6第1項
```

簡易裁判所は訴訟の目的が140万円を超えない請求の第1審の裁判権を有するが，括弧書きで，行政事件訴訟に係る請求を除く，とある）へ提起することとされる。つまり，国が被告の場合には東京地方裁判所へ提起する（民訴法4条6項　国を代表する官庁の所在地）。あるいは，国の地方支分部局の長が行政庁となって処分を行ったときなど，その地方支分部局の所在地を管轄する地方裁判所へ取消訴訟を提起することができる。

　被告適格と裁判所の管轄の問題は，取消訴訟を提起する原告の負担の問題として考えなければならない問題である。大臣がした処分は，12条1項に従えば東京地方裁判所の管轄となる。東京地方裁判所は行政事件を専門に取り扱う部が設置されているなど，高い専門性を有するという利点があるが，その反面，地方在住の原告にとっては訴訟追行に負担がかかる。

　個別の法律には，特に高等裁判所を第1審とする規定を設けている場合などがある。この場合には個別の法律の規定に従い，地方裁判所ではなく高等裁判所へ提起することとなる。

特定の場所に関わる事件（2項）

　土地の収用，鉱業権の設定その他不動産，または特定の場所に係る処分・裁決についての取消訴訟は，「その不動産又は場所の所在地の裁判所」にも提起することができる。たとえば，土地収用法の事業認定に係る処分，収用裁決（土地収用法）や，鉱業権の設定出願に対する処分（鉱業法），保安林の指定・指定解除（森林法）などである。

事案の処理に当たった下級行政機関の所在の裁判所（3項）

　取消訴訟は，当該処分・裁決に関し事案の処理に当たった下級行政機関の所在地の裁判所にも，提起することができる。「事案の処理に当たつた下級行政機関」の意義が問題となるが，最高裁は「当該処分に関し事案の処理そのものに実質的

に関与した下級行政機関」の意味に解し，関与の具体的態様や程度について判断
し，積極的な調査や意見具申があった場合などに下級行政機関に該当し得るとし
ている。また，最決平成15年3月14日集民209号255頁では，「この下級行政機関
に当たるものは，当該処分等を行つた行政庁の指揮監督下にある行政機関に限ら
れない」と解している。

特定管轄裁判所（4項）

　平成16年法改正により12条4項に特定管轄裁判所の規定が挿入された。国・独
立行政法人を被告とする取消訴訟は，原告の普通裁判籍の所在地を管轄する高等
裁判所の所在地を管轄する地方裁判所（「特定管轄裁判所」）にも，提起することが
できるとする規定である。これは情報公開法に定められていた特定管轄裁判所の
規定を取消訴訟にも適用可能とするものであった。これによって行政機関情報公
開法，独立行政法人等情報公開法の特定管轄裁判所制度に係る規定は削除されて
いる。たとえば，京都市に在住する者が原告となって取消訴訟を提起しようとす
るとき，4項に従えば，大阪地方裁判所に訴訟提起することになる。

■**演習問題18-3**　下記の場合，12条4項特定管轄裁判所の規定によれば，どこの地方裁
判所に取消訴訟を提起することとなるかを答えなさい。
　　原告　奈良市在住⇒
　　原告　津市在住　⇒
　　原告　秋田市在住⇒
　　原告　宮崎市在住⇒

第19章　取消訴訟の訴訟要件：処分性

理解のポイント

　「処分性がある」という表現は，取消訴訟の対象となるという意味であることを理解しよう。当該行政庁の行為に「処分性」があれば取消訴訟を利用して争うことができ，「処分性」がなければ取消訴訟を利用することができず，民事訴訟を利用しなければならない。

1　取消訴訟の対象と権利救済

取消訴訟の対象

　いわゆる取消訴訟とは「処分の取消しの訴え」と「裁決の取消しの訴え」の両方を含むものであるが，行政法教科書が主に取消訴訟の対象として論じるのは，原告が主張する行為が3条2項「行政庁の処分その他公権力の行使に当たる行為」（これを「処分」という）に該当するか否かである。不服申立てに対する「裁決」に不満がある場合，行政事件訴訟法は「裁決」を争うのではなく，原処分を争うことを原則としているため（10条2項），3条3項「行政庁の裁決，決定その他の行為」（これを「裁決」という）を対象として議論を深める必要が実務上あまりないからである。

取消訴訟と権利救済

　行政処分であれば3条2項にいう「処分」に該当するが，行政上の行為がすべて行政処分ではない。行政処分ではない法令・条例，行政規則，行政計画，契約，行政内部の行為，行政指導などを取消訴訟で争うことを可能とすべく，学説は取消訴訟の対象を拡げる方向へ議論を展開しようとする傾向にある。これを処分性拡大論という。「処分性」という一言で，取消訴訟の対象となるか否か，という論点を意味していることを理解しよう。

　最判昭和39年10月29日民集18巻8号1809頁（大田区ごみ焼却場事件）は，行政事件訴訟特例法下の事件であるが，取消訴訟の対象を明確にした最高裁判決として知られている。「行政事件訴訟特例法一条にいう行政庁の処分とは，所論のごとく行政庁の法令に基づく行為のすべてを意味するものではなく，<u>公権力の主体たる国または公共団体が行う行為のうち，その行為によつて，直接国民の権利義務を形成しまたはその範囲を確定することが法律上認められているものをいう</u>」と

示した判決である。下線部を指して「処分」の定義とされる。

　この判決が有名なのは，「処分」の定義のみならず，行政上の行為を分解する裁判所の発想である。裁判所はごみ焼却場の設置までの過程を，①土地の買収行為（私法上の契約），②ごみ焼却場設置計画（内部的手続行為），③設置計画の議決・公布（内部的手続行為），④建設会社との建築請負契約（私法上の契約），⑤建築・据付け等の設置行為（事実行為）に分解し，そのいずれも「処分」に該当しないとして請求を退けた。取消訴訟とはもともと行政処分の法効果（公定力）を消滅させるために作られた制度であるから，「行政庁の処分」に当たらない行為は取消訴訟を利用することができない，という考え方を明らかにしている。

　この最判昭和39年10月29日以降，公共施設の設置差止め請求は民事訴訟を提起して争うようになった。取消訴訟で争うことができなければ民事訴訟を提起することになるが，民事訴訟は行政活動の違法を争うに適しているとは言い難い。

取消訴訟と抗告訴訟の対象

　行政事件訴訟法は第二章を取消訴訟（第一節）とその他の抗告訴訟（第二節）に分け，取消訴訟について詳細に規定し，取消訴訟の規定をその他の抗告訴訟に準用するかたちをとっている。取消訴訟の訴訟要件すべてがその他の抗告訴訟にもあてはまるわけではないが，学説は，取消訴訟と抗告訴訟の対象の議論を区別していない。本章のタイトルは取消訴訟の訴訟要件であるが，本章に登場する最高裁判決には無効等確認訴訟も含まれている。

行政法こぼれ話19－1　取消訴訟と「形式的行政処分」

　最高裁のHPで大田区ごみ焼却場事件判決を検索すれば，「国または公共団体の行なう行為のうち，それが仮りに違法なものであるとしても，正当な権限を有する機関によつて取り消されまたはその無効が確認されるまでは法律上または事実上有効なものとして取り扱われるものでなければ，いわゆる抗告訴訟の対象たる行政庁の公権力の行使にあたる行為とはいえない。」という【裁判要旨】が出てくる。それは規制行政における行政処分を念頭に置いて，「公権力の行使」たる取消訴訟の対象は，公定力を有する行政処分（行政行為）でなければならないのだと言っているようである。

　しかし現代では，取消訴訟の対象について，このような考え方に立っているわけではない。「公定力」というものと関わりなく，契約関係と解されるような福祉サービスの決定を「処分」として取消訴訟ないし抗告訴訟で争わせる仕組みをとっている。こういったものを学説では「形式的行政処分」という。

　「「公定力」を排除するには取消訴訟で争わなければならない」のであるが，「公定力を有するものしか取消訴訟で争えない」ということではないことに注意しよう。

「処分」をつかまえよう！

　法令・条例に基づき，名宛人に対して行政処分が発せられた場合，当該行政処分はもちろん取消訴訟の対象となる。行政法教科書が多くページを費やしているのは，取消訴訟の対象として「例外」的に認められるようなケースである。しかし「例外」を学習する前に，取消訴訟の対象となる通常の行政処分を実際の例から理解しよう。

■**演習問題19-1**　「国土交通省は，公定運賃幅（大阪府は初乗り660円〜680円）を定め，格安運賃での運行を認めない改正タクシー適正化・活性化特別措置法を2014年4月1日施行した。近畿運輸局長は事業者が公定運賃幅に従わない場合には運賃変更命令や車両の使用停止を発することができ，最終的には事業許可取消しということにもつながり得る。」

　上記文中から，取消訴訟の対象となり得る「処分」を3つ抜き出しなさい。

演習問題19-2　総務省に設置されている個人情報保護委員会は，2022年3月23日，多数の破産者の個人データをウェブサイトで違法に公開しているとして，サイト運営者に個人情報保護法に基づく停止命令を出した。サイト運営者は取消訴訟を提起してこれを争いたいと考えている。設問に即して，以下の①，②，③を答えなさい。

　①　行政庁
　②　被　告
　③　取消訴訟の対象

2　処分性の判断要素

　取消訴訟の対象となるか否か，すなわち「処分性」の有無が問題となるのは，行政処分ではないとされる行政上の行為であり，主に（1）契約，（2）規範定立行為，（3）内部的行為，（4）行政指導（非権力的行為），（5）通知等，（6）行政計画である。これらは，下記の処分性の定義からすれば，通例，処分性は否定される。「例外」として処分性が認められる場合を学ぶ前に，処分性が否定される理由をまず理解しよう。

　これらの行政上の行為の処分性を判断する要素は，3条2項「行政庁の処分その他公権力の行使に当たる行為」，すなわち「処分」とは前述した「<u>公権力の主体たる国または公共団体が行う行為のうち，その行為によつて，直接国民の権利義務を形成しまたはその範囲を確定することが法律上認められているものをいう</u>」

という定義から導かれる①公権力性，②権利義務への直接的な法効果という観点から，処分性の有無が判断される。

公権力性

公権力性を有する行為とは，国民の権利義務を一方的・強制的に変動させる行為である。規制行政における命令と強制が典型例である。一方的とは，相手方の同意を要しないことを意味し，法律に基づき相手方が望まない義務を課する行為，すなわち命令（たとえば建築物除却命令など）は一方的な行為である。そしてそのように課せられた義務は，義務の不履行に対して罰則，あるいは義務の不履行に対して実力を行使する代執行や直接強制などの強制の手段が法定されている。それを指して強制的という。

相手方に義務を課する命令は行政処分であるが，義務の不履行に対して実力を行使する代執行や直接強制などの強制の手段は事実行為である。事実行為であるからその行為自体に法効果はなく，権利義務に変動を与えるものではないが，その強制力ゆえに権利侵害の度合いは強い。権利救済の機会を保障する必要性は高く，行政処分ではないが3条2項「公権力の行使に当たる行為」に該当する。

裁判所は代執行や直接強制の手続にある「戒告」や「令書」の発布に処分性を認め，取消訴訟の提起を認めている。警察官職務執行法に基づく即時強制など継続性がない事実行為は取消訴訟で争えないが，強制入院や強制収容など人身の自由を継続して奪う場合に取消訴訟の提起が可能となる。

国民の権利義務への直接的な法効果

「直接国民の権利義務を形成しまたはその範囲を確定する」は，「直接」という修飾語が「国民の権利義務を形成しまたはその範囲を確定する」にかかっていることが，非常に重要な意味を持っている。「直接」に権利義務に関わる，「直接」に権利・義務を変動させるということは，個別具体的な関わり方が求められ，一般的・抽象的に権利・義務と関わる場合には処分性は否定される。

以下，公権力性，国民の権利義務への直接的な法効果という2つの観点から，（1）契約～（6）行政計画という行政上の行為を検討する。それらは公権力性ないし国民の権利義務への直接的な法効果のいずれか，あるいは両方の要素を欠いているため，原則として取消訴訟の対象とならないとされる。どのような理由で処分性が認められないかに注目しよう。

そして次に，処分性を肯定した最高裁判決を検討しよう。何を手掛かりとして最高裁が処分性を認めたのか，なぜ取消訴訟で争わせる必要があるのか，その手

掛かりと肯定する意味に注目しよう。

（1）契　約

　契約の性質を有するものであっても，取消訴訟で争わせるように法律上の制度が作られていることがある。そういった法律上の制度がない場合，処分性は否定される。私法上の契約は，法律行為であるから，権利義務への直接的な法効果を有するが，当事者間の合意に基づくものであるから，（公）権力性を欠く行為である。

　古くから「処分性」の有無が争われたのは国有財産の払い下げであり，最高裁は処分性を否定している。

【契約】　○は処分性肯定，×は処分性否定

×	最判昭和35年7月12日民集14巻9号1744頁（国有財産売り払い事件）

（2）規範定立行為（法律，法規命令，条例，規則を制定する行為）

　法律，法規命令や地方公共団体の条例，規則を取消訴訟で争おうとする場合，その制定する行為が処分性を有するか否かが問題となる。通例，法令ないし条例・規則に基づいて個別具体的に行政処分が行われ，その行政処分を取消訴訟で争う。つまり，そういった個別具体的な行政処分がないとき，規範を定立する行為を対象にして取消訴訟を提起しようとする。

　「処分」の定義では「直接」に権利義務を変動させる要素が求められている。規範を定立する行為は，権力的に国民ないし住民の権利義務関係に変動を与えるものであるが，特定の者を対象にするものではなく，規範の一般性ゆえに個別具体性を欠いている。取消訴訟ではなく無効等確認訴訟の例であるが，小学校を廃止する条例，別荘所有者に割高な水道料金を設定した条例について，最高裁は処分性を否定している。

【条例】　○は処分性肯定，×は処分性否定

×	最判平成14年4月25日判例自治229号52頁（千代田区立小学校廃止条例事件）
×	最判平成18年7月14日民集60巻6号2369頁（高根町簡易水道事業給水条例事件）
○	最判平成21年11月26日民集63巻9号2124頁（横浜市立保育所廃止条例事件）

小学校廃止条例と市立保育所廃止条例の違い

　地方公共団体が公の施設を廃止するとき，条例を制定して廃止しなければなら

ない。最高裁が小学校廃止条例については処分性を認めず，市立保育所を廃止す
る条例に処分性を認めたという判断の差は，廃止条例と原告の権利利益との関わ
り方の違いに理由がある。小学校廃止条例の場合，原告に義務教育を受ける権利
はあっても特定の小学校に通う権利が保障されているわけではない。他方，市立
保育所の場合，その保育所の廃止という効果は保育所に入所中の児童およびその
保護者という限られた特定の者に及ぶ。それは「直接，当該保育所において保育
を受けることを期待し得る法的地位を奪う結果を生じさせる」ものであるから，
その条例制定行為を行政処分と実質的に同視し得ると解される。

　条例は住民の権利義務について一般的抽象的に定める規範であり，通例，処分
性が認められない。例外的に処分性が認められることを理解しよう。

（3）内部的行為

　ここでいう内部とは行政組織内部の意味である。行政組織内部における行為，
行政機関相互間の行為を指している。行政組織内部にとどまる限り，直接に国民
の権利義務に変動を与えるものではないから，処分性は否定される。

行政組織内部における行為

　上級行政機関から下級行政機関に対する命令（訓令・通達），職務命令など，行
政組織内部における行為の処分性が問題とされることがある。その作用は行政組
織内部にとどまるため，いずれも処分性は否定される。

　通達は行政組織内の意思統一のために発せられ，法令の裁量基準や解釈基準な
どを下級行政機関に示達するために用いられることが多い。通達は行政組織内部
において拘束力を有するが，私人に対して発せられたものではない。法令の裁量
基準・解釈基準が変われば行政処分が影響を受けることになるが，裁量基準・解
釈基準が違法であれば行政処分の取消訴訟を通じて主張するという考え方がとら
れ，最高裁は通達の処分性を認めていない。

　通達によって私人に権利侵害が生じていても，私人が行政処分受けることがな
ければ行政処分を提起することはできない。そういった事例において，通達の処
分性を認めた古い下級審判決がある（東京地判昭和46年11月8日行集22巻11・12号1785
頁）。この事件では通達の処分性は認められたが請求は棄却され，1審で確定し
ている。この下級審判決以外に通達の処分性を認めた判決はないが，現代では，
通達の違法を主張するのであれば，取消訴訟ではなく当事者訴訟である確認訴訟
を用いる方法もあり得る。

【通達】　○は処分性肯定，×は処分性否定

○	東京地判昭和46年11月8日行集22巻11・12号1785頁（函数尺（かんすうしゃく）通達事件）【判示事項】特定の業者の製造にかかる函数尺を販売し，または販売のため所持することは，計量法第10条に違反する旨を明示した通達（昭和38年8月20日付38重局第1277号都道府県知事あて通商産業省重工業局長通知）が，抗告訴訟の対象となる行政庁の公権力の行使に当たり，かつ右製造業者はその取消しを訴求する原告適格を有するとした事例
×	最判昭和43年12月24日民集22巻13号3147頁（墓地埋葬事件）
×	最判平成24年2月9日民集66巻2号183頁（国旗・国歌訴訟）

行政機関相互間の行為

　行政庁が許可を出す前に，法律の定めにしたがって，関係行政機関の同意を得なければならないことがある。そのような同意は行政機関相互間のものであり，国民に対する関係において「直接」権利義務に変動を与えるものではないから，最高裁は不同意の処分性を否定している。関係行政機関の同意を得られなければ不許可となるが，不同意ではなく不許可処分を争う。

　また，特殊法人はその活動を監督行政機関の認可を得る形で統制されている。当該認可は行政機関相互の行為であって，国民の権利義務に影響を及ぼすものではない。第4章で学んだように，最高裁は，監督行政機関と特殊法人との関係を，上級行政機関と下級行政機関の関係として捉えている。

【行政機関相互間の行為】　○は処分性肯定，×は処分性否定

×	最判昭和34年1月29日民集13巻1号32頁（消防長の不同意）
×	最判昭和53年12月8日民集32巻9号1617頁（成田新幹線訴訟）

（4）行政指導（非権力的行為）

　行政指導は，法律上，「行政機関がその任務又は所掌事務の範囲内において一定の行政目的を実現するため特定の者に一定の作為又は不作為を求める指導，勧告，助言その他の行為であつて処分に該当しないものをいう。」（行手法2条6号）と定義され，相手方の任意の協力によってのみ実現される非権力的な行為である。その定義と性質からすれば，当然，処分性は認められない。

　しかし最高裁が，例外的に，医療法（注意：最高裁の判決文中には30条の7とあるが，正しくは30条の11である）に基づく「勧告」に処分性を認めた判決がある。医療法上の地域医療計画に沿って「勧告」を行い，これが拒否されたため地域医療計画を達成するために健康保険法上の保険医療機関の指定拒否を用いたという事例

である。事案に即して，「勧告」という非権力的行為に処分性を認めるべきとされた理由を理解しよう。

医療法人Ｘは，Ｔ県Ｔ市において病院開設を計画し，医療法7条に基づく病院開設許可を申請した（1997（平成9）年3月6日）。医療法7条に基づく病院開設許可に裁量は認められておらず，要件を充たした場合には許可しなければならない。不許可とすることはできないが，医療法30条の11は地域医療計画を達成するために病床数の増加について「勧告」することができる旨を定め，これを根拠にＴ県知事は同年10月1日，Ｘに対して病院開設中止を勧告した。Ｘがこの勧告を拒否したため，同年12月16日病院開設許可が出され，同時に，Ｔ県厚生部長名で「中止勧告にもかかわらず病院を開設した場合には，厚生省通知（1987（昭和62）年9月21日付け保発第69号厚生省保険局長通知）において，保険医療機関の指定の拒否をすることとされているので，念のため申し添える。」という文書が発せられた。この文書を受けて，Ｘは病院開設中止勧告の取消訴訟を提起したのである。

「勧告」に処分性を認めたというのは，病院にとって保険医療機関の指定を受けることの意味を理解する必要がある。保険医療機関の指定を受けることなくして病院経営はあり得ない。保険医療機関の指定を受けることができない場合には，実際上病院の開設自体を断念せざるを得ないことになる。最高裁は「病院開設中止の勧告の保険医療機関の指定に及ぼす効果及び病院経営における保険医療機関の指定の持つ意義を併せ考えると，この勧告は，行政事件訴訟法3条2項にいう「行政庁の処分その他公権力の行使に当たる行為」に当たると解するのが相当である。」と判示し，「後に保険医療機関の指定拒否処分の効力を抗告訴訟によって争うことができるとしても，そのことは上記の結論を左右するものではない。」という。

保険医療機関の指定拒否処分を争うという通常の方法は，病院建設が済み，すべてが整えられた後に保険医療機関の指定拒否を受ける時点まで訴訟提起を待たせることとなり，事業者の被る損害が大きくなり過ぎる。権利救済を争わせるべきタイミングとして，実効的ではないのである。「勧告」に処分性を認める意義は，その点に求められる。

【勧告】　○は処分性肯定，×は処分性否定

| ○ | 最判平成17年7月15日民集59巻6号1661頁（病院開設中止勧告事件） |

（5）通知等（事実上の行為）

　法令に基づくものであっても，事実関係に関する行政の判断，認識を表示するにとどまるものには，基本的に処分性は認められない。処分性を否定した代表的判例として，海難の原因を明らかにするだけで権利義務に直接かかわらないとした最判昭和36年3月15日民集15巻3号467頁（海難審判の原因解明裁決），事実上の行政上の措置にすぎないとした最判昭和38年6月4日民集17巻5号670頁（保険医に対する戒告）がある。

　他方，平成に出された最高裁判決の中には，通知という事実行為が一定の法的効果と結びついていると解釈して，法令の仕組みから，救済の必要性を認めた3つの判決がある。

【通知】　○は処分性肯定，×は処分性否定

×	最判昭和36年3月15日民集15巻3号467頁（海難審判の原因解明裁決）
×	最判昭和38年6月4日民集17巻5号670頁（保険医に対する戒告）
○	最判昭和54年12月25日民集33巻7号753頁（税関長による輸入禁制品の通知）
×	最判昭和57年5月27日民集36巻5号777頁（公務員の採用内定）
×	最判昭和57年7月15日民集36巻6号1169頁（交通反則金の納付通告）
×	最判平成7年3月23日民集49巻3号1006頁（公共施設管理者の不同意）
○	最判平成16年4月26日民集58巻4号989頁（輸入届出に対する検疫所長の通知）
○	最判平成17年4月14日民集59巻3号491頁（登録免許税還付の拒否の通知）
○	最判平成24年2月3日民集66巻2号148頁（土壌汚染対策法上の工場廃止通知）

行政法こぼれ話19-2　道路交通法違反はどうやって争う？

　道路交通法違反をして「キップを切られた」とよく耳にする。交通反則金制度は，警察官が現場で道路交通法上の軽微な違反に当たる行為（反則行為）であることを告知し，その後，一定の反則金を納付すべきことを通告する。違反者が反則金を納付したときは公訴を提起されないが，逆に反則金を納付しないときは，刑事手続に移行する。交通反則金制度は，犯罪の非刑罰的処理の方法の1つである。

　最判昭和57年7月15日民集36巻6号1169頁は，交通反則金の納付通告に処分性を認めない。簡単に言えば，警察官の事実認定に納得できない場合，交通反則金の納付通告を取消訴訟で争わせず，反則金を納付せずに，刑事手続の場において事実認定が誤りであることを主張すべきということになる。しかし事実関係について自分の主張が認められない場合，刑罰が科されるリスクを承知で軽微な反則行為について反則金を納付せずに刑事手続で争うという決断を，はたしてすることができるだろうか？　不本意ながら反則金を支払うという選択をする人々は多いであろう。

（6）行政計画

　行政計画は，国が定める国土総合開発計画などのような一般的抽象的な性質のものから，地方自治体が策定する都市の未来像・都市計画や，福祉行政サービスの供給計画など，多種多様である。行政計画を策定する行為は，性質からすれば法令・条例等の定立行為と同様に一般抽象的な規範定立であるから，原則として，取消訴訟の対象とならないが，取消訴訟の対象とならないことを原則としつつ，例外的に処分性が肯定されることがある。

　最高裁が処分性を認めたのは土地の利用に関する計画である。しかし，土地の利用に関する計画のすべてに処分性が認められるわけではない。土地の利用に関する計画は，長期間にわたり土地所有者の権利を制約し，段階的に実施・具体化されてゆくという性質がある。何を手掛かりとして処分性を肯定するか（制限が権利利益とどのようにかかわっているか），いつの段階で争わせるべきか（学説はこれを「成熟性」の問題と表現する）が問題とされる。

土地の利用に関する計画と権利制限

　「都市計画」とは，都市の健全な発展と秩序ある整備を図るための土地利用，都市施設（道路など）の整備および市街地開発事業（土地区画整理事業，市街地再開発事業など）に関する計画のことをいい，地方公共団体が設置する都市計画審議会によって都市計画決定がなされれば，土地の利用について一般的に制限がかけられる。

　都市計画での土地利用規制の最も基本的な制度は，都市計画区域においてなされる用途地域指定，いわゆるゾーニングである。低層住居専用地域（第一種低層住居専用地域，第二種低層住居専用地域），中高層住居専用地域（第一種中高層住居専用地域，第二種中高層住居専用地域），住居地域（第一種住居地域，第二種住居地域，準住居地域，田園住居地域），近隣商業地域，商業地域，工業系（準工業地域，工業地域，工業専用地域）という13の用途地域がある。用途地域ごとに，建物の用途等が制限される。

用途地域指定と処分性

　用途地域指定に処分性は認められない。かつて，市街化調整区域や用途地域を定める都市計画決定を取消訴訟で争えるか否かについて下級審判決は分かれていたが，最高裁は最判昭和57年4月22日民集36巻4号705頁（盛岡広域都市計画用途地域指定無効確認事件）において，用途地域指定を抗告訴訟では争えないことを明確にした。

　最高裁は，都市計画は建築物の用途，容積率等について新たな制約を科するものであるが，しかしそれは新たに制約を課す法令が制定された場合におけると同様の，当該地域内の不特定多数の者に対する一般的・抽象的な制約であって，個人に対する具体的な権利侵害を伴う処分ではないとする。都市計画決定の取消訴訟を提起するのではなく，建築確認を申請して用途地域指定を理由にそれを拒否されたら，その具体的な拒否処分の取消訴訟を提起し，取消訴訟において用途指定の違法を主張すればよいという考え方にたっている。

【行政計画】　○は処分性肯定，×は処分性否定

×	最大判昭和41年2月23日民集20巻2号271頁（高円寺土地区画整理事業計画事件）（青写真判決）
×	最判昭和57年4月22日民集36巻4号705頁（盛岡広域都市計画用途地域指定無効確認事件）
○	最判昭和60年12月17日判時1184号59頁（土地区画整理組合設立認可事件）
○	最判昭和61年2月13日民集40巻1号1頁（八鹿町営土地改良事業施行認可事件） ＊国営・都道府県営土地改良事業について，土地改良法87条6項には事業計画の決定について不服申立ての規定があり，したがって処分性が認められるが，市町村営土地改良事業にはその規定がない。最高裁は，事業認可が事業計画の決定に相応するとして処分性を認めた。
○	最判平成4年11月26日民集46巻8号2658頁（大阪第二種市街地再開発事業計画事件）
○	最大判平成20年9月10日民集62巻8号2029頁（浜松市土地区画整理事業計画事件）（昭和41年大法廷判決を判例変更）

土地区画整理事業──事業計画は「青写真」にすぎない

　「青写真」とは，土地区画整理事業の事業計画の処分性を否定した最大判昭和41年2月23日民集20巻2号271頁判決文中にある文言である。事業計画は「土地区画整理事業の青写真たる性質を有するにすぎない」というくだりは有名である。デジタル技術の発達した現代では「青写真」の意味を理解すること自体が難しいかもしれないが，古くから青焼きと呼ばれる複写技術が設計・建築図面で使われていたため，転じて青写真が「将来の計画」「未来の予想図」の意味で用いられるようになった。つまり，事業計画はまだ具体性を伴わず「将来の計画」「未来の予想図」に過ぎないという意味である。

　土地区画整理事業がどのように実現されるか，時系列でその流れを知ることが土地区画整理事業と処分性を理解する早道である。

行政法こぼれ話19-3　土地区画整理事業になぜ反対？
　土地区画整理事業は，道路，公園，河川等の公共施設を整備・改善し，土地の区画を整え宅地の利用の増進を図る事業である。地権者がその権利に応じて少しずつ土地を提供し

（減歩），その土地で道路・公園などの公共用地を新たに設け，提供された土地の一部を売却し（保留地の売却），事業資金の一部に充てる。所有する土地は減るが都市計画道路や公園等の公共施設が整備され，土地の区画が整い利用価値の高い宅地が得られると説明される。土地面積が減少しても価値は減らないという理屈であるが，地価の下落があれば価値は下がる。土地区画整理事業後に，売却用の保留地も予定した価格では売れず，売れ残ることもある。土地区画整理事業に問題は多くある。

　土地区画整理事業は，市町村施行，組合施行，個人施行の3通りがある。組合は，宅地について所有権・借地権を有する者7名以上共同して定款，事業計画を決め，知事の認可を受けて設立する。このとき所有権を持つ者の3分の2以上，借地権を持つ者の3分の2以上の同意を得なければならず，同意した所有権者・借地権者分の総所有地・借地面積が3分の2以上でなければならない。

　市町村施行，組合施行のどちらにおいても，所有権者・借地権者全員が土地区画整理事業に賛成しているわけではない。いつの時点で抗告訴訟を提起して争うことを認めるべきか。処分性を認めるに際して，市町村施行と組合施行では，最高裁の説明の仕方が異なっている。

組合設立認可の処分性

　図表19-1からわかるように，土地区画整理事業は段階的に実施される。どの段階で取消訴訟の提起を認めるかが問題となるが，前述したように，まず都市計画決定の処分性は否定される。次に，組合による土地区画整理事業の場合，組合設立認可の処分性は肯定されている（最判昭和60年12月17日判時1184号59頁）。土地区画整理組合の設立認可は，組合の施行地区内の宅地について所有権または借地権を有する者を，すべて強制的に組合員とする効果を伴うためである。最高裁は，強制的に組合員とする効果に着目して処分性を認めている。

判例変更——土地区画整理事業の段階的実施

　最高裁昭和49年大法廷判決は，事業計画に処分性を認めず，事業計画の段階での取消訴訟の提起を認めなかった判決である。処分性を認めなかったのは，仮換地指定や換地処分を受けた者は，仮換地指定や換地処分の取消訴訟を提起できるという考え方に立っている。しかし，現実には換地処分を受ける時点で，建物等の撤去，工事がかなり進捗しており，換地処分を受ける時点で事業計画を取り消して土地区画整理事業を見直すことは，多大な混乱を招くことになる。もし事業に違法があるとするならば，もっと早い段階で争わせて取り消したほうがよい。最高裁は，最大判平成20年9月10日民集62巻8号2029頁（浜松市土地区画整理事業計画事件）において，最高裁昭和49年大法廷判決を変更し，事業計画の段階で取消訴訟を提起することを認めたのである。

　最高裁は，事業計画が権利義務へ与える影響について，事業計画が定められ公

図表 19-1 土地区画整理事業の進め方

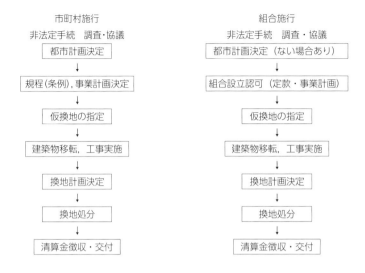

市町村施行
非法定手続 調査・協議
| 都市計画決定 |
↓
| 規程(条例)，事業計画決定 |
↓
| 仮換地の指定 |
↓
| 建築物移転，工事実施 |
↓
| 換地計画決定 |
↓
| 換地処分 |
↓
| 清算金徴収・交付 |

組合施行
非法定手続 調査・協議
| 都市計画決定（ない場合あり） |
↓
| 組合設立認可（定款・事業計画） |
↓
| 仮換地の指定 |
↓
| 建築物移転，工事実施 |
↓
| 換地計画決定 |
↓
| 換地処分 |
↓
| 清算金徴収・交付 |

出典：安本典夫『都市法概説 第2版』（法律文化社，2013年）205頁

図表 19-2 土地区画整理事業の実施

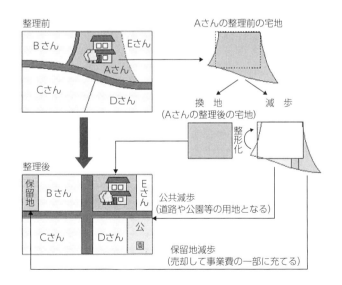

整理前
Bさん Eさん Aさん Cさん Dさん

Aさんの整理前の宅地

換地（Aさんの整理後の宅地） 減歩

整形化

整理後
保留地 Bさん Eさん Cさん Dさん 公園

公共減歩
（道路や公園等の用地となる）

保留地減歩
（売却して事業費の一部に充てる）

出典：国土交通省「土地区画整理事業」（https://www.mlit.go.jp/toshi/city/sigaiti/toshi_urbanmainte_tk_000020.html）

告がなされることによって，宅地所有者等が「規制を伴う土地区画整理事業の手続に従つて換地処分を受けるべき地位法的に立たされ」，違反者には刑罰も規定されていることを指摘する。そのような規制を受ける法的地位に立たされること，実効的な権利救済の必要性という2点から，換地処分まで待たずに事業計画を争うことを認めている。

第二種市街地再開発事業——何を手掛かりとして処分性を肯定するか

市街地再開発事業には第一種と第二種があるが，最高裁が事業計画の処分性を認めたのは第二種市街地再開発事業である。第一種が権利変換方式をとるのに対して，第二種は権利変換ではなく，任意買収と土地収用法が適用される。最高裁は，土地収用法が適用される仕組みに着目した。

最判平成4年11月26日民集46巻8号2658頁（大阪第二種市街地再開発事業計画事件）は，再開発事業計画の決定は，その公告の日から，土地収用法上の事業の認定と同一の法律効果を生ずる。市町村は，右決定の公告により，同法に基づく収用権限を取得するとともに，その結果として，施行地区内の土地の所有者等は，特段の事情のない限り，自己の所有地等が収用されるべき地位に立たされることとなり，事業計画の公告後30日以内に「譲受け希望の申し出」をするか否かの選択をしなければならない。そうすると，公告された再開発事業計画の決定は，施行地区内の土地の所有者等の法的地位に直接的な影響を及ぼすものであるから，抗告訴訟の対象となる行政処分に当たると判示した。

行政法こぼれ話19-4　「行政行為」と処分性

通例，学問上の「行政行為」に該当するものは取消訴訟の対象となる。しかし，「行政行為」に分類されるもののうち，ほんの一部，処分性を有しないとされるものがある。最高裁判例で処分性がないとされたのは，古くは家賃台帳に家賃の認可統制額等を記入する行為（最判昭和39年1月24日民集18巻1号113頁），非嫡出子住民票続柄記載行為（最判平成11年1月21日判時1675号48頁）がある。いずれも公証行為である。住民票に世帯主との関係を記載する行為は「その者が選挙人名簿に登録されるか否かには何らの影響も及ぼさないことが明らかであり，住民票に右続柄を記載する行為が何らかの法的効果を有すると解すべき根拠はない」として，最高裁は処分性を否定している。

「行政行為」，「行政処分」，「処分」という3つの概念を比較すると，非権力的な行為や行政計画までも一部含むことになる「処分」という概念が，もっとも広いと言える。

第**20**章　取消訴訟の訴訟要件：原告適格, (狭義の)訴えの利益

理解のポイント

　原告適格論, 訴えの利益論は, 行訴法9条の解釈問題であり, 最高裁判例の傾向を理解することが重要となる。行政法教科書は原告適格論に多くのページを割いているが, それは処分の名宛人ではなく, 処分の名宛人以外の第三者に原告適格が認められるか否か, という議論であることを理解しよう。

1　行訴法9条と原告適格

　個別具体の事件において, 取消訴訟を提起する資格を原告適格といい, 「当該処分又は裁決の取消しを求めるにつき法律上の利益を有する者」(9条1項) である。「法律上の利益」を有することが原告適格の要件になっている。

　行政処分の名宛人は, 当然, 取消訴訟を提起する資格が肯定される。不利益処分のみならず, 申請に対して拒否処分を受けた者も含まれる。原告適格が問題となるのは, 行政処分の名宛人以外の者が取消訴訟を提起しようとする場合である。原告適格論と呼ばれるのは, どのような場合に第三者に取消訴訟を提起する資格を認められるか, という議論である。多くの場合, 処分の名宛人にとって許可・認可などの利益処分であり, 第三者がこれを取り消すように求める訴訟を提起する。処分の名宛人の競業者や, 迷惑施設などの周辺住民をイメージしてみよう。

2　法律上保護された利益か？　法的保護に値する利益か？

　原告適格が処分の取消しを求める「法律上の利益を有する者」に認められるのだとすれば, 「法律上の利益」をどう解するかに依拠していることになる。

法律上保護された利益説

　法律上保護された利益説は, 実定法の保護している利益, 当該行政処分の根拠法律の保護している利益を「法律上の利益」として理解する説である。古くから「反射的利益」は「法律上の利益」ではないとされる。「反射的利益」とは, 行政法規が公益の実現を目的として行政権の行使に制約を課している結果, たまたま一定の者が受ける利益のことを指している。行政法規は原則として公益規定であり, 法文上, 私益保護の意図が明確に読み取れないかぎり, 訴えの利益を認めな

いという解釈がとられてきた。

法的保護に値する利益説 (裁判上保護に値する利益説)

　法的保護に値する利益説は，法律上保護された利益説に対して，利益の内容・性質に着目する学説である。違法な行政処分によって原告が現実に受ける不利益の性質，程度など利害の実態に着目する。法的保護に値する利益説に立てば，原告適格の範囲が拡大することになる。

最高裁による原告適格の定式化——主婦連ジュース訴訟事件判決

　法律上保護された利益説と法的保護に値する利益説が対立する中で，最高裁は最判昭和53年3月14日民集32巻2号211頁 (主婦連ジュース事件) 判決において，法律上保護された利益説に立つことを明確にした。第16章で学んだように，主婦連ジュース訴訟は一般消費者の立場での行政上の不服申立てが認められなかった事件である。最高裁は，当該処分につい不服申立をする法律上の利益がある者とは，「当該処分により自己の権利若しくは法律上保護された利益を侵害され又は必然的に侵害されるおそれのある者をいう」と定式化した。学説は不服申立適格と取消訴訟の原告適格を区別していないため，この定式は「処分の取消しを求める法律上の利益がある者」の定式，すなわち原告適格の定式として定着している。

> **理解のポイント**
> 原告適格の定式は事例問題を解く「呪文」‼
> 　原告適格に関する事例問題を答えるにあたり，最高裁が示した「当該処分により自己の権利若しくは法律上保護された利益を侵害され又は必然的に侵害されるおそれのある者をいう」という原告適格の定式は，真っ先に書かなければならない定式である。そういった意味で，「呪文」のように覚えよう (つまり，暗記しよう)。「呪文」を唱えることができて初めて，問題解答の扉は開かれる。この定式は原告適格の事例問題解答に必須である。

3　平成16年行政事件訴訟法改正——9条2項挿入の意味

　最高裁は，主婦連ジュース事件判決において法律上保護された利益説に立つことを明確にしつつ，判例を通じて，次第に原告適格を緩和する傾向を示してきた。法律上保護された利益説は，法律が公益のみならず個別的な私益保護をも意図していることを読み取ろうとするから，どのように法律の条文から個別的な私益保護を読み取るか，つまり何を，どのように考慮すべきかが重要なのである。

理解のポイント
行訴法 9 条 2 項の構造
　2 項　裁判所は，処分又は裁決の相手方以外の者について前項に規定する法律上の利益の有無を判断するに当たっては，当該処分又は裁決の根拠となる法令の規定の文言のみによることなく，①当該法令の趣旨及び目的並びに②当該処分において考慮されるべき利益の内容及び性質を考慮するものとする。この場合において，当該法令の趣旨及び目的を考慮するに当たっては，当該法令と目的を共通にする関係法令があるときはその趣旨及び目的をも参酌するものとし，当該利益の内容及び性質を考慮するに当たっては，当該処分又は裁決がその根拠となる法令に違反してされた場合に害されることとなる利益の内容及び性質並びにこれが害される態様及び程度をも勘案するものとする。

　＊考慮事項は①と②。
　＊「参酌」とは，汲み取って参考にすること。「勘案」とは，考え合わせること。
　　国語では区別されるが，9 条 2 項に使われている意味では大差なし。
①　当該法令の趣旨及び目的
　　　　　↑参酌
　　当該法令と目的を共通にする関係法令があるときはその趣旨及び目的
②　当該処分において考慮されるべき利益の内容及び性質
　　　　　↑勘案
　　当該処分又は裁決がその根拠となる法令に違反してされた場合に害されることとなる利益の内容及び性質並びにこれが害される態様及び程度

4　行訴法 9 条 2 項と最高裁判例の関係——考慮事項の読み取り方

　平成16年法改正により 9 条 2 項が新たに挿入され，第三者の原告適格を拡大すべく考慮事項が規定された。従来の最高裁判例の積み重ねを明文化したものである。2 項に規定された考慮事項を，個別法律の条文からどう読み取るか，どう考慮するかは，そもそもの最高裁判決が示した方法を学ぶ必要がある。

（1）考慮事項「当該法令の趣旨および目的」：最判昭和60年12月17日判時1179号56頁（伊達火力発電所事件）

　考慮事項「当該法令の趣旨および目的」は，昭和60年最高裁伊達火力発電所判決に由来する。北海道知事が北海道電力に対して，公有水面埋立法に基づき与えた公有水面埋立免許および竣工認可を，埋立工事海面の周囲およびその至近距離において漁業権を有する漁協の組合員の一部が，取消しを求めて争った事件である。

　最高裁は原告が有すると主張する権利（漁業権）を否定することによって原告適格を認めなかったが，判決において，「行政法規が個人の権利利益を保護することを目的として行政権の行使に制約を課していることにより保障されている権利利益」もこれに当たること，そして「行政法規による行政権の行使の制約とは，明文の規定による制約に限られるものではなく，直接明文の規定はなくとも，法律の合理的解釈により当然に導かれる制約を含む」ことを判示した。この最高裁判決以降，「法律の合理的解釈により当然導かれる制約」，換言すれば，法令の趣旨・目的をどう解するかが重要となった。

（2）「当該法令と目的を共通にする関係法令があるときはその趣旨及び目的を参酌」： 最判平成元年 2 月17日民集43巻 2 号56頁（新潟空港事件）

　新潟—小松—ソウル間の定期航空運送事業免許処分について，飛行場周辺住民が原告適格を認められた事件である。最高裁は，「当該行政法規及びそれと目的を共通する関連法規の関係規定によって形成される法体系の中において」，当該処分の根拠規定が，当該処分を通して個々人の個別的利益をも保護すべきものとして位置付けられているとみることができるかどうかという観点を示し，それが 9 条 2 項に取り込まれている。

　ここでいう共通の目的とは，航空機の騒音による障害の防止である。最高裁が，運輸大臣が行う定期航空運送事業免許の審査が関連法規である同法の航空機の騒音による障害の防止の趣旨をも踏まえて行われることに着目し，航空法のみならず，国際条約，「公共用飛行場における航空機騒音による障害の防止等に関する法律」をも含めて関連法規の体系とした点が重要である。原告適格を基礎づける法令は必ずしも処分の根拠法規ばかりではなく，「関連法令」まで拡げて見るべきことを示している。

（3）考慮事項「当該処分において考慮されるべき利益の内容及び性質」：最判平成 4 年 9 月22日民集46巻 6 号571頁（高速増殖炉もんじゅ・原子炉設置許可無効確認訴訟）

　利益の内容および性質，およびこれが害される態様および程度について言及したのは，平成 4 年もんじゅ最高裁判決である。

　最高裁は，「当該行政法規が，不特定多数者の具体的利益をそれが帰属する個々人の個別的利益としても保護すべきものとする趣旨を含むか否かは，当該行政法規の趣旨・目的，当該行政法規が当該処分を通して保護しようとしている利

益の内容・性質等を考慮して判断すべきである。」と述べている。

（4）「当該処分又は裁決がその根拠となる法令に違反してされた場合に害される
　　 こととなる利益の内容及び性質並びにこれが害される態様及び程度をも勘
　　案」：最判平成4年9月22日民集46巻6号571頁（高速増殖炉もんじゅ・原子炉
　　設置許可無効確認訴訟）

　　原子炉の設置許可の際に行われる規制法24条1項3号所定の技術的能力の有無
及び4号所定の安全性に関する各審査に過誤，欠落がある場合に生じる災害は，
近くに居住する者ほど直接的かつ重大な被害を受けるものと想定される。原告ら
はかかる地域内に居住する者というべきであるとして，結論において原子炉から
約29kmないし約58kmの範囲内の地域に居住している原告適格が肯定された。

（5）最高裁判例の到達点：最大判平成17年12月7日民集59巻10号2645頁（小田急
　　連続立体交差事業認可処分訴訟）

　　平成16年法改正後に出された最高裁判決が，この小田急訴訟大法廷判決であ
る。立法者が9条2項を挿入した意図は原告適格の拡大であったとされ，法改正
後の大法廷判決において実質的な原告適格の拡大が行われている。

　　小田急訴訟大法廷判決を理解する基礎知識として，連続立体交差事業という鉄
道事業が都市計画法59条の都市計画事業に該当すること，当該事業は「都市計画
に適合したものでなければならない」（都市計画法13条1項）ことが前提として求め
られている，ということをまず理解しよう。

　　小田急訴訟大法廷判決は，従来の最高裁判決を踏まえ，かつ9条2項を引用
し，判例変更を行い，都市計画事業の事業地の周辺に居住する住民のうち同事業
が実施されることにより騒音，振動等による健康又は生活環境に係る著しい被害
を直接的に受けるおそれのある者は，都市計画事業の認可の取消訴訟の原告適格
を有するとした。

判例変更「当該処分において考慮されるべき利益の内容及び性質」

　　最判平成11年11月25日判時1698号66頁（環状6号線事件）は，都市計画事業の事
業地の周辺地域に居住しまたは通勤・通学している者に原告適格を認めず，事業
地内の不動産につき権利を有する者にのみ原告適格を認めた判決であった。これ
は都市計画事業の認可処分と土地収用法適用の関係から，処分の取消しを求める
「法律上の利益」を事業地内の不動産に関する権利とみたものである。

　小田急訴訟大法廷判決では，都市計画事業により生じる騒音，振動等により影響を受ける健康および生活環境上受ける不利益が問題とされ，「当該処分において考慮されるべき利益の内容及び性質」がそもそも異なっている。その「当該処分において考慮されるべき利益の内容及び性質」の導き方，「関係法令」の見い出し方に注目しよう。

「当該法令と目的を共通にする関係法令があるときはその趣旨及び目的を参酌」

　小田急訴訟大法廷判決の特色は，9条2項「当該法令と目的を共通にする関係法令があるときはその趣旨及び目的を参酌」する仕方にある。都市計画法13条1項において，都市計画が適合しなければならない計画の1つに当該都市の公害防止計画が挙げられていることに着目し，そこから公害防止計画の根拠法である公害対策基本法の趣旨，規定等をも考慮に取り込んでいる。

　「都市計画事業の認可に関する同法の規定は，その趣旨及び目的にかんがみれば，事業地の周辺地域に居住する住民に対し，違法な事業に起因する騒音，振動等によってこのような健康又は生活環境に係る著しい被害を受けないという具体的利益を保護しようとするものと解される」と述べ，次いで，都市計画の決定または変更が環境影響評価等の手続を通じて公害の防止等に適正な配慮が図られていることから，東京都環境影響評価条例を関連づけ，環境影響評価の対象となる地域に居住する者に原告適格を認めている。

5　最高裁判例の類型別分析

　処分の取消しを求める「法律上の利益を有する者」は，訴訟要件でありながら行政事件訴訟法9条の文面から即座に可否を導くことができず，個別の実定法律の解釈論を展開しなければ原告適格を導けない。初学者には難しい問題である。原告適格を肯定できるか否かは，詰まるところ，過去の最高裁判例の蓄積に行き着く。原告適格が認められるか否かは，類似の最高裁判例の知識が必要になる。最高裁判例を類型化して，原告適格が認められるか否か，一応の目安を得よう。

（1）距離制限規定と原告適格

　最高裁が原告適格を判断するにあたり依拠した距離制限規定は，公衆浴場法，風営法，自転車競技法施行規則にある。法令に距離制限が置かれている場合，距離制限によって何を保護しようとしているかが重要である。

　公衆浴場法2条3項は，設置場所の配置の基準を都道府県条例に委ねている。

昭和37年最高裁判決は，新規営業許可が既存公衆浴場から250m離れていないとして既存業者が新規営業許可の取消しを求めた事件において，既存業者に原告適格を認めた判決である。最高裁は，距離制限規定と営業許可制度により「国民保健及び環境衛生」の観点から「被許可者を濫立による経営の不合理化から守ろうとする意図をも有するものであることは否定し得ない」として，適正な許可制度の運用によって保護されるべき業者の営業上の利益を法律によって保護される法的利益と解したのである。

【距離制限と原告の主張する利益】　　〇は処分性肯定，×は処分性否定

〇	最判昭和37年 1 月19日民集16巻 1 号57頁（公衆浴場の営業許可取消請求） ＊原告は既存業者
〇	最判平成 6 年 9 月27日判時1518号10頁（風俗営業の許可取消請求） ＊原告は距離制限内にある医院の設置者
×	最判平成10年12月17日民集52巻 9 号1821頁（風俗営業の許可取消請求） ＊原告は距離制限内に居住する住民
〇	最判平成21年10月15日民集63巻 8 号1711頁（競輪の場外車券販売施設設置許可取消請求） ＊位置基準内にある病院〇，位置基準内に居住する住民×

　次に，風俗営業に関する 2 件の最高裁判例は，パチンコ屋に関する事例である。「風俗営業等の規制及び業務の適正化等に関する法律」（風営法）において距離制限の対象になる施設は都道府県条例によって異なっているが，学校，病院は風営法施行令 6 条 1 号ロに明記され，最判平成 6 年 9 月27日判時1518号10頁はその趣旨を「善良で静穏な環境の下で円滑に業務を運営するという利益をも保護していると解すべき」と述べている。

　他方，最判平成10年12月17日民集52巻 9 号1821頁は，原告が距離制限内に居住していても原告適格を認めなかった。原告適格を認めるか否かは，法律が公益のみならず個別的利益を保護しようとしていると解されることが決定的なのであるが，最高裁は風営法施行令 6 条 1 号イを「一定の広がりのある地域の良好な風俗環境を一般的に保護しようとしている」と解し，同号ロのように特定の個別的利益の保護を図ることをうかがわせる文言は見当たらないという。つまり，距離制限規定は個別の住民に静穏な環境のもとで居住する利益を保護しようとしているわけではないとされるのである。

　最後に，競輪の場外車券販売施設設置許可に関して，最判平成21年10月15日民集63巻 8 号1711頁は，自転車競技法施行規則15条 1 項にある位置基準，14条 2 項にある設置許可申請書に添付すべき見取り図（1000m以内の医療施設等の位置・名称

を記載）等の規定を手掛かりに，医療施設設置者の原告適格を認め，周辺住民の
原告適格を否定した。

理解のポイント
距離制限規定と原告適格の関係——風俗営業の場合

原告適格の事例問題には，法律上の距離制限規定がしばしば登場する。法律に置
かれた距離制限規定が，どのような利益を保護しようとしているかを理解すること
が重要である。

「風俗営業」という場合，性風俗産業を思い浮かべがちであるが，風俗営業と性
風俗営業の規制は別である。風営法 2 条の「風俗営業」の業種には，接待を伴う飲
食店営業，低照度の飲食店営業，他から見通すことが困難かつ 5 ㎡以下の区画を設
けた飲食店，マージャン屋，パチンコ屋などの射幸心をあおるような遊戯をさせる
営業，ゲームセンターなどの遊技場営業が該当する。行政法で問題とされるのは，
パチンコ屋の営業許可である。

風営法の「風俗営業」距離制限は，許可基準の 1 つであって，風営法 4 条 2 項 2
号の委任⇒風営法施行令による基準の具体化⇒都道府県条例制定，という三段階的
に具体化される。都道府県の条例によって，周辺地域の風俗環境を保全すべき必要
がある対象施設とその距離が定められるため，対象施設，対象施設からの距離は，
都道府県条例によって異なっている。風営法施行令 6 条 1 号ロに具体的に明記さ
れているのは学校，病院であり，そこからおおむね100メートルを限度として，条
例で距離制限が定められている（京都府条例では，学校，病院，児童福祉施設，図
書館，大学，保健所，博物館が保全対象施設になっている）。

（2）競業者

最高裁判例では質屋営業許可，公衆浴場営業許可の取消しが求められている
が，それらは行政行為論では警察許可に属するとされる。「許可」制度は本来競
業者に既得権益を認めるものではないから，距離制限規定がなければ法律が保護
する法的利益として解することはできないであろう。

既存業者の原告適格が肯定された一般廃棄物収集運搬業の場合，一般廃棄物法
制の特性からその論理が導かれる。一般廃棄物は本来市町村がその責任において
処理すべきものであって，市町村が処理することが困難である場合に市町村長が
事業者に許可を与え，委託契約が結ばれる。「廃棄物処理及び清掃に関する法律」
は一般廃棄物処理・収集運搬事業者の競争というものを予定しておらず，廃棄物
を適正に処理することに主眼がある。最判平成26年 1 月28日民集68巻 1 号49頁
は，一般廃棄物処理業の許可またはその更新の申請に対し，市町村長が既存の許

可業者の事業への影響を考慮してその許否を判断することを通じて，当該区域の衛生や環境を保持する上でその基礎となるものとして，その事業に係る営業上の利益を個々の既存の許可業者の個別的利益としても保護すべきものとする趣旨を含むと解し，原告適格を肯定している。

【競業者】　〇は処分性肯定，×は処分性否定

×	最判昭和34年8月18日民集13巻10号1286頁（質屋営業許可取消請求） ＊原告は既存業者
〇	最判昭和37年1月19日民集16巻1号57頁（公衆浴場営業許可取消請求） ＊原告は既存業者（距離制限規定によって原告適格が認められた）
〇	最判平成26年1月28日民集68巻1号49頁（一般廃棄物収集運搬業許可取消請求） ＊原告は既存業者

競願者

競業関係の中でも，競願関係は別に考えることができる。複数の申請者の中から一者だけ許認可が付与される場合，拒否処分を受けた者が，他者に付与された許認可の取消しを求めることがある。A社とB社が競っているという状況を想定して考えてみよう。最判昭和43年12月24日民集22巻13号3254頁（東京12チャンネル事件）では，1社だけが放送免許を受けたが，拒否処分を受けた社は拒否処分を争えるのみならず，放送免許の取消しを求めることもできるとした。つまり，競願関係で1つの放送免許を争っているから，A社の免許を取り消せば，B社が免許を受けることができる，というものである。

（3）一般消費者

一般消費者の立場で原告適格が認められないことは最判昭和53年3月14日民集32巻2号211頁（主婦連ジュース事件判決）が明らかにしたが，利用者という立場でも原告適格は否定されている。最判平成元年4月13日判時1313号121頁は，利用者の立場で鉄道特急料金の認可処分の取消しを争った事件であるが，当時の地方鉄道法（大正8年法律第52号，昭和61年廃止）には利用者の利益を保護する趣旨の規定がなかったため，利用者の原告適格は否定されている。

処分の根拠法律改正に伴って，地裁判決であるが，新しい動きが見られる。鉄道事業法（昭和61年法律第92号）1条は「鉄道等の利用者の利益を保護する」ことも目的として掲げていることから，東京地判平成25年3月26日判時2209号79頁は，居住地から職場や学校等への日々の通勤や通学等の手段として反復継続して日常

的に鉄道を利用している者らの原告適格を認めている。

　原告適格の有無を判断するにあたり，実定法律から公益のみならず個別的利益をも保護しているかを読み取れるか否かが決定的であるから，実定法律の規定の仕方が変われば，裁判所が原告適格否定から肯定へ転じることがあり得ると言えよう。

【一般消費者】　○は処分性肯定，×は処分性否定

×	最判昭和53年3月14日民集32巻2号211頁（主婦連ジュース事件） ＊消費者団体およびその代表
×	最判平成元年4月13日判時1313号121頁（近鉄特急料金認可取消請求） ＊定期券利用者
○	東京地判平成25年3月26日判時2209号79頁（北総鉄道運賃認可無効確認請求） ＊定期券利用者

（4）周辺住民の生命・身体の安全

　規制する法律，処分の根拠法律がもっぱら公益を保護するものであり，個別的利益を保護する旨を読み取れなくても，規制によって保護しようとする法益が周辺住民の生命・身体の安全，健康に関わるものである場合，それらの利益は，その性質上，公益に吸収されるものではないとして，個別的に保護法益として認められている。周辺住民に原告適格が認められるとしても，次に，どの範囲を保護範囲とするかという距離的な問題が生じる。具体的な「距離」算出について定まった方法があるわけではなく，事案ごとにその特性を反映させて判断される。

【周辺住民と保護法益】　○は処分性肯定，×は処分性否定

○	最判昭和57年9月9日民集36巻9号1679頁（保安林指定解除取消請求） ＊生命・身体の安全，財産（立木竹の伐採による洪水，渇水のおそれ）
○	最判平成元年2月17日民集43巻2号56頁（定期航空運送事業免許処分取消請求） ＊健康・生活上の利益（航空機騒音）
○	最判平成4年9月22日民集46巻6号571頁（高速増殖炉もんじゅ・原子炉設置許可無効確認請求） ＊生命・身体の安全の利益
○	最判平成9年1月28日民集51巻1号250頁（都市計画法に基づく開発許可取消請求） ＊生命・身体の安全，財産（がけ崩れ等のおそれ）
○	最判平成13年3月13日民集55巻2号283頁（森林法に基づく林地開発許可取消請求） ＊生命・身体の安全，財産（土砂の流出・崩壊・水害等のおそれ）
○	最判平成14年1月22日民集56巻1号46頁（建築基準法に基づく総合設計許可取消請求） ＊生命・身体の安全，財産（地震・火災等による高層ビル倒壊のおそれ）
○	最大判平成17年12月7日民集59巻10号2645頁（小田急連続立体交差事業認可取消請求） ＊健康・生活上の利益，財産（騒音，振動）

（5）学術的な権利

　歴史研究のために，文化財に関して，学術的な権利が主張されることがある。開発行為のために史跡指定の解除が行われることがあり，指定解除の取消しを求めて学術研究者が争うことについて，最高裁は学術研究者の原告適格を否定している。最判平成元年6月20日判時1334号201頁（伊場遺跡訴訟事件）において，「文化財享有権なる観念は，いまだ法律上の具体的権利とは認められない」として違憲の主張を退け，そして文化財保護法および県条例から「県民あるいは国民が史跡等の文化財の保存・活用から受ける利益をそれら個々人の個別的利益として保護すべきものとする趣旨を明記しているものはなく，また，右各規定の合理的解釈によっても，そのような趣旨を導くことはできない」という。

6　狭義の訴えの利益

理解のポイント

　　処分の違法を主張してその取消しを求める者には，「訴えの利益」がなければならないことを理解しよう。
① 「原告適格＋狭義の訴えの利益＝広義の訴えの利益」という。
② 処分性，原告適格，狭義の訴えの利益を「3点セット」と言うことがある。多くの取消訴訟の却下判決は，この3つのうちのいずれかを欠くことを理由とされる。そこに着目して，「処分性＋原告適格＋狭義の訴えの利益＝広義の訴えの利益」とする学説もある。

　処分性と原告適格が認められても，その訴訟において取消判決を受けるだけの現実の法的必要性がないとして却下判決を受けることがある。この場合，狭義の訴えの利益という訴訟要件を欠くとされる。

　狭義の訴えの利益という訴訟要件は，積極的に満たすことを求められる要件というよりも，時の経過とともに「満たせなくなってしまった」ときに問題とされる要件である。裁判は実質的な救済制度であるから，「利益なければ訴権なし」という原則で成り立っている。争われている利益ないし問題が消滅してしまえば，裁判をする意味はなくなってしまう。狭義の訴えの利益とは，取消訴訟を利用して取消判決を受けるだけの「訴えの利益」が現に存在することをいう。

（1）「時の問題」としての狭義の訴えの利益

　たとえば，不利益処分を受けた場合，処分の名宛人には不利益処分の取消しを

求める利益は当然あり，処分性，原告適格という訴訟要件を満たしているが，不利益処分が「1週間の営業停止」である場合など，営業停止処分を受けて1週間が経過した後に取消訴訟を提起すれば，狭義の訴えの利益を欠くとして却下となる。食中毒に対応すべく，迅速に講じられなければならない短期間の営業停止処分など，取消訴訟を提起することが難しい不利益処分がある。

　次に，申請に対する拒否処分を例に考えてみよう。処分の名宛人には拒否処分の取消しを求める利益があり，処分性，原告適格も当然認められる。しかし，ある特定の日に施設を利用したいという申請が拒否された場合など，拒否処分の取消訴訟を提起してもその「特定の日」を過ぎてしまえば，狭義の訴えの利益を欠くとして却下される。メーデー事件と呼ばれる最大判昭和28年12月23日民集7巻13号1561頁（皇居外苑使用不許可処分事件）が代表例として挙げられる。

　平成16年訴訟法改正により，取消訴訟以外の争い方が可能になり（義務付け訴訟），執行停止以外の仮の権利救済（仮の義務付け）の方法も新たに設けられた。メーデー事件は，取消訴訟でしか争えない，申請に対する拒否処分であるから執行停止は機能しないという訴訟法下で，狭義の訴えの利益が否定された例であると言えよう。

取消訴訟によって回復すべき法律上の利益

　時の経過によって訴えの利益が失われる例に，道路交通法違反を理由とする行政処分がある。運転免許停止処分の取消しが争われた事件において，最判昭和55年11月25日民集34巻6号781頁は，運転免許停止処分から無事故・無違反で1年を経過したという状況で，1年を経過した日の翌日以降，本件原処分を理由に道路交通法上不利益を受ける虞がなくなるから，処分の取消しによって回復すべき法律上の利益を有しないとした。

　この最高裁判決にはもう1つ注目すべき点がある。運転免許停止処分により名誉，感情，信用等という人格的利益が損なわれ，取消判決によってこれを回復させる利益があるという主張が退けられた点である。最高裁は，それらは処分がもたらす事実上の効果にすぎず，取消しの訴えによって回復すべき法律上の利益ではないとして，却下判決としている。

　営業停止期間を経過した後，パチンコ店営業停止処分の取消しを争う法律上の利益を認めた最高裁判決が近年出されている。風営法には過去に不利益処分を受けたことによる加重規定はないが，行政手続法12条1項により公にされている処分基準（裁量基準）に加重規定がある。最高裁は，当該処分基準の定めにより不利

益な取扱いを受けるべき期間内はなお当該処分の取消しによって回復すべき法律
上の利益が存するとした。

【期間の経過】　○は狭義の訴えの利益肯定，×は狭義の訴えの利益否定

×	最判昭和55年11月25日民集34巻6号781頁（運転免許停止処分取消請求） ＊1年を経過した日の翌日以降，本件原処分を理由に道路交通法上不利益を受ける虞がなくなる
○	最判平成27年3月3日民集69巻2号143頁（パチンコ店営業停止処分取消請求） ＊行政手続法12条1項の規定により定められ公にされている処分基準において，先行の処分を受けたことを理由として後行の処分に係る量定を加重する旨の不利益な取扱いの定めがある

事情の変化——代替施設の完成（長沼ナイキ事件）

　最判昭和57年9月9日民集36巻9号1679頁（保安林指定解除処分取消請求）は，自
衛隊ナイキ基地建設のために保安林指定が解除され伐採されることにより森林の
理水機能が低下し，洪水，渇水の恐れがあるとして，周辺住民が保安林指定解除
処分の取消しを求めた事件である。最高裁は森林法の保安林指定に関する「直接
の利害関係のある者」の規定を手掛かりに周辺住民に原告適格を認め，その範囲
を確定したのであるが，訴訟追行中に国側は理水のための施設を建設した。最高
裁はそれによって洪水，渇水の恐れがなくなり訴えの利益が消滅したとして，訴
えを却下したのである。

　処分性，原告適格，狭義の訴えの利益は「3点セット」と呼ばれる。3つのう
ちのいずれかを言い立てて本案審理に入らないようにしているという揶揄であ
る。長沼ナイキ事件最高裁判決において，却下理由には「やや無理がある」と指
摘する反対意見が見られるように，狭義の訴えの利益は本案審理に入らないため
の理由になりがちである。

工事の完了

　工事の完了によって，狭義の訴えの利益が失われるか否かという論点がある。
建築確認（建築基準法）や開発許可（都市計画法）などの処分に対して，周辺住民が
取消訴訟を提起することがしばしば見られる。原告適格が肯定されても執行停止
が認められなければ，訴訟と工事は進行し，訴訟継続中に工事が完了してしまう
事態となる。

　そのような取消訴訟において最高裁は，建築確認や開発許可の法的効果に着目
し，工事完了・検査済証交付との関係を説明している。建築確認は当該建築物の
計画が建築関係規定に適合していることを公権的に判断し，それを受けなければ
工事をすることができないという効果を有する。開発許可は，申請にかかる開発

行為が都市計画法33条所定の要件に適合していることを公権的に判断し，これを受けなければ工事をすることができないという効果を有する。そうすると，工事が完了すれば建築確認や開発許可が有する効果はすでに消滅しているとして，処分の取消しを求める法律上の利益を否定している。

これに対して，近年，工事の完了後も開発許可の取消しの利益を認めた最判平成27年12月14日民集69巻8号2404頁が出されている。これは市街化調整区域内（市街化を抑制すべき区域）における開発許可の取消請求に関する判決である。工事完了後の開発許可の取消しの利益を認めなかった最判平成5年9月10日47巻7号4955頁は，市街化区域内における開発許可が問題となっていた点に違いがある。

市街化調整区域では，原則として知事の許可を受けない限り建築等が制限されるが，開発許可を受けた開発区域においては，開発行為に関する工事が完了し，検査済証が交付されて工事完了公告がされた後は，予定建築物等の建築が可能になる。最高裁は，当該開発許可の取消しによって，その効力を前提とする予定建築物等の建築等が可能となるという法的効果を排除することができるという点を捉えて，市街化調整区域内にある土地を開発区域とする開発許可に関する工事が完了し，当該工事の検査済証が交付された後においても，当該開発許可の取消しを求める訴えの利益は失われないと解している。

【工事の完了】　○は狭義の訴えの利益肯定，×は狭義の訴えの利益否定

×	最判昭和59年10月26日民集38巻10号1169頁（工事完了後の建築確認取消しの利益）
×	最判平成5年9月10日47巻7号4955頁（市街化区域における工事完了後の開発許可取消請求）
○	最判平成27年12月14日民集69巻8号2404頁（市街化調整区域における工事完了後の開発許可取消請求） ＊開発許可の効力を前提とする予定建築物等の建築等が可能となるという法的効果を排除することができる

工事の完了と原状回復

最判平成4年1月24日民集46巻1号54頁は，農地の整備を進める土地改良事業区域内に土地を有する原告が，土地改良事業認可処分の取消しを争った事件である。取消訴訟追行中に土地改良事業が完成した。最高裁は，町営の土地改良事業の工事等が完了して原状回復が社会通念上不可能となった場合であっても，右事業の施行の認可の取消しを求める訴えの利益は消滅せず，それは行政事件訴訟法31条1項特別の事情による請求の棄却（事情判決）の問題として考慮されるべき事柄であるとした。

【工事の完了と事情判決】　○は狭義の訴えの利益肯定，×は狭義の訴えの利益否定

○	最判平成4年1月24日民集46巻1号54頁（町営土地改良事業施行認可処分取消請求） ＊原状回復が社会通念上不可能な場合，狭義の訴えの利益が消滅したのではなく，事情判決において考慮すべき問題

（2）9条1項括弧書きの意義

　行訴法9条1項には，処分の取消しを求める法律上の利益を有する者には「（処分又は裁決の効果が期間の経過その他の理由によりなくなった後においてもなお処分又は裁決の取消しによって回復すべき法律上の利益を有する者を含む。）」とする括弧書きがある。懲戒処分などを取り消した場合に発生する給与請求権や報酬請求権が，ここでいう「処分の取消しによって回復すべき法律上の利益」に該当する。

任期満了となった係争中の地方議会議員除名処分

　行政事件訴訟特例法下の最大判昭和35年3月9日民集14巻3号355頁は，除名処分となった区議会議員が処分追行中に任期満了となった事例において，地方公共団体の議会議員の任期が満了したときは，除名処分の取消しを求める訴えの利益は失われると判示した。行政事件訴訟特例法には，行訴法9条1項括弧書きに相当する規定はなく，大法廷では8対7の僅差であった。多数説は，身分の回復を，取消しによって得られる利益と考えている。つまり，除名処分を取消しても任期満了となればもはや身分は回復しないから，任期満了によって除名処分の取消しを求める訴えの利益は消滅することとなる。

　他方，少数説は，身分の回復のみならず，除名処分時に遡って処分を取消せば，処分時から任期満了までの報酬請求権が発生することに着目している。行政事件訴訟法の制定にあたり，少数説を取り入れ，9条1項括弧書きが挿入されたのである。

地方議員の懲罰の取消しと回復すべき法律上の利益

　9条1項括弧書きは，地方議員の身分の問題のみならず，内部的規律の問題とされる地方議員に対する懲罰とも関係している。最大判昭和35年10月19日民集14巻12号2633頁は，地方議会の議員に対する出席停止の懲罰議決を内部規律の問題として裁判所法3条の法律上の争訟に該当しないと判示した有名な部分社会論に関する判決であるが，「地方議会議員の懲罰決議は上告人の主張する如く議員としての報酬，手当，費用弁償の請求権等に直接影響するものである以上，その懲罰処分の適否及び右請求権等の争いは単なる議会の内部規律の問題にすぎないものと見るべきではなく，裁判所法三条の「法律上の争訟」として司法審査の対象

になり得るものと解するを相当とする。」と指摘する法廷意見が見られる。まさに懲罰の取消しによって回復する法律上の利益の存在を指摘するものであるが，地方議会における懲罰を裁判所法3条「法律上の争訟」に該当しないとするこの昭和35年大法廷判決は，令和2年大法廷判決が判例変更するまで，部分社会論の典型例として長く維持された。

令和2年大法廷判決による判例変更

　最大判令和2年11月25日民集74巻8号2229頁は，市議会の議員であった原告が市議会から科された23日間の出席停止の懲罰が違憲，違法であるとして，市を相手に，その取消しを求めるとともに，議会議員の議員報酬，費用弁償及び期末手当に関する条例に基づき，議員報酬のうち本件処分による減額分の支払を求める事案であった。大法廷判決は「普通地方公共団体の議会の議員に対する出席停止の懲罰の適否は，司法審査の対象となる」と判示し，出席停止期間中の議員報酬請求権等が有ることを認めた。

公務員の懲戒免職処分取消しと給与請求権

　最大判昭和40年4月28日民集19巻3号721頁は，懲戒処分を受けた国家公務員が取消訴訟で争っている中で市議会議員に立候補したという事例である。公職選挙法90条によれば，公務員は立候補した日に自動的に退職したものとされる。身分の回復という観点からすれば処分の取消しを求める訴えの利益は公職選挙法90条により消滅したが，最高裁は懲戒処分を取り消せば給与請求権が発生することから，9条1項括弧書きに即して訴えの利益を肯定した。

行政法こぼれ話20‐1　処分性，原告適格，狭義の訴えの利益の混淆

　裁判所は，処分性，原告適格，狭義の訴えの利益という3つの主観的訴訟要件を充足しているか否かを明確にせず本案審理に入ることがある。

　たとえば，前述最判平成6年9月27日判時1518号10頁は，パチンコ店の風俗営業許可取消しを求める医院の経営者が原告となった事件であるが，医院は距離制限ギリギリの位置にあった。最高裁は「当該風俗営業の営業所が右地域内に所在しているか否かは実体審理をしなければ判明しない程度に右施設の至近距離にあるときは，審理の結果，右営業所が制限地域内に所在していないことが明らかになったとしても，本案につき判決をすべきである。」と述べ，訴訟要件を満たしていないが却下判決ではなく，棄却判決を出している。

　狭義の訴えの利益から，処分性，原告適格を肯定した最高裁判決もある。最判平成21年2月27日民集63巻2号299頁（優良運転免許証等請求事件）である。実際の運転免許証更新のシーンを思い浮かべみよう。運転免許証の区分は5つ（優良運転者，一般運転者，違反運転者，初回更新者，新規取得者）あるが，優良運転免許証と一般運転免許証の有効期限に違いはなく5年である。免許証更新にあたり優良運転免許証（いわゆるゴールド免許）を申請する，選択する，というような形式になっておらず，単に更新である。また，有効期限

が同じであるから一般運転免許証の交付を受けることは不利益ともいえない。つまり，処分性も原告適格もすぐに肯定できないのであるが，優良運転免許者と一般運転免許者との講習時間の違い，手数料の違い，更新手続の特例があること等から，最高裁は「客観的に優良運転者の要件を満たす者であれば優良運転者である旨の記載のある免許証を交付して行う更新処分を受ける法律上の地位を有することが肯定される」とする。「一般運転者として扱われ上記記載のない免許証を交付されて免許証の更新処分を受けた者は，上記の法律上の地位を否定されたことを理由として，これを回復するため，同更新処分の取消しを求める訴えの利益を有する。」と述べている。

■演習問題20 - 1

【事例】　S県C町は風光明媚な土地であるが，過疎化が進行しているため，C町は地域振興のためにスキー場建設を計画した。S県もスキー場建設に反対していない。スキー場建設予定地はC町の所有する町有地であるが，水源かんよう用の保安林になっている。C町長は，S県知事に対して保安林の指定解除を申請し，S県知事はこれを認めた。

　C町の住民であるAさんとBさんは，スキー場建設に反対である。スキー場建設のためには保安林となっている木々をすべて伐採しなければならない。山々が丸裸になると景観が損なわれてしまう。Aさんの家の裏山は，スキー場建設予定地の一部にはいっており，裏山の木々は保安林である。Bさんの居住地はスキー場建設予定地からは遠いC町中心部商店街であるが，風光明媚なC町を愛し，わざわざ都会から移住して商売を営む人である。NPOを設立し，景観保護運動を展開している。

(1) AさんとBさんが抗告訴訟を提起しようとする場合，何を対象として，どのような訴訟を提起したらよいか。

(2) Aさん，Bさんに原告適格は認められるか。Aさん，Bさん，各々について検討しなさい。

第**21**章　取消訴訟の審理

理解のポイント
　取消訴訟は自己の権利のために提起する主観訴訟であるから，自己の法律上の利益に関係のない違法を主張することができない。他者の権利のために主張することもできない。主張制限があることを理解しよう。

1　審理の対象

取消訴訟の訴訟物

　取消訴訟の訴訟物は，処分の違法性一般である。行訴法10条１項は「取消訴訟においては，自己の法律上の利益に関係のない違法を理由として取消しを求めることができない。」と定めているが，処分の名宛人が原告となる場合，処分の根拠要件はすべて名宛人の権利・利益と関わりを有すると解されるため，処分の違法性一般，つまり処分の根拠に関わるあらゆる側面から処分の違法性について主張することができる。しかしながら，処分の名宛人でない第三者が処分の取消しを求める場合はこれと異なる。

原告適格と主張制限（10条１項）の関係

　処分の名宛人でない第三者の場合，訴訟要件である原告適格の審査において「法律上の利益」が肯定されているから，原告適格を根拠づけた当該「法律上の利益」に関わることに主張が制限される。最高裁がこの点について言及したのは，定期航空運送事業免許の取消しが求められた最判平成元年２月17日民集43巻２号56頁（新潟空港訴訟）であった。原告適格を基礎づけたのは健康・生活上の利益であったが，原告は，空港の滑走路供用の違法，空港の着陸帯供用の違法，供給過剰の違法が航空法101条１項の免許基準に適合していないという主張に終始していた。最高裁は，それらは自己の法律上の利益に関係のない違法をいうものであるとして，請求を棄却している。

原処分主義（10条２項）

　原処分主義とは，審査請求に対する裁決に不服がある場合であっても，裁決を対象として取消訴訟を提起するのではなく（３条３項裁決の取消しの訴えを提起するのではなく），そもそもの処分（原処分）を対象として３条２項処分の取消しの訴えを提起すべきことを意味する。

これとは逆の考え方が裁決主義である。審査請求に対する裁決に不服がある場合，原処分ではなく裁決を対象にして取消訴訟を提起すべきことが，個別の法律に特に規定が置かれている。

違法判断の基準時

処分の違法は，原則として，処分時を基準として判断される（処分時説：最判昭和27年１月25日民集６巻１号22頁）。しかし，法令の改廃や事情の変化など，処分時を基準として判断することが適切でないことがあり，判決時（口頭弁論終結時）を基準とせざるをえないこともある（判決時説）。

原発訴訟と「現在の科学水準」

処分時にはわからなかったが，科学の発展により，取消訴訟において新しい科学的知見が判断基準として用いられることがある。最高裁は，最判平成４年10月29日民集46巻７号1174頁（伊方原発訴訟）において，原子炉施設の安全性に関する判断の適否は「現在の科学技術水準に照らし」判断されるべきことを判示している。これは法令の改廃や事情の変化などがあったわけではなく，判断基準を最新の科学的知見とすべきであるという考え方であり，処分時説と矛盾するものではないと説明される。

2　審理手続

関連請求に係る訴訟の移送（13条）・併合（16条）

取消訴訟と関連する訴訟が別々の裁判所に提起され，係属していることがある。それらを別々に審理することは，原告にとっても裁判所にとっても負担となる。移送と併合に関する規定の趣旨は，複数の請求を併合して１つの訴訟手続きで審理することによって，訴訟追行上の負担を軽減し，裁判の矛盾抵触・審理の重複を回避し，迅速な審理と裁判を確保しようとする。

民事訴訟では請求の併合が同種の訴訟手続による場合に限定されるが（民訴法136条），取消訴訟は，行訴法13条に定められた請求であれば，原状回復請求や損害賠償請求など異種訴訟の手続きによる請求も併合可能である。原告は，取消訴訟の口頭弁論の終結に至るまで，関連請求に係る訴えをこれに併合して提起することができる（19条）。第三者は，取消訴訟の口頭弁論の終結に至るまで，その訴訟の当事者の一方を被告として，関連請求に係る訴えをこれに併合して提起することができる（18条）。

問題となるのは，条文上明確でない13条６号「関連する請求」の意味である。

これを1号から5号までのように取消訴訟との密接な関連性を求める（この立場は，1つの処分ないし裁決の取消訴訟を中心据えて，これに関連する請求を関係づける），あるいは緩やかに，事実に関する争点が相当程度共通し，かつ，請求の基礎となる社会的事実が同一ないし密接に関連するものも含まれる，という2つの立場がある。最判平成17年3月29日民集59巻2号477頁は，同一の敷地にあって1つのリゾートホテルを構成している複数の建物の固定資産課税台帳の登録価格についてされた審査申出の棄却決定の取消しを求める各請求が互いに行訴法13条6号所定の関連請求に当たると判示している。すなわち，最高裁は後者の立場をとったといえる。

訴えの変更（21条）

　取消訴訟の係争中に，狭義の訴えの利益が失われてしまうことがある。そのような場合，原告は口頭弁論の終結に至るまでに，処分の取消請求から「当該処分又は裁決に係る事務の帰属する国又は公共団体に対する損害賠償その他の請求」への変更を求める申立てを行い，裁判所の決定をもって訴えの変更が可能である。下記の最高裁決定は訴えの変更が認められた例であるが，被告が取消訴訟（民間の指定確認検査機関）と国賠訴訟（横浜市）で異なっている点に留意が必要である。

判例21-1　最決平成17年6月24日判時1904号69頁（指定検査機関による建築確認事務の帰属先と訴えの変更）

【事案】　横浜市内において計画された新築マンションの建築確認の取消しを求めて周辺住民が取消訴訟を提起した。建築確認を行ったのは指定確認検査機関である株式会社東京建築検査機構であり，これを被告として取消訴訟が争われていたが，マンションの建築工事が完成したため，原告らは取消訴訟から国家賠償請求訴訟へと訴えの変更を申立てた。

【決定要旨】　指定確認検査機関による建築基準法6条の2第1項の確認に係る建築物について，同法6条1項の確認をする権限を有する建築主事が置かれた地方公共団体は，指定確認検査機関の当該確認につき行政事件訴訟法21条1項所定の「当該処分又は裁決に係る事務の帰属する国又は公共団体」に当たる。

行政法こぼれ話21-1　指定確認検査機関による建築確認の争い方

　1998（平成10）年建築基準法改正により，それまで地方公共団体に属する公務員の建築主事のみが行っていた建築確認を，大臣の「指定」を受けた民間の機関（財団法人，株式会社など）も建築確認を行い，建築確認済証を交付することが可能になった。これを「指定確認検査機関」という。

建築確認は行政処分であるから，民間の機関であっても「指定確認検査機関」が行政庁とみなされる。行訴法11条2項の「処分又は裁決をした行政庁が国又は公共団体に所属しない場合には，取消訴訟は，当該行政庁を被告として提起しなければならない。」という条文を適用して，取消訴訟の被告は「指定確認検査機関」となる。

行政事件訴訟法の訴訟参加

行政事件訴訟法は訴訟参加について，第三者の訴訟参加(22条)と行政庁の訴訟参加(23条)を定めているが，この他に，行訴法7条による民事訴訟法の準用が認められる結果，民事訴訟法42条を適用した補助参加も排除されない。ただし，第三者の訴訟参加(22条)と民訴法42条の補助参加は，選択的に認められる。

第三者の訴訟参加 (22条)

行政事件訴訟法に第三者の訴訟参加の規定が設けられたのは，取消判決の効力が第三者に及ぶため(32条第三者効，33条拘束力)，それにより不利益を被る第三者の権利利益の救済を図る必要があり，第三者に攻撃防御の手段を与えるためである。裁判所は，「訴訟の結果により権利を害される第三者」について，当事者・第三者の申立てにより，または職権で，決定をもって訴訟に参加させることができる。

訴訟に参加した第三者には，民訴法40条1項から3項までの規定が準用される(22条4項)。民訴法40条は訴訟の目的が共同訴訟人全員につき合一的に確定することが必要な必要的共同訴訟の規定であり，訴訟の目的が共同訴訟人全員について合一にのみ確定すべき場合には，その1人の訴訟行為は，全員の利益においてのみその効力を生ずる。行訴法22条による参加人は，必要的共同訴訟の共同訴訟人に準じた地位に就く。共同訴訟的補助参加に類すると解される。

判例21-2　最決平成15年1月24日裁判所時報1332号3頁

【事案】　Xは，岡山県吉永町内に産業廃棄物の管理型最終処分場の設置を計画し，Y(岡山県知事)に対して設置許可申請したが，不許可となった。Xは審査請求をしたが棄却されたため，Yを被告として(平成16年行政事件訴訟法改正前)，本件不許可処分の取消訴訟を提起した。これに対して，本件設置予定地または周辺を水源として使用している町民3524名が本件施設が設置されることにより生命・健康が損なわれるおそれがあると主張し，Yを補助するため，民事訴訟法42条に基づく補助参加の申出をした(吉永町も補助参加の申出をしたが，抗告理由の記載がなかったため却下された)。

【決定要旨】　「人体に有害な物質を含む産業廃棄物の処理施設である管理型最終処分場については，設置許可処分における審査に過誤，欠落があり有害な物質が許容限度を超えて排出された場合には，その周辺に居住する者の生命，身体に重大な危害を及

ほすなどの災害を引き起こすことがあり得る。このような同項の趣旨・目的及び上記の災害による被害の内容・性質等を考慮すると、同項は、管理型最終処分場について、その周辺に居住し、当該施設から有害な物質が排出された場合に直接的かつ重大な被害を受けることが想定される範囲の住民の生命、身体の安全等を個々人の個別的利益としても保護すべきものとする趣旨を含むと解するのが相当である。【要旨】上記の範囲の住民に当たることが疎明された者は、民訴法42条にいう「訴訟の結果について利害関係を有する第三者」に当たるものと解するのが相当である。」

【注釈】　行訴法22条による第三者の訴訟参加は、裁判所の決定によって認められるのに対して、民訴法42条の補助参加は、参加の趣旨および理由を明らかにして裁判所に「申出」をすれば足りる（43条1項）。当事者が異議を述べない限り、参加人になることができる点に違いがある。

　本件は、行訴法22条の参加適格を有する第三者が、民訴法42条による補助参加の申出をした事例である。民訴法42条「利害関係を有する第三者」は行訴法22条「訴訟の結果により権利を害される第三者」よりも本来広く解されるが、本決定は行訴法22条の参加適格と同様の判断の仕方をしている点に特色がある。民訴法42条による補助参加は判決の効力が直接参加人に及ぶ場合に限られないが、本件の場合は取消判決の効力が及ぶ第三者に該当するため共同訴訟的補助参加である。

行政庁の訴訟参加（23条）

　裁判所は、処分または裁決をした行政庁以外の行政庁を訴訟に参加させることが必要であると認めるときは、当事者もしくは行政庁の申立てにより、または職権で、決定をもって、その行政庁を訴訟に参加させることができる。行政庁の訴訟参加を認める意義は、第三者の訴訟参加の場合とは異なり、権利利益の救済のためではない。実質的に処理にあたった下級行政機関や関係行政機関を参加させることにより、訴訟資料を豊富にし、当該事案の適正な裁判を可能にすることを目的としている。

3　取消訴訟の審理

「民事訴訟法の例による」（7条）

　行政事件訴訟法はわずか46条の法律である。行政事件訴訟特有の事項について定めがあり、行政事件訴訟法に規定がないときは、民事訴訟法の規定が適用される。取消訴訟も基本的に当事者主義、弁論主義であるが、処分権主義は部分的に制約され、弁論主義についても行政事件訴訟法には職権証拠調べや釈明処分の特則など、職権主義的な規定が置かれている。

取消訴訟における立証責任の考え方

　取消訴訟における立証責任とは，処分の違法事由ないし取消原因に該当する具体的事実の存否が，裁判所による審理の結果なお不明な場合，その事実に関してどちらの当事者に不利な判断が下されるべきかという問題である。立証責任を負う側に不利な判断が出されることになる。行政事件訴訟法に立証責任に関する規定はなく，最高裁判例中にも立証責任に関する一般的な基準は見当たらない。そのため定説というべきものがなく，学説は様々にあるが，実際には民事訴訟における立証責任の考え方を基本としつつ，被告側が圧倒的な情報量を有する当事者間の関係という特性を考慮して原告側の負担軽減を図りつつ，証明責任の分配が行われている。

　民事訴訟における通説は，法律要件分類説である。法律効果を権利発生，権利障害，権利消滅に分け，法律効果が自己に有利に働く当事者が，当該法律効果を基礎づける要件事実について立証責任を負うとする考え方である。権利発生事実については権利を主張する者，権利障害事実，権利消滅事実についてはその相手方が負うことになる。

　取消訴訟においては，私人の自由を制限し，あるいは義務を課す要件事実については行政庁側が立証し，私人の側が有利となる要件事実の存在については国民の側が立証すべきという基本的な考え方がある（権利性質説）。具体的に言えば，課税処分については課税する側が立証責任を負い，申請に対する拒否処分については原告側が申請要件を満たしていることを立証しなければならない。

原告の主張・立証の負担の程度

　原告が立証すべき程度は，基本的に通常の民事訴訟における場合と異ならない。最高裁は原爆被爆者医療給付認定申請却下処分取消請求について，「行政処分の要件として因果関係の存在が必要とされる場合に，その拒否処分の取消訴訟において被処分者がすべき因果関係の立証の程度は，特別の定めがない限り，通常の民事訴訟における場合と異なるものではない。そして，訴訟上の因果関係の立証は，一点の疑義も許されない自然科学的証明ではないが，経験則に照らして全証拠を総合検討し，特定の事実が特定の結果発生を招来した関係を是認し得る高度の蓋然性を証明することであり，その判定は，通常人が疑いを差し挟まない程度に真実性の確信を持ち得るものであることを必要とすると解すべきである。」と述べている（最判平成12年7月18日判時1724号29頁）。

立証責任の転換

本来原告が負うべき立証責任が，被告行政側に転換されることがある。最高裁は，原子力施設設置許可をめぐって，被告行政庁側が立証責任を負うべきとした（平成16年法改正前の判例）。

最判平成 4 年10月29日民集46巻 7 号1174頁（伊方原発訴訟）は，原子炉施設の安全性に関する判断の適否が争われる原子炉設置許可処分の取消訴訟における裁判所の審理，判断は，原子力委員会若しくは原子炉安全専門審査会の専門技術的な調査審議及び判断を基にしてされた被告行政庁の判断に不合理な点があるか否か，という観点から行われるべきであるとする。現在の科学技術水準に照らし，調査審議において用いられた具体的審査基準に不合理な点があり，あるいは当該原子炉施設が右の具体的審査基準に適合するとした原子力委員会若しくは原子炉安全専門審査会の調査審議及び判断の過程に看過し難い過誤，欠落があるか否か，という観点から審査が行われる。

最高裁は，被告行政庁がした判断に不合理な点があることの主張，立証責任は，本来，原告が負うべきものとしつつ，当該原子炉施設の安全審査に関する資料をすべて被告行政庁の側が保持していることなどを考慮して，立証責任の転換を図っている。「被告行政庁の側において，まず，その依拠した前記の具体的審査基準並びに調査審議及び判断の過程等，被告行政庁の判断に不合理な点のないことを相当の根拠，資料に基づき主張，立証する必要があり，被告行政庁が右主張，立証を尽くさない場合には，被告行政庁がした右判断に不合理な点があることが事実上推認されるものというべきである。」と述べている。

理由の追完・差替え

取消訴訟においては，紛争の一回的解決という民事訴訟法的な見地から，処分理由の追完・差替えが認められている。最高裁は，取消訴訟においては，別異に解すべき特別の理由のない限り，行政庁は当該処分の効力を維持するための一切の法律上及び事実上の根拠を主張することが許されるとしている（最判昭和53年 9 月19日判時911号99頁）。理由の追完・差替えが可能であるとしても，無限定に認められるわけではない。理由の差替えによって，処分の同一性が失われるような理由の差替えは許されない。

第**22**章　取消訴訟における裁量問題の審理

理解のポイント

　裁量行為の内容に応じて（法律の規定の仕方，争われている事柄の性質，制約される権利自由等に応じて），裁判所による司法審査の手法は異なっている。事案に応じて，審査手法と審査密度が異なることを理解しよう。

1　裁量統制の基本的な考え方

　現代の規制行政・権力行政における裁量統制論は，人の権利・自由を制限し，義務を課する処分については，できるだけ行政裁量を制約する解釈論がとられている。それは戦前に美濃部達吉が示した裁量三原則のうちの1つ，「人民の権利を侵し，これに負担を命じ，又はその自由を制限する処分は，如何なる場合でも自由裁量の行為ではあり得ない」という考え方を基盤にしている。しかし，その考え方を裏返せば，そもそも人の権利・自由が認められていない場合には広範な裁量権が認められやすいことを意味する。

　行訴法30条の条文から言えることは，裁判所は裁量権の範囲内にある処分を取り消すことができない，という前提である。むろん，「裁量権の範囲をこえ又はその濫用があった場合」（以下，裁量権の逸脱・濫用という）には取り消すことができるが（処分は違法となるが），裁量権の範囲内にあって濫用もなければ取り消すことができない（処分は違法とならない）。

行政法こぼれ話22−1　「裁量権の逸脱・濫用」はなぜ区別されない？
　現代の行政法教科書は「裁量権の逸脱」と「裁量権の濫用」を特に区別していない。なぜだろう？　それは1962（昭和37）年に遡って説明される。
　行政事件訴訟法（昭和37年法律第139号）30条は，いかなる場合に裁量処分が違法となるかを示している規定であるが，それ以前の行政事件訴訟特例法（昭和23年法律第81号）は，訴訟の対象として1条に「行政庁の違法な処分」を挙げているのみであった。どのような場合に処分が違法となるかを示していなかったのである。行政事件訴訟法特例法下の裁量処分の審理は，自由裁量行為を裁判の目的から除外し，自由裁量の行為であってもその限界を超えるときには違法になるという考え方が，明治憲法下の行政裁判所時代と変わらずとられていた。
　しかし，行訴法30条が規定されたことによって，判決文に現れる裁量処分の違法の導き方は一変する。判決文の結論は「裁量権の範囲を逸脱し又はこれを濫用したことにより違法」と結ばれるようになった。それはもはや自由裁量の限界の問題ではなく，「裁量権の逸

脱・濫用」の問題となった。理論的に考えれば，「裁量権の範囲をこえる」ことと「裁量権を
濫りに用いる」ことは区別されるはずであるが，関心事は「裁量権の範囲をこえ又はその濫
用があった」か否かになった。裁判所にとっては「裁量権の範囲をこえ又はその濫用」に該
当すること，違法であることを言えればいいのであるから，細かく区別することをしなかっ
た。裁判所が区別しないのであれば，学説もあえて区別して論じる意義を見出せなかった
のであろう。

2　裁判所による処分の審査方法その1──実体的違法の審査

　裁判所による処分の審査は，着眼点の違いから，実体的違法の審査（処分の内
容（結果）に着目した審査），判断過程の審査（処分にいたる行政庁の判断形成過程の合
理性に着目した審査），手続的違法の審査（行政機関が行政活動を行うにあたって，聴聞
や公聴会など一定の事前手続が法的に要求されている場合，処分内容（結果）の適否の審査
とは別に純粋に手続法の観点から行う審査）という，主に3つに分類される。このう
ち手続的審査については，第11章「行政処分の事前手続」を参照してほしい。取
消事由としての手続的違法が詳述されている。

（1）実体的違法の審査
判断代置型審査
　判断代置型審査は，裁判所が全面的な審査を及ぼし，裁判所が行政庁の判断を
自己の判断で置き換え，処分を取り消す方式である。この方式による審査が最も
厳しいとされる。裁判所が行政庁の判断を自己の判断で置き換えることが可能な
場合とは，行政庁に裁量権が存しないことを意味している。
　行政庁に裁量権が存しない場合とは，まず，法律の規定の仕方から判断され
る。法律が一義的に行政処分の要件を定めている羈束処分について，このような
審査が行われる。次に，難民認定処分のように，国が締結した難民条約から，裁
量がないと判断されることもある。実体的な難民認定処分について，難民条約の
締結国政府は，難民に該当する事実が存するか否かを判断する羈束的な判断であ
るとされる。法務大臣は，申請人が難民条約上の難民の要件を満たすものである
と認めるときは，羈束的に難民の認定をしなければならない。このような難民認
定処分の性質を反映して，難民不認定処分の取消訴訟では判断代置型審査がとら
れている。
　また，法律の規定の仕方が一義的ではなく不確定概念を用いる場合であって

も，裁判所が客観的に判断可能であるとして，裁量権を否定することがある。取消訴訟ではなく当事者訴訟の例であるが，最判平成9年1月28日民集51巻1号147頁（収用補償金増額事件）は，土地収用法71条が「相当な価格」という不確定概念を用いていても，補償金の額は「通常人の経験則及び社会通念に従って，客観的に認定され得るものであり，かつ，認定すべき」として，収用員委員会の裁量権を否定し，裁判所が補償金額を定め得るとしている。

裁量権の逸脱・濫用型審査（社会通念型審査）

　裁量処分が違法となるのは行訴法30条により「裁量権の範囲をこえ又はその濫用があった場合」でなければならない。どのような場合に「裁量権の範囲をこえ又はその濫用があった」と言えるか，どのような基準を用いてそれを判断するかが問題となる。主に用いられる裁量統制基準は，事実誤認，目的違背（不正な動機，多事考慮），平等原則，比例原則である。

　公務員の懲戒処分について，効果裁量を認めた最判昭和52年12月20日民集31巻7号1101頁（神戸税関事件判決）は，裁判所は懲戒権者と同一の立場に立って判断しないという態度を明らかにした判決として知られ，「懲戒権者が右の裁量権の行使としてした懲戒処分は，それが社会観念上著しく妥当を欠いて裁量権を付与した目的を逸脱し，これを濫用したと認められる場合でない限り，その裁量権の範囲内にあるものとして，違法とならないものというべきである。」と述べている。効果裁量（手段選択）に関して，古くから比例原則が裁量統制基準として適用され，「社会通念上著しく妥当を欠く」ということが問われる。

　在留期間更新について，要件裁量を認めた最大判昭和53年10月4日32巻7号1223頁（マクリーン事件）は，法務大臣に広範な裁量権を認め，「その判断が全く事実の基礎を欠き又は社会通念上著しく妥当性を欠くことが明らかである場合に限り，裁量権の範囲をこえ又はその濫用があつたものとして違法となるものというべきである。」という判断枠組みを示している。

　神戸税関事件判決やマクリーン事件判決が示した判断枠組みをとれば，裁判所は実質的に踏み込まず，緩やかな審査（最小限の審査と呼ばれる）を及ぼしていると言える。しかし裁判例の多くは，神戸税関事件判決とマクリーン事件判決の判断枠組みを維持しつつ，修正を加え，裁量処分の違法を導いている。

（2）実体的違法の審査における裁量統制基準

　ここでは裁量統制基準として，事実誤認，目的違背（不正な動機，多事考慮），平

等原則，比例原則を挙げ，特に比例原則について詳述する。

事実誤認

　法律を適用して行政処分をするにあたり，まず事実認定が行われ，認定された事実が法律上の要件に当てはめられる。事実認定に誤りがあれば，行政処分の瑕疵につながる。裁量処分であったとしても，事実認定について裁量は認められない。裁判所の審理が事実認定に全面的に及ぶことは，判例・学説の一致するところである。しかし，裁量処分において事実認定の誤りが即違法となるわけではない。どのような事実に誤認があり，どの程度の瑕疵があれば違法となるかが問題となる。

　古くは公立大学の学生に対する懲戒処分について，学長の裁量を認めつつ「決定が全く事実上の根拠に基づかないと認められる場合」に裁判所の審査が及ぶとした最判昭和29年7月30日民集8巻7号1501頁（京都府立医科大学事件）がある。

　マクリーン事件では，「判断の基礎とされた重要な事実に誤認があること等により右判断が全く事実の基礎を欠くかどうか，又は事実に対する評価が明白に合理性を欠くこと等」に着目し，「全く」事実の基礎を欠く，事実の評価が「明白に」合理性を欠くなど，その瑕疵は極端な程度を求められている。しかし事実認定について，最高裁判決には「全く事実の基礎を欠く」から「重要な事実の基礎を欠く」（最判平成18年11月2日民集60巻9号3249頁（小田急線連続立体交差事業認可処分取消請求事件））へという変化が見られるという指摘がある。

　通例，行政庁が「全く」事実の基礎を欠くような処分をすることは考え難く，従来の「全く」という観点からの審査では，処分の違法を導くにはハードルが高すぎるのである。

目的違背（不正な動機，他事考慮）

　行政庁が本来の法律の趣旨・目的と異なった目的で裁量権を行使した場合，法律の目的に反する違法な裁量処分とされる。米ソ冷戦期の東京地判昭和44年7月8日行集20巻7号842頁（ココム事件）は，輸出貿易管理令に基づく輸出不承認処分を共産主義圏への軍事技術・戦略物資の輸出規制（ココム規制）の目的で行ったことに対して，裁量権の範囲も「輸出制限を必要とする純粋かつ直接の経済的理由の有無に限られ，これを逸脱することは許され」ず，違法な処分であるとした。

　国賠訴訟の例であるが，最判昭和53年5月26日民集32巻3号689頁（余目ソープランド事件）は，「行政権の著しい濫用」を理由に違法とした。ここにいう行政権の濫用とは，法律の目的外の権限行使ないしは不正な動機で行われた権限行使を

意味し，目的の観点から裁量権の行使を審査している。また，不正な動機は，他事考慮とも呼ばれる。表面上は適法にみえても，法律の目的とは異なる目的で処分してはならないことを意味している。

平等原則

平等原則が裁量権の限界を画する基準であることは，古くから学説・判例において一般的に肯定されているが（最判昭和30年6月24日民集9巻7号930頁），平等原則を適用して違法を導いた例がない。平等原則が絶対的な平等を保障したものではないことから，学説には裁量統制基準としてさほど強いものではないという指摘がある。行政法において重要であるのは，特定の個人をいわれなく差別的に取り扱ってはならないという平等取り扱いの原則である。

（3）裁量統制基準としての比例原則

比例原則の定式

「比例原則とは何か」と問われれば，比例原則の母法であるドイツ法の説明の仕方に倣って，①目的適合性の原則（手段は目的を達成するために適合的でなければならない），②必要最小限の原則（規制は必要最小限でなければならない），③狭義の比例原則（目的と手段は不釣り合いであってはならない，目的に対して結果は著しく不釣り合いであってはならない）という，3つの部分原則からなる定式を答えるのが一般的である。あるいは，過剰の禁止として「必要な限度を超えてはならない」「過酷であってはならない」などと表現されることもある。しかし，日本法における比例原則の内容の表現は，ドイツ法にいう3つの部分原則に尽きるわけではないことに留意が必要である。

比例原則は「目的と手段」の関係を問う原則であるが，裁量処分の審査においては，「目的と手段」が望ましい関係にあることを求めるのではなく，不適切さを排除するように機能する。

比例原則の適用関係

裁量統制基準として問題となるのは，その適用の仕方である。比例原則は，違憲立法審査基準として憲法学でも議論されるが（憲法上の比例原則），行政処分の裁量統制基準として議論する行政法上の比例原則と比較した場合，適用の局面，適用の考え方が異なっている。

明治時代から日本法において独自の発達を経た行政法上の比例原則は，適用の考え方がドイツ法と同じではない。第一に，目的を審査する目的適合性の原則

は，裁量審査基準として用いられていない。前述したように，目的審査は目的違背（不正な動機，他事考慮）といった観点から行われている。第二に，必要最小限の原則は，常に適用されるわけではない。種々様々な不利益処分があり，不利益処分は常に必要最小限でなければならないというような要請は，妥当し難いからである。

必要最小限の原則の実定化

比例原則は明治時代にドイツ法からもたらされた。行政法各論警察法において過度の警察権力の行使を抑止する「警察権の限界」論を構成する法原則として根づき，美濃部達吉の効果裁量論によって自由裁量の限界論に関係づけられるようになった。しかし，戦前の自由裁量の限界論に必要最小限の原則は見られない。美濃部達吉の自由裁量論に現れた比例原則は，「必要の程度を超えて不釣り合いに大きな侵害を加えてはならない」という狭義の比例原則に相応するものであった。

日本国憲法13条が規定されたことに伴い，警察官職務執行法（昭和23年法律第138号）1条2項に「この法律に規定する手段は，前項の目的のため必要な最小の限度において用いるべきものであつて，いやしくもその濫用にわたるようなことがあってはならない。」と規定された。これを始めとして，昭和20年代以降，人身の自由，財産・権利の保護のために，様々な法律に比例原則が必要最小限の原則として実定化されている。現代の例で言えば，感染症対策の措置を講じる際に，必要最小限の原則が考慮されなければならない（「感染症の予防及び感染症の患者に対する医療に関する法律」22条の2）。

附款と必要最小限の原則

附款は行政処分（行政行為）の効果を制限する，あるいは特別な効果を付与するものであり，行政処分に附款を付することは，行政庁にとっては裁量権の行使を意味する。多くの附款の根拠法規には附款を付する権限の他に，義務を課すことは必要最小限度でなければならない旨が規定されている。したがって，裁量権の行使として義務を課す附款を審査する裁量統制基準は，必要最小限の原則である。

■**演習問題22-1**　下記の採石法第33条の7にある下線部「条件」は，附款論における何に該当するかを答えなさい。

第33条の7　第33条の認可又は第33条の5第1項の規定による変更の認可には，条件を

附することができる。

2　前項の条件は，認可に係る事項の確実な実施を図るため必要な最小限度のものに限り，かつ，認可を受ける者に不当な義務を課することとなるものであつてはならない。

狭義の比例原則の適用

　裁量審査は，必要最小限の原則（規制は必要最小限でなければならない）を適用すれば厳しい審査となり，結果的に裁量はほとんど認められなくなる。必要最小限の原則が適用されるのは権利侵害的・規制的な措置である。他方，狭義の比例原則が適用されるのは，公務員の懲戒処分，過料処分などのように，裁量権の存在を前提として，処分事由と処分の程度の釣り合いを審査する場合などである。必要最小限の原則と狭義の比例原則のどちらを適用すべきかは，前述したように実定法規が必要最小限の原則を規定している場合は明白であるが，規定がない場合には，処分に関わる権利の性質，根拠法規から導かれる裁量権の広狭によって判断される。

公務員の懲戒処分と比例原則

　公務員の懲戒処分は，懲戒権者に広く裁量権が認められている。最判昭和52年12月20日民集31巻7号1101頁（神戸税関事件）は，裁判所の審査の態度として懲戒権者と同一の立場に立って懲戒処分をすべきではないということ，裁量権の行使に基づく処分が社会観念上著しく妥当を欠くかどうか，という点から審査することを明らかにした。つまり，処分選択に際して懲戒権者の裁量権の存在を前提として狭義の比例原則が適用され，処分事由と処分の釣り合いが問題となる。処分事由に比して重すぎる処分は違法となる。

　しかし最高裁は，公務員懲戒処分について処分選択の問題としてのみ比例原則を適用しているわけではない。公務員の懲戒処分事由自体が憲法上の自由の観点から問題とされることがある。

　最判平成24年1月16日判時2147号139頁（都立学校教職員国旗・国歌訴訟）には，2通りの，異なった意味合いの「比例原則」を読み取ることができる。不起立という行為だけを理由に減給という懲戒処分は「重すぎる」という部分は，基本的には処分事由と懲戒処分の釣り合いを求めている，狭義の比例原則が適用されている部分である。しかし，判決文にはもう1か所，「比例原則」の意味合いを読み取れる箇所がある。

　最高裁は「学校の規律秩序の保持等の必要性と処分による不利益の内容との権

衡の観点」を問題にする。懲戒権の行使が裁量権に属するという場合，「学校の
規律秩序の保持等の必要性」の判断こそが裁量の要であって，神戸税関事件判決
の考え方に従えば，裁判所はその判断に踏み込まないはずである。最高裁があえ
てその点を挙げて踏み込もうとすることが，憲法上の自由に関わる懲戒処分に関
する憲法上の比例原則適用を指摘し得る点である。

「重きに失する」「処分の相当性」

　判決中に比例原則という文言は見られないが，裁判所は比例原則を適用したと
解されることがある。判決中に「重きに失する」「処分の相当性」という表現など
を用いる場合である。

　福岡地判平成10年５月26日判タ990号157頁は，生活保護の受給者が自動車の所
有及び借用等を禁止した指示に違反したことを理由とする保護廃止処分が取り消
された事例である。この事件では，原告が子ども４人を抱えて要保護性が高いに
もかかわらず，直ちに最も重大な保護廃止処分がとられた。判決はこれを「重き
に失する」という。保護の廃止処分は，被保護者の最低限度の生活の保障を奪う
重大な処分であるから，違反行為に至る経緯や違反行為を総合的に考慮して，違
反の程度が廃止処分に相当するような重大なものであることが必要であり，それ
に至らない程度の違反行為については，処分が必要であってもより軽い処分を選
択すべきであったとする。

　生活保護法27条２項は，指導・指示について，「被保護者の自由を尊重」すべ
く「必要の最少限度に止めなければならない」と規定している。生活保護を受け
る権利を保障し，人の尊厳を侵害してはならないことを前提としている。

行政法こぼれ話22-2　裁量統制基準としての比例原則の萌芽

　裁量統制基準としての「比例原則の萌芽」が見られるのは，行政事件訴訟特例法下の下級
審判決である。国立療養所の退所処分（大阪地判昭和25年３月24日行裁集１巻３号479
頁），公立大学学生の放学処分（京都地判昭和25年７月19日行裁集１巻５号764頁。前述
京都府立医科大学事件の第１審判決），自治体警察職員の懲戒処分（大阪地判昭和27年５月
９日行裁集３巻４号840頁，神戸地判昭和30年６月10日行裁集６巻６号1525頁）など，
効果裁量の問題として，狭義の比例原則，そして過剰の禁止という考え方が判決に現れて
いる。
　これらは１審において原告が勝訴している事例であるが，２審においていずれも特別権
力関係論によって原告敗訴となっている。

3　裁判所による処分の審査方法その2──判断過程の審査

　裁量処分の内容（結果）ではなく，裁量的な判断方法や判断の過程など，行政機関の判断形成過程の合理性を審査する方式である。日光太郎杉事件判決（東京高判昭和48年7月13日行集24巻6・7号533頁）が最初に導入した手法である。

　1964（昭和39）年東京オリンピック開催に伴う交通量増加のため国道拡幅工事が予定され，日光東照宮内の境内地の一部を含む土地収用法の事業認定，収用裁決がなされた。国道拡幅工事が太郎杉という樹齢400年を超える巨杉を伐採するものであったため，事業認定および収用裁決の取消しが争われた事件である。土地収用法の事業認定に関する20条3号「事業計画が土地の適正且つ合理的な利用に寄与するものであること」の要件が問題とされた。

　東京高裁は裁量判断の余地があることを認めつつ，諸要素，諸価値の比較考量において「本来最も重視すべき諸要素，諸価値を不当，安易に軽視し，その結果当然尽すべき考慮を尽さず，または本来考慮に容れるべきでない事項を考慮に容れもしくは本来過大に評価すべきでない事項を過重に評価し」，これによって判断が左右されたものと認められる場合には，裁量判断の方法ないしその過程に誤りがあるものとして，違法となるとする判断枠組みを示した。

　この審査方式は，実体的な処分ではなく判断過程に着目することによって，審査の範囲が拡がるという長所がある。しかし，判断過程において最も重視すべき価値とは何かを裁判所が審理することができるという前提に立つ点において，裁判所の価値判断を行政庁の価値判断に優先させているという批判が学説からある。

　判断過程に着目する審査手法は，最判平成18年2月7日民集60巻2号401頁（呉市立学校施設使用不許可事件）（国賠請求），最判平成19年12月7日民集61巻9号3290頁（海岸占用不許可事件）（取消請求，国賠請求）など，処分の取消しを求める取消訴訟のみならず，処分の違法を理由とした国賠訴訟においても審査に用いられている。

4　審査方法の融合による審査密度の向上

　最判平成8年3月8日民集50巻3号469頁（「エホバの証人」事件）（取消請求），最判平成18年2月7日民集60巻2号401頁（呉市立学校施設使用不許可事件）（国賠請求）は，裁量権の逸脱・濫用型審査と判断過程審査の融合が見られる判決である。

　「エホバの証人」事件は，原告が信仰上の理由から市立高専において体育にお

ける剣道の履修を拒み，それによって原級留置処分，さらに退学処分となった事案である。最高裁判決は，原級留置処分・退学処分を行うかどうかの判断は，校長の合理的な教育的裁量に委ねられることを肯定し，「校長の裁量権の行使としての処分が，全く事実の基礎を欠くか又は社会観念上著しく妥当を欠き，裁量権の範囲を超え又は裁量権を濫用してされたと認められる場合に限り，違法である」という裁量権の逸脱・濫用の審査の判断枠組みをとることをまず提示する。そして次に，処分の内容が「社会観念上著しく妥当を欠く」ことを，代替措置の検討プロセスに焦点を当てて跡付けようとする。

　2つの事件はいずれも裁量権の存在が前提とされる事案であるが，最高裁は緩やかな裁量権の逸脱・濫用型審査にとどめず，判断過程審査を融合させ，それによって，審査密度の向上が読み取れるのである。

第23章 執行停止，取消訴訟の判決

理解のポイント━━━━━━━━━━━━━━━━━━━━━━━━━━━
　取消訴訟における仮の権利保護および取消訴訟の判決に見られる特性を理解しよう。取消訴訟では仮処分（民事保全法）を使うことができない（44条）。取消訴訟における仮の権利保護は，執行停止（25条）である。
━━━━━━━━━━━━━━━━━━━━━━━━━━━━━━━━━━━━

1　仮の権利保護の必要性

　訴訟提起から結論である判決が出されるまで，通例，長い時間を要する。その間に処分の内容は実現されてゆくため，仮の権利保護の手立てが必要になる。行政事件訴訟法44条は「行政庁の処分その他公権力の行使に当たる行為」について仮処分（民事保全法）の適用を排除し，取消訴訟と無効等確認訴訟の場合，執行停止制度が仮の権利保護として定められている。

執行不停止原則

　処分の取消訴訟を提起するだけでは，処分の執行はとどまらない。これを執行不停止原則という。25条1項は「処分の取消しの訴えの提起は，処分の効力，処分の執行又は手続の続行を妨げない。」と規定している。諸外国をみれば，訴訟提起があったときに執行停止とする国もあり，執行停止（ドイツ）とするか，執行不停止（アメリカ，フランス）とするかは，立法政策の問題であるとされる。円滑な行政運営のため，わが国行政事件訴訟法は執行不停止原則をとっている。

平成16年行政事件訴訟法改正──執行停止要件の緩和

　取消訴訟で争っているうちに「訴えの利益」が消滅した場合，訴訟要件を満たせず，却下判決を免れない。「訴えの利益」の消滅による却下を避けるためにも，取消訴訟の提起とともに，執行停止の申立てを行うことが必要であるが，かつて執行停止の要件が厳しく，執行停止が容易に認められなかった。平成16年行政事件訴訟法改正の柱の1つは，仮の権利保護の充実であり，新たな仮の権利保護の制度創出，執行停止要件の緩和が行なわれた。

　たとえば，申請に対する拒否処分について，執行停止という制度は役立たない。拒否処分の効力を止めたとしても，申請段階に戻るだけだからである。拒否処分については，申請型義務付け訴訟・仮の義務付けという新たな類型が設けられた。そして，執行停止については，行政事件訴訟法25条2項の要件「回復の困

難な損害を避けるため緊急の必要があるとき」が「重大な損害を避けるため緊急の必要があるとき」に改正された。

　かつて「回復の困難な損害」とされていたため，金銭賠償で可能であれば回復困難な損害に該当しないとした判決例もあり，仮の保護としての要件は厳しかった。「回復の困難な損害」が「重大な損害」という要件に変わり，「重大な損害」を生ずるか否かを判断するにあたっての解釈規定が新たに25条３項に設けられ，「損害の回復の困難の程度」を考慮し，「損害の性質及び程度並びに処分の内容及び性質」を勘案することとされた。それによって平成16年法改正後は執行停止が認められる「重大な損害」に質的な変化と認容増加が見られるようになった。

　平成16年法改正後の執行停止の認容事例として，福岡高決平成17年５月31日判タ1186号110頁（旅客定期航路事業の業務停止命令の効力の停止），甲府地決平成18年２月２日裁判所ウェブサイト（保険医の取消処分の効力の停止），大阪地決平成19年３月30日判タ1256号58頁（退去強制令書の執行停止），最決平成19年12月18日判時1994号21頁（弁護士会による３か月の業務停止処分の効力の停止），奈良地決平成21年11月26日判タ1325号91頁（産業廃棄物処理施設設置許可処分の効力の停止），大阪地決令和３年７月９日判タ1490号89頁（「表現の不自由展かんさい」利用承認取消処分の効力の停止）などがある。

2　執行停止の要件（25条）

執行停止の対象

　執行停止の対象は，「処分，処分の執行又は手続の続行」である。「ただし，処分の効力の停止は，処分の執行又は手続の続行の停止によって目的を達することができる場合には，することができない。」（２項）とされる。「処分の執行」とは処分によって課された義務の強制執行の意味であり，「処分の手続」とは処分の後続手続を意味する。「処分の執行」と「処分の手続」は厳密に区別されるわけではなく，具体の状況によっては「処分の執行」と「処分の手続」が同じ場合もある。「処分の効力の停止」をすれば「処分の執行」も「処分の手続」も含まれることになる。

積極要件と消極要件

　執行停止の積極的要件（認められるための要件）は，①本案訴訟（取消訴訟）が適法に係属していること，②処分，処分の執行又は手続の続行により生ずる重大な損害を避けるため緊急の必要があるとき，という２点である（２項）。他方，消極

的要件（認められない場合）は，①公共の福祉に重大な影響を及ぼすおそれがある
とき，または②本案について理由がないとみえるとき，という2点である（4
項）。「本案について理由がないとみえるとき」というのは，簡単に言えば，本案
訴訟（取消訴訟）で原告の主張が認められそうにないときである。執行停止の申立
てにおいては，証明ではなく疎明で足りるとされ（5項），裁判所は口頭弁論を経
ないであらかじめ当事者の意見を聞くことによって決定できる（6項）。

3　内閣総理大臣の異議 (27条)

　執行停止の決定に対して内閣総理大臣の異議があったとき，裁判所は執行停止
をすることができず，また，すでに執行停止決定をしているときは，これを取り
消さなければならない（4項）。この制度は，1948（昭和23）年平野事件を契機にし
てGHQの主張により行政事件訴訟特例法に規定され，行政事件訴訟法に引き継
がれた。昭和20年代に多く適用例が見られ，最後に適用されたのは1971（昭和46）
年である。

　内閣総理大臣は異議には理由を附さなければならず（2項），異議の理由におい
ては，処分の効力を存続し，処分を執行し，又は手続を続行しなければ，公共の
福祉に重大な影響を及ぼすおそれのある事情を示すものとされている（3項）。内
閣総理大臣の異議は，「やむをえない場合でなければ，第1項の異議を述べては
ならず，また，異議を述べたときは，次の常会において国会にこれを報告しなけ
ればならない」と定められている（6項）。

　内閣総理大臣の異議は司法権に対する行政権の介入であるとして違憲論が根強
い。判決を出すことは司法権の作用であるが，処分の執行停止決定は本来行政の
作用であるから，内閣総理大臣が決定を覆しても違憲ではないとして説明されて
きた。平成16年法改正時に存廃について議論されたが，制度は存置された。

4　取消訴訟における判決

判決の種類

　取消訴訟の判決は，却下判決，棄却判決，認容判決に大別される。7つの訴訟
要件のいずれかを満たさない場合，不適法な訴えとして却下される。これに対し
て，棄却判決と認容判決は，本案審理の結果による差であり，棄却判決は原告の
主張に理由がないとして請求を認めない判決であり，認容判決は原告の主張する
処分の違法性を認めて処分を取り消す判決である。

　原告の主張のとおり処分の違法性を認めつつも，処分を取り消さない事情判決と呼ばれる判決があり，「処分又は裁決が違法ではあるが，これを取り消すことにより公の利益に著しい障害を生ずる場合」に出されることがある。原告の受ける損害の程度，その損害の賠償又は防止の程度及び方法その他一切の事情を考慮したうえで，処分又は裁決を取り消すことが公共の福祉に適合しないと認めるときは，裁判所は，請求を棄却することができる（31条）。

　このような判決を出さざるをえない状況とは，たとえば，処分を取り消したならば広範囲な人々に影響が及ぶ場合や，大規模な施設が完成済みである場合などである。札幌地判平成 9 年 3 月27日判時1598号33頁（二風谷（にぶたに）ダム事件判決）は，事情判決であるのみならず，他の論点も含む有名な判決である。アイヌ民族の聖地に洪水調節の必要性から数百億円の巨費を投じて完成させたダムをめぐり，違法性の承継を認め，判断過程の審査を適用して土地収用法20条 3 号事業認定の違法を導き，そして収用裁決を取り消すことにより公の利益に著しい障害を生じるとして事情判決が出された判決である。

　事情判決，そして同様の事情裁決（行服法45条 3 項）は，法治国家において安易に用いられてはならず，許容されるのは例外的な場合である。そして，処分の取消しが棄却されても，損害賠償という金銭賠償が原告側の権利救済という観点から考慮されなければならない。

　裁判所は，当該判決の主文において，処分または裁決が違法であることを宣言しなければならないが（ 1 項），これにより既判力が生じる。後に提起される国賠訴訟において，被告側は処分の違法について争うことができない。

5　取消判決の効力

形成力

　「処分を取り消す」という取消判決によって，処分の効果は，処分の成立時に遡って消滅する。判決に基づいて行政庁が取り消すのではなく，判決自体が処分の効果を消滅させる。これを取消判決の形成力という。

第三者効（32条）

　処分または裁決を取り消す判決は，第三者に対しても効力を有する（ 1 項）。執行停止の決定またはこれを取り消す決定にも第三者効は及ぶ（ 2 項）。

　このように，第三者にも取消判決の効果が及ぶことから，第三者の訴訟参加が認められている（22条 1 項）。訴訟参加できなかった場合について，「処分又は裁

決を取り消す判決により権利を害された第三者で，自己の責めに帰することができない理由により訴訟に参加することができなかつたため判決に影響を及ぼすべき攻撃又は防御の方法を提出することができなかったもの」は，確定判決について第三者再審の訴えを提起することができる（34条1項）。

行政法こぼれ話23-1　「第三者」の範囲——相対的効力説と絶対的効力説

　原告と対立関係にある第三者が処分の取消しを求めた場合や，競願関係にある場合など，当然に第三者効が及ぶ。しかし，原告と利益を共通にする第三者（たとえば公共料金の値上げ認可，医療費の値上げの告示などの取消訴訟における第三者。訴訟提起していないが消費者，被保険者として，原告と立場は同じ）に第三者効が及ぶか否かについては，学説が分かれている。取消判決の効果は第三者に及ばないとする相対的効力説と，これを肯定する絶対的効力説がある。

　相対的効力説は，取消訴訟の目的は訴えを提起した原告の個人的権利利益の回復にあるから，処分に満足し訴訟を提起しなかったものにまで効果を及ぼす必要はないという立場に立つ。他方，絶対的効力説は，訴訟は必然的に代表訴訟的性質をもち，また，取消訴訟は画一的処理を可能ならしめることに意義があることから，原告と利益を共通する第三者に対世効を及ぼすことを肯定する。

　わずかな古い判例しか議論の素材がないとき，学説の新たな展開が難しい。取消判決と「第三者」の関係について，行政法教科書に挙げられる裁判例は，非常に古い東京地決昭和40年4月22日判時406号26頁（医療費値上げの職権告示）の事例であり，相対的効力説に立っている。「法第32条第1項は，取消判決の効力は第三者に及ぶ旨規定しているが，その趣旨は，原告に対する関係で行政庁の行為が取り消されたという効果を第三者も争い得なくなること，換言すれば，原告は何人に対する関係においても以後当該行政庁の行為の適用ないし拘束を受けないことを意味するにとどまり，（行為の性質上不可分の場合および実際上の効果は別として），それ以上に取消判決の効果を第三者も享受し，当該行政庁の行為がすべての人に対する関係で取り消されたことになること，すなわち，何人も以後当該行政庁の行為の適用ないし拘束を受けなくなることを意味するものでないというべき」と述べられている。

拘束力（33条）

取消判決は，その事件について，処分または裁決をした行政庁その他の関係行政庁を拘束する（33条）。取消判決によって処分の効力が消滅した後，取消判決の趣旨を踏まえて，行政庁その他の関係行政庁は対応しなければならない。

反復禁止効

取消判決が出されて後，処分庁は，取消された処分と同一の内容，同一理由の処分を行ってはならないという拘束を受ける。しかしながら，同一人物に対して，別の理由で同一の内容の処分をすることは許容される。

拒否処分取消しによる再審査義務（2項）

　申請に対する拒否処分が判決により取り消されたときは，処分庁は，判決の趣旨に従い，改めて申請に対する処分をしなければならない。この場合には再度の申請を要しない。処分庁は，同一の内容の処分を同一の理由で行うことはできないが，別の理由により再度拒否処分をすることは可能であると解されている。処分庁の行った処分に手続的違法があることを理由に取消判決がなされた場合，2項の規定が準用される。処分庁はやはり再審査の義務を負い，取消理由とされた手続的な点を改めて，同一内容の処分を行うことができる。

不整合処分の取消義務

　不整合処分とは，処分取消しの結果生じる法律状態と両立し得ない関係にある既存の処分のことである。たとえば，課税処分と差押え処分など，先行処分である課税処分が取り消されて後，後行処分である差押え処分は取消判決と両立し得ないため，差押え処分は取り消されなければならない。

第**24**章　取消訴訟以外の抗告訴訟

理解のポイント

　行訴法38条は取消訴訟に関する規定の準用規定である。

抗告訴訟に共通する点を確認しつつ，その他の抗告訴訟に特有の原告適格など，訴訟要件，本案勝訴要件を理解しよう。

① 義務付け訴訟と差止訴訟は，どちらの訴訟も行政庁に義務付けることを求める点において似ているため，初学者は混同しやすい。義務付け訴訟は「ある一定の行為を<u>すべきこと</u>」を求め，差止訴訟は「ある一定の行為を<u>しないこと</u>」を求めるという違いがある。

② 義務付け訴訟・差止訴訟に関わる条文に「一定の処分」という表現がある。「一定の」とは，原告が請求する処分を特定できていない状況を意味している。厳密な処分の特定ができなくても訴訟提起を許容する趣旨であることを理解しよう。

1　無効等確認訴訟（3条4項，36条）

　無効「等」確認訴訟とは「処分若しくは裁決の<u>存否又はその効力の有無</u>の確認を求める訴訟をいう」（3条4項）。注意しなければならないのは，無効確認のみを規定している条文ではなく，無効「等」を確認する訴訟として規定されている点である。処分または裁決の，存在確認，不存在確認，有効確認，失効確認を含む訴訟類型である。

訴訟要件

　処分性，（狭義の）訴えの利益について，学説・判例では取消訴訟と無効等確認訴訟を特に区別しておらず，審査請求前置と出訴期間は，無効等確認訴訟では訴訟要件として求められない。

原告適格――「法律上の利益」

　問題となるのは，行訴法36条が規定している無効等確認訴訟の原告適格である。原告適格の要件は「当該処分又は裁決に続く処分により損害を受けるおそれのある者その他当該処分又は裁決の無効等の確認を求めるにつき<u>法律上の利益</u>を有する者，当該処分若しくは裁決の存否又はその効力の有無を前提とする現在の法律関係に関する訴えによって目的を達することができないものに限り」という部分である。36条の「法律上の利益」は，取消訴訟の原告適格を規定する9条の「法律上の利益」と同様に解釈される。

図表 24 - 1　36条の要件

| 一元説 | $((A)+(B))\times(C)$ |
| 二元説 | $(A)+(B)\times(C)$ |

予防的無効等確認訴訟の原告適格——一元説と二元説

　36条の規定の仕方から，無効等確認訴訟は，当該処分の後続処分により損害が発生することを避けるために予防的に提起する場合もあることが読み取れる。予防的無効等確認訴訟とは，たとえば，課税処分が無効であるときに無効等確認訴訟を提起するときなどを想定してみよう。原告が課税処分は無効であると考えて税金を納付していなければ，次に滞納処分が行われる。差押えがなされようとしているとき，差押えを止めるために課税処分の無効等確認訴訟を提起する場合である。このようなときの原告適格がここでの問題である。

　36条の要件は，下記のように，学説上（A）（B）（C）の３つに区切り，３つの関係が一元論ないし二元論として議論される。（A）「当該処分又は裁決に続く処分により損害を受けるおそれのある者」が，予防的に無効等確認訴訟を提起するに際して，（C）「当該処分若しくは裁決の存否又はその効力の有無を前提とする現在の法律関係に関する訴えによって目的を達することができないものに限り」という要件によって制約されるか否か，という論点である。この論点が生じるのは，（A）と（B）の間に句読点「，」による区切りがないため，文章上は（A）も（B）も（C）による制約を受けることとなるからである（「，」がないのは，立法時の単純ミスとされる）。

　第36条　無効等確認の訴えは，（A）当該処分又は裁決に続く処分により損害を受けるおそれのある者（B）その他当該処分又は裁決の無効等の確認を求めるにつき法律上の利益を有する者で，（C）当該処分若しくは裁決の存否又はその効力の有無を前提とする現在の法律関係に関する訴えによって目的を達することができないものに限り，提起することができる。

　文理から忠実に（A）と（B）は（C）の制約を受けるとする一元説，（A）には（C）の制約はかからず（B）の要件のみが制約受けるとする二元説に学説は分かれる。文理からすれば一元説となるが，学説においては二元説が有力である。

　最高裁は中間説に立つとされる。最判昭和51年４月27日民集30巻３号384頁は，課税処分を受けていまだ当該課税処分に係る税を納付していない者は，右課税処分の無効確認を求める訴を提起することができるとした。形式的には一元説にたちつつ，要件Aが満たされる場合には当然に要件Cも充たされると解している。

補充的な性質の訴訟——「現在の法律関係に関する訴え」の意義

「現在の法律関係に関する訴え」とは，当事者訴訟（4条）や争点訴訟（45条）などを指している。争点訴訟とは，処分が無効であることを前提とした民事訴訟である。36条は「現在の法律関係に関する訴え」を提起することが可能であれば，無効等確認訴訟によってではなく，「現在の法律関係に関する訴え」によって争うべきという考え方がとられている。

消極的要件の意義——（C）「現在の法律関係に関する訴えによって目的を達することができないものに限り」

消極的要件である（C）を厳格に解すれば，「現在の法律関係に関する訴え」の提起が可能であるとき，無効等確認訴訟の提起が認められる余地がほとんどなくなってしまう。しかし，行政処分，行政事件に関することを民事の法律関係に還元させて争うことが適切であるとは限らない。

学説には，「現在の法律関係に関する訴え」に重点を置いて，「現在の法律関係に関する訴え」に還元することが不可能な場合に限って無効等確認訴訟の原告適格を認める説（法律関係還元不能説）に対して，「目的を達することができない」に重点を置き，「現在の法律関係に関する訴え」に還元することが可能であっても，その訴えによって目的を達成することができない場合には無効等確認訴訟の原告適格を認める説（目的達成不能説）がある。

最高裁は，直截（ちょくせつ）・適切基準説と呼ばれる立場にたっている。無効等確認訴訟と「現在の法律関係に関する訴え」のいずれが当該紛争を解決するため直截的で適切な訴訟形態と言えるかによって決する考え方である。最判昭和62年4月17日民集41巻3号286頁（土地改良事業・換地無効確認事件），最判平成4年9月22日民集46巻6号571頁（高速増殖炉もんじゅ・原子炉設置許可無効確認事件）において，民事訴訟で争うことが可能であっても，当該紛争を解決するために民事訴訟で争うことが適切なものとは言えず，むしろ処分の無効確認訴訟のほうが直截的で適切であるという判断を示している。

判例24-1　最判平成4年9月22日民集46巻6号571頁（高速増殖炉もんじゅ・原子炉設置許可無効確認事件）
【判旨】「行政事件訴訟法36条の「現在の法律関係に関する訴えによって目的を達成することができない」場合には，当該処分に起因する紛争を解決するための争訟形態として，無効を前提とする当事者訴訟又は民事訴訟と比較して，無効確認訴訟がより直截的で適切である場合も含むので，周辺住民が原子炉の建設ないし運転の差止めを求

める民事訴訟を提起している場合であっても，右処分に対する無効確認訴訟は適法である。」

2　不作為の違法確認の訴え（3条5項，37条）

　不作為の違法確認の訴えとは，「行政庁が法令に基づく申請に対し，相当の期間内に何らかの処分又は裁決をすべきであるにかかわらず，これをしないことについての違法の確認を求める訴訟をいう。」(3条5項)。

　1963（昭和37）年にこの訴訟が法定されたのは，事務処理を促進するためであった。行政手続法が制定され，標準処理期間（6条），申請に対する審理応答義務（7条）が規定されたことによって，事務処理促進の役割を終えることとなったが，平成16年法改正によって義務付け訴訟が法定化されてからは，申請型義務付け訴訟を提起する際に併合提起する訴訟の1つになった。

訴訟要件

　不作為の違法確認の訴えであるから，出訴期間について規定はない。処分庁が不作為を続ける間は出訴できる。

原告適格 (37条)

　行訴法37条は，「不作為の違法確認の訴えは，処分又は裁決についての申請をした者に限り，提起することができる。」と定めている。3条5項と37条を比較すると，37条には「法令に基づく」申請であることが書かれていないが，最判昭和47年11月16日民集26巻9号1573頁（不作為の違法確認請求事件）において，独占禁止法45条1項に基づく報告，措置要求が法令に基づく申請権の行使であるとは言えないとして不適法と判断している。つまり，申請者において「法令に基づく申請」がなされていることを要すると解される。

相当の期間

　行政手続法6条は，申請に対して「通常要すべき標準的な期間」をあらかじめ定めるべきこととしているが，それは目安である。目安を徒過したらすぐに違法となるのではなく，その目安を守ることができない理由が正当化できるか否か，特別な事情が存するか否かが問われる。

不作為の違法確認判決の拘束力 (33条)

　不作為の違法確認判決は，38条1項により，判決の拘束力に関する33条が準用される。不作為が違法であることを確認する認容判決がなされたときは，行政庁は速やかに申請に対する応答をしなければならない。訴訟係属中に申請に対する

処分がなされたときは，訴えの利益は消滅する。

3　義務付け訴訟（3条6項，37条の2，37条の3）

　義務付け訴訟とは「行政庁がその処分又は裁決をすべき旨を命ずることを求める訴訟をいう」（3条6項柱書）。平成16年法改正によって導入され，2種類が規定されている。学説上，（1）申請型義務付け訴訟と（2）非申請型義務付け訴訟という名称で分類され，両者は訴訟要件，本案勝訴要件が異なっている。平成16年法改正による導入以来，申請型義務付け訴訟はよく利用され，認容例も多いが，非申請型義務付け訴訟は訴訟要件が厳しく，認容例は少ない。

　申請型義務付け訴訟は，併合提起という訴訟要件ゆえに，併合する訴訟によって出訴期間制限や審査請求前置を受けることがある。訴訟提起が許容される場合，併合提起すべき訴訟など，申請型義務付け訴訟特有の訴訟要件に留意が必要である。

　非申請型義務付け訴訟の場合，申請権のない第三者が訴訟提起をするという特性から，出訴期間の定めがなく，審査請求前置という訴訟要件は求められない。訴訟の特性を反映した原告適格，「重大な損害のおそれ」，「補充性」が主に問題となる。どのような訴訟要件が訴訟の活用を妨げているかに注目しよう。

（1）申請型義務付け訴訟（3条6項2号，37条の3）

　申請型義務付け訴訟とは「行政庁に対し一定の処分又は裁決を求める旨の法令に基づく申請又は審査請求がされた場合において，当該行政庁がその処分又は裁決をすべきであるにかかわらずこれがされないとき。」（3条6項2号）に提起するタイプの義務付け訴訟である。

訴訟要件（37条の3第1項）――訴訟提起が許容される場合

　申請型義務付け訴訟の提起が許容されるのは，37条の3第1項に規定されている「当該法令に基づく申請又は審査請求に対し相当の期間内に何らの処分又は裁決がされないこと」（1号），「当該法令に基づく申請又は審査請求を却下し又は棄却する旨の処分又は裁決がされた場合において，当該処分又は裁決が取り消されるべきものであり，又は無効若しくは不存在であること」（2号）という場合である。

訴訟要件（37条の3第3項）――併合提起

　申請型義務付け訴訟に特有の訴訟要件は，単独で訴訟提起できず，他の抗告訴

訟と併合提起しなければならないことである。併合すべき訴訟は，第1項の場合分けに応じた訴訟になっている。1項1号に対応するのは，不作為の違法確認の訴えである（3項1号）。1項2号に対応するのは，取消訴訟または無効等確認訴訟である。

義務付け訴訟の審理（37条の3第4項，6項）

併合提起された2つの訴訟は，分離しないで審理しなければならない（4項）。義務付け訴訟に他の抗告訴訟を併合提起させる趣旨は，裁判所の判断が処分の義務付けには至らなくても，不作為の違法確認や処分を取り消す判断が可能であると考えられたからである。4項は2つの訴訟を分離しないで審理することを定めているが，5項には併合提起された訴えについて，先に終局判決を出すことを可能とする規定が置かれている。裁判所は，審理の状況その他の事情を考慮して，併合提起された訴えについてのみ終局判決をすることがより迅速な争訟の解決に資すると認めるときは，当該訴えについてのみ終局判決をすることができる。

裁決に関する義務付け訴訟（37条の3第7項）

裁決の義務付け訴訟については，原処分主義により，当該処分の取消訴訟または無効等確認訴訟を提起することができないときに限り，提起することができる。

本案勝訴要件（37条の3第5項）

申請型義務付け訴訟の本案勝訴要件は2点ある。併合提起された訴えに「理由があると認められ」ることを要する。もう1つは，羈束処分の場合は，行政庁がその義務付けの訴えに係る処分もしくは裁決をすべきことが法令の規定から明らかであると認められるとき，そして裁量処分の場合には，行政庁がその処分もしくは裁決をしないことがその裁量権の範囲を超え若しくはその濫用となると認められるとき，である。

（2）非申請型義務付け訴訟（3条6項1号，37条の2）

「非申請型」とは学説が付けた分類の名称であるが，直接型義務付け訴訟という学説もある。ここでいう非申請型義務付け訴訟とは，「行政庁が一定の処分をすべきであるにかかわらずこれがされないとき」（3条6項1号）に提起される訴訟である。想定されるのは，規制権限の発動を求めて，周辺住民など第三者が義務付けを提起するようなケースである。

訴訟要件（37条の2第1項，3項）——原告適格

37条の2第1項は「一定の処分がされないことにより重大な損害を生ずるおそ

れがあり，かつ，その損害を避けるため他に適当な方法がないときに限り，提起することができる。」と定め，原告適格として「第1項の義務付けの訴えは，行政庁が一定の処分をすべき旨を命ずることを求めるにつき法律上の利益を有する者に限り，提起することができる。」（3項）とする。申請権のない第三者のする訴訟提起であるから，原告適格の有無の判断は「法律上の利益」の解釈にかかっている。解釈については，取消訴訟の原告適格の判断の仕方が準用される（4項）。

訴訟提起が許容される2つの訴訟要件──「重大な損害」と「補充性」

　非申請型義務付け訴訟の訴訟要件は厳格である。訴訟提起が許されるのは，「一定の処分がされないことにより重大な損害を生ずるおそれ」と「その損害を避けるため他に適当な方法がないときに限り」という2つの訴訟要件を満たしたときに許容される。

　「重大な損害を生ずる」か否かの判断は，「損害の回復の困難の程度」を考慮し，「損害の性質及び程度並びに処分の内容及び性質」をも勘案することが定められているが（2項），多くの場合，この「重大な損害を生ずるおそれ」という要件をクリアすることが難しい。訴訟要件を判断する段階で実質的に本案を審理しているようなものである。この要件を充たしても，「その損害を避けるため他に適当な方法がないときに限り」という制約がある（補充性）。

本案勝訴要件（37条の2第5項）

　羈束処分について，行政庁がその処分をすべきであることがその処分の根拠となる法令の根拠から明らかであること，裁量処分については，裁量権の範囲を超えもしくはその濫用となる場合に，裁判所はその処分をすべき旨を命じることができる。

　非申請型義務付け訴訟の訴訟要件を満たし，本案でも勝訴したのは，産業廃棄物処理施設周辺住民が提起した訴訟であった。産業廃棄物処理施設から染み出す鉛が地下に浸透し地下水を汚染して処理場外に流出するおそれが主張された事案である。井戸水を生活水として利用する周辺住民の身体・健康等に関わる事例であったが，1審（福岡地判平成20年2月25日判時2122号50頁）は，本件処分場周辺の地下水の水質は，地下水等検査項目に係る水質基準を超えておらず，汚染された状況にはないものと認められ，現時点において直ちに原告らの生命，健康又は生活環境に著しい被害を生じさせるおそれがあるとは認め難いとして，義務付けの訴えの要件を満たさないとして却下した。2審は1審判決を覆して請求を認容し，最高裁の上告棄却により確定している。

判例24-2　福岡高判平成23年2月7日判時2122号45頁（措置命令処分等の義務付け請求事件）

【判旨】「都道府県知事は，産業廃棄物処理基準に適合しない産業廃棄物の処分が行われた場合において，生活環境の保全上支障が生じ，又は生ずるおそれがあると認められるときは，生活環境を保全するため，処分者等に対して支障の除去等の措置を講ずることを命ずる等の規制権限を行使するものであり，この権限は，当該産業廃棄物処分場の周辺住民の生命，健康の保護をその主要な目的の一つとして，適時にかつ適切に行使されるべきものである。」「本件処分場の周辺住民の生命，健康に損害を生ずるおそれがあること，Ｆ産業は平成16年9月30日に仮処分決定を受けてから本件処分場の操業を停止しているのであるから，上記のような地下水の汚染は遅くとも6年以上前から進行していると推認されること，前記3のとおり，上記損害を避けるために他に適当な方法がないことなどの事情が認められる。これらの事情を総合すると，現時点において，福岡県知事が法に基づく上記規制権限を行使せず，本件措置命令をしないことは，上記規制権限を定めた法の趣旨，目的や，その権限の性質等に照らし，著しく合理性を欠くものであって，その裁量権の範囲を超え若しくはその濫用となると認められる。」

4　差止訴訟（3条7項，37条の4）

差止訴訟とは，「行政庁が一定の処分又は裁決をすべきでないにかかわらずこれがされようとしている場合において，行政庁がその処分又は裁決をしてはならない旨を命ずることを求める訴訟をいう。」（3条7項）。平成16年法改正により導入されたが，やはり訴訟要件が厳しく，認容例は少ない。裁判所が民事訴訟の差止請求ではなく行訴法の差止訴訟で争うことを認め，訴訟要件を満たして本案審理に入っても，本案勝訴要件（37条の4第5項）に該当しないとして棄却されることもある（最判平成28年12月8日民集70巻8号1833頁（厚木基地訴訟））。

訴訟要件（37条の4第1項，3項）——原告適格

差止訴訟は「一定の処分又は裁決がされることにより重大な損害を生ずるおそれがある場合に限り，提起することができる。ただし，その損害を避けるため他に適当な方法があるときは，この限りでない。」（37条の4第1項）と定められ，「行政庁が一定の処分又は裁決をしてはならない旨を命ずることを求めるにつき法律上の利益を有する者に限り，提起することができる。」（3項）。原告適格の有無の判断は「法律上の利益」の解釈にかかっている。解釈については，取消訴訟の原告適格の判断の仕方が準用される（4項）。

訴訟提起が許容される訴訟要件

差止訴訟の提起が許容されるのは,「一定の処分又は裁決がされることにより重大な損害を生ずるおそれがある場合」である（1項）。つまり, 一定の処分がなされる蓋然性（確からしさ）と「重大な損害を生ずるおそれ」が訴訟要件として求められる。重大な損害を生じるか否かの判断は,「損害の回復の困難の程度」を考慮し,「損害の性質及び程度並びに処分の内容及び性質」をも勘案することが定められている（2項）。

最高裁が差止請求を認容したのは, 東京都教職員国旗・国歌訴訟である。入学式・卒業式に際して国歌斉唱の際に国旗に向かって起立して斉唱することについて職務命令が出され, 職務命令に反すれば最初は最も軽い懲戒処分である戒告を受けるが, 職務命令違反が度重なれば（入学式・卒業式は毎年ある）, 懲戒処分は重くなっていくおそれがあるからである（反復継続的かつ累積加重的に懲戒処分は重くなっていく）。

本案勝訴要件（37条の4第5項）

羈束処分について, 行政庁がその処分をすべきであることがその処分の根拠となる法令の根拠から明らかであること, 裁量処分について, 裁量権の範囲を超えもしくはその濫用となる場合に, 裁判所はその処分をすべき旨を命じることができると定められている。

判例24-3　最判平成24年2月9日民集60巻2号183頁（東京都教職員国旗・国歌訴訟）
【判旨】　本件においては,「本件通達を踏まえ, 毎年度2回以上, 都立学校の卒業式や入学式等の式典に際し, 多数の教職員に対し本件職務命令が繰り返し発せられ, その違反に対する懲戒処分が累積加重され, おおむね4回で（他の懲戒処分歴があれば3回以内に）停職処分に至るものとされている。このように本件通達を踏まえて懲戒処分が反復継続的かつ累積加重的にされる危険が現に存在する状況の下では, 事案の性質等のために取消訴訟等の判決確定に至るまでに相応の期間を要している間に, 毎年度2回以上の各式典を契機として上記のように懲戒処分が反復継続的かつ累積加重的にされていくと事後的な損害の回復が著しく困難になることを考慮すると, 本件通達を踏まえた本件職務命令の違反を理由として一連の累次の懲戒処分がされることにより生ずる損害は, 処分がされた後に取消訴訟等を提起して執行停止の決定を受けることなどにより容易に救済を受けることができるものであるとはいえず, 処分がされる前に差止めを命ずる方法によるのでなければ救済を受けることが困難なものであるということができ, その回復の困難の程度等に鑑み, 本件差止めの訴えについては上記「重大な損害を生ずるおそれ」があると認められるというべきである。」
「また, 差止めの訴えの訴訟要件については,「その損害を避けるため他に適当な方

法があるとき」ではないこと，すなわち補充性の要件を満たすことが必要であるとされている（行訴法37条の4第1項ただし書）。」原審は，「その取消訴訟等及び執行停止との関係で補充性の要件を欠くとして，本件差止めの訴えをいずれも却下したが，本件通達及び本件職務命令は前記1(2)のとおり行政処分に当たらないから，取消訴訟等及び執行停止の対象とはならないものであり，また，上記イにおいて説示したところによれば，本件では懲戒処分の取消訴訟等及び執行停止との関係でも補充性の要件を欠くものではないと解される。以上のほか，懲戒処分の予防を目的とする事前救済の争訟方法として他に適当な方法があるとは解されないから，本件差止めの訴えのうち免職処分以外の懲戒処分の差止めを求める訴えは，補充性の要件を満たすものということができる。」

その損害を避けるため他に適当な方法があるとき

　差止訴訟は，損害を避けるため他に適当な方法があるときにはすることができないとされる。しかし「他に適当な方法」の意味は明確ではない。民事訴訟を提起して争うことが可能であったとしても，それが適切な解決手法であるとは限らない。他に民事訴訟提起という手段があることのみをもって行訴法による差止請求を退けることは，行政訴訟に新しい訴訟類型を導入した意味を損なうであろう。

　抗告訴訟の中心は取消訴訟であるが，取消訴訟・執行停止という救済方法が可能であれば，差止訴訟ではなく取消訴訟を提起するべきという考え方もある。たとえば，不利益処分を受けた者が後続の処分がなされることをおそれて，後続の処分の差止訴訟・仮の差止めを申し立てるような事例であれば，これからなされる後続の処分を争うよりも，もともとの不利益処分の取消し・執行停止を求めれば救済が可能な場合があるからである。

5　仮の義務付け・仮の差止め（37条の5）

　義務付け訴訟に対しては仮の義務付け，差止訴訟に対しては仮の差止めが対応する。執行停止の規定が仮の義務付け・仮の差止めに準用され（37条の5第4項，5項），内閣総理大臣の異議は仮の義務付け・仮の差止めにも適用される。また，仮の義務付け・仮の差止めは，執行停止と同様に「公共の福祉に重大な影響を及ぼすおそれがあるときは，することができない。」という制約がかかる。

(1) 仮の義務付け（37条の5第1項）

　仮の義務付けは，適法に本案訴訟が係属していることが前提となっている。そして，申立てが認められるには，その処分または裁決がされないことにより生ず

る「償うことのできない損害を避けるため緊急の必要」があり，かつ，「本案について理由があるとみえるとき」という2つの要件を満たさなければならない。執行停止と比較して，裁判所が一定の行政活動を行政庁に命じることを内容とすることから，仮の義務付けの要件は厳しくなっている。また，「本案について理由があるとみえるとき」という規定の仕方となっている。執行停止では「本案について理由がないとみえるときは，することができない。」であったから，仮の義務付けは執行停止よりも要件が厳しい。

　仮の義務付けは，申請型義務付け訴訟と非申請型義務付け訴訟の両方に適用され，申請型義務付け訴訟・仮の義務付けの認容例は多く見られる。平成16年法改正以後，最初に仮の義務付けが認められたのは，徳島地決平成17年6月7日判例地自270号48頁（町立幼稚園就園申立て事件）であった。

　申立人が障碍（しょうがい）のあるAを町立幼稚園に就園させることの許可を求める申請をしたのに対し，町教育委員会が就園を不許可とする決定をしたため，就園を仮に許可するよう求めた事件である。「償うことのできない損害を避けるため緊急の必要」という要件について，本案訴訟の判決を待っていてはAが幼稚園に正式入園して保育を受ける機会を喪失すること，必要以上にAに差別感を抱かせ，このような損害は，後に回復するような性質のものではないとした。

　「償うことのできない損害を避けるため緊急の必要」をこのように解したことは，非常に意義深い。東京地決平成18年1月25日判時1931号10頁（障碍児保育所入所申立て），大阪地決平成20年7月18日判例地自316号37頁（特別支援学校就学指定申立て），奈良地決平成21年6月26日判例地自328号21頁（肢体不自由児中学入学申立て）など，子どもの成長をかけがえのない時間として，入園や就学の拒否処分の救済に仮の義務付けが認められている。

　また，かつては狭義の訴えの利益喪失により不適法却下判決となったものが，仮の義務付けにより救済されるようになった。岡山地決平成19年10月15日判時1994号26頁（市立シンフォニーホール施設使用許可申立て認容決定）がその例である。

（2）仮の差止め（37条の5第2項）

　仮の差止めは，適法に本案訴訟が係属していることが前提となっている。申立てが認められるには，その処分または裁決がされることにより生ずる「償うことのできない損害を避けるため緊急の必要」があり，かつ，「本案について理由があるとみえるとき」という2つの要件を満たさなければならない。

　仮の差止めの申立ては却下が多く，認容された例は少ない。タクシー事業者が，近畿運輸局長に届け出た運賃が特定地域及び準特定地域における近畿運輸局長が指定する運賃の範囲内にないことを理由として，運賃変更命令，輸送施設の使用停止または事業許可の取消しの仮の差止めを申し立てた事件について，「償うことのできない損害を避けるため緊急の必要」があると認められた事例がある（大阪高決平成27年1月27日判時2264号36頁）。

■**演習問題24-1**　Aさんは，子どもを保育園に入れようとして入園の申し込みをしたが，子どもに障碍があることを理由に保育園への入園が認められなかった。

(1) Aさんはどのような訴訟を提起して争うことができるか。
(2) Aさんは，仮の権利保護のためにどのような手立てを講じるべきか。

第25章　当事者訴訟

理解のポイント

　行訴法 4 条には性質の異なる 2 種類の当事者訴訟が規定されていることに注意しよう。抗告訴訟で争わせることも可能な事柄を当事者訴訟の形式で争わせているものと（形式的当事者訴訟），本来的な当事者訴訟（実質的当事者訴訟あるいは公法上の当事者訴訟）である。

1　当事者訴訟（4条）

　当事者訴訟を定義する行訴法 4 条は，（A）と（B）という，性質の異なる 2 種類の当事者訴訟を規定している。

　第 4 条　この法律において「当事者訴訟」とは，（A）当事者間の法律関係を確認し又は形成する処分又は裁決に関する訴訟で法令の規定によりその法律関係の当事者の一方を被告とするもの及び（B）公法上の法律関係に関する確認の訴えその他の公法上の法律関係に関する訴訟をいう。

形式的当事者訴訟──「法令の規定により」

　処分または裁決は存在するが，法令の規定により，取消訴訟（抗告訴訟）ではなく当事者訴訟で争わせるように規定している部分が（A）である。補償金額等に関する「処分」または「裁決」があり，その補償金額に対する不服であるから「抗告」となるはずであるが，当事者間の訴訟として構成されている。行政事件訴訟法立法時に，行政庁の処分が介在しても，財産上の争いの実質を有するものは，当事者間で争わせることが適当と考えられたと説明される。土地収用法133条，著作権法72条，特許法183条，農地法55条などに，補償金ないし対価の増額請求に関する規定がある。

　補償金額等を決定する処分ないし裁決が介在するため，裁判所による行政庁への出訴の通知（39条），出訴期間（40条）に関する規定がある。

実質的当事者訴訟（公法上の当事者訴訟）

　（B）「公法上の法律関係に関する確認の訴えその他の公法上の法律関係に関する訴訟」は実質的当事者訴訟と呼ばれ，給付訴訟と確認訴訟を含んでいる。具体例を挙げれば，公務員の退職手当支払い請求，給与等支払い請求，年金支給停止措置の無効を前提とする年金支払い請求，課税処分の無効を前提とする不当利得

返還請求，憲法29条３項に基づく損失補償請求，行政主体間の費用負担請求などの給付訴訟，公務員の地位確認請求，国籍の確認請求，選挙権を有することの確認請求など，公法上の身分・地位，権利などを確認する確認訴訟が含まれている。

　公法上の法律関係に関する対等な当事者間の訴訟であり，民事訴訟と実質的に異ならないとされる。

2　当事者訴訟の活用

　平成16年法改正時に「公法上の法律関係に関する確認の訴えその他の」が挿入された。実質的当事者訴訟ないし公法上の当事者訴訟とは「公法上の法律関係に関する訴訟」であり，「公法上の法律関係に関する確認の訴えその他の」は確認訴訟を規定したものであるが，新たに訴訟類型を規定したのではなく，従来から用いられていた当事者訴訟としての確認訴訟を活用すべく（活性化すべく）明文化したものである。

　行政事件訴訟法は「処分」の取消しを中心として作られている。しかし行政活動は公権力の行使である「処分」にのみ集約されるものではなく，非権力的な行政活動，たとえば通達や行政指導などによって国民の権利が侵害されることもある。しかし抗告訴訟では争うことができない。それが抗告訴訟で争うことができない非権力的な行政活動であっても，当該行政活動の違法を確認する手立てが必要であり，当事者訴訟の活用は「行政処分以外の行政作用に対する救済の受け皿」として提唱された。

　給付訴訟の場合には，原告が請求権を有するか否かが本案で審理される。確認訴訟の場合には，確認の対象が確認判決を下すのにふさわしいものであること（対象選択の適否），司法審査を及ぼすに足りる紛争の成熟性が求められる（即時確定の必要性）。具体的な紛争状況から，訴えに成熟性があり，公法上の法律関係における原告の権利利益関係に引きなおして法律論の構成が可能なケースであれば（公法上の権利，公法上の義務の問題として構成が可能であれば），当事者訴訟の活用可能性が認められる。

　平成16年法改正以降に確認訴訟が活用された代表例として，最大判令和４年５月25日裁判所ウェブサイト（在外日本人国民審査権確認等請求），最大判平成17年９月14日民集59巻７号2087頁（在外日本人選挙権剥奪違法確認等請求）がある。また，「第７章行政機関が行う立法作用」で登場した最判平成25年１月11日民集67巻１号１頁（医薬品ネット販売の権利確認等請求事件）は，インターネットを通じた郵便

等販売を行う事業者である原告らが，被告国を相手に，新施行規則の規定にかかわらず郵便等販売をすることができる権利ないし地位を有することの確認等を求めた例である。

3　仮処分の適用

行訴法44条は「行政庁の処分その他公権力の行使に当たる行為については，民事保全法（平成元年法律第91号）に規定する仮処分をすることができない。」と定める。当事者訴訟は「行政庁の処分その他公権力の行使に当たる行為」を対象とするものではないから，当事者訴訟の仮の権利保護には仮処分（民事保全法）が適用可能である。

しかしながら「行政庁の処分その他公権力の行使に当たる行為」に関わると判断される場合，仮処分の適用が認められないことがある。東京高決平成24年7月25日判時2182号49頁は，医薬品のインターネット販売等を行ってきた原告らが，平成21年厚生労働省令第10号による改正後の薬事法施行規則の規定にかかわらず，第一類医薬品及び第二類医薬品につき店舗以外の場所にいる者に対する郵便その他の方法による販売をすることができる権利（地位）を有することの確認を求める訴訟を本案事件として，本案判決が確定するまでの仮の地位を定める仮処分を申し立てた事案である。本案は厚生労働大臣の省令制定行為あるいは改正省令の無効を前提として，改正省令の効力停止を求める実質を有するものであるから，本件申立てについては，行政事件訴訟法44条の規定が適用され，民事保全法上の仮処分を求めることはできないとして，仮処分の申立ては却下されている。

第Ⅲ部

国家補償

第26章　国家賠償——公権力の行使に関する損害賠償責任

理解のポイント

国家賠償法は，日本国憲法17条に基づき制定された民法の不法行為法の特別法である。民法との違い，共通点に留意し，国家賠償法1条1項の「公権力の行使」という概念が，行政不服審査法・行政事件訴訟法の「公権力の行使」概念よりも広いことを理解しよう。

1　日本国憲法17条と国家賠償法

　明治憲法下，国家は主権の行使に関し責任を負わないとする国家無答責の考え方がとられていた。違法な行政活動によって権利侵害があっても，臣民は官吏の使用者である国の責任を問うことができなかった。1889（明治22）年明治憲法61条は「行政官庁ノ違法処分ニ由リ権利ヲ傷害セラレタリトスルノ訴訟」を法律によって行政裁判所の専属管轄とすること，これを受けて制定された1890（明治23）年行政裁判法16条が「行政裁判所ハ損害要償ノ訴訟ヲ受理セス」と定めていたから，国家無答責の問題は，裁判管轄の問題でもあった。

　日本国憲法17条は「何人も，公務員の不法行為により，損害を受けたときは，法律の定めるところにより，国又は公共団体に，その賠償を求めることができる。」と定め，そして1947（昭和22）年10月27日国家賠償法が制定・施行された。2条に規定された営造物管理責任は戦前から民法717条を適用して認められていたが（大判大正5年6月1日民録22輯1088頁（徳島小学校遊動円棒事件）），1条の公権力の行使に関する損害賠償責任は戦後新たに日本国憲法によって認められたものである。

　憲法・法律が国民の権利自由を保障していても，現実には違法な国家作用によって国民の権利自由が侵害されることは少なくない。行政訴訟を提起して公権力の行使の違法を除去する方法を保障するだけでは国民の権利保護に十分ではなく，国家作用の違法を最終的に国家賠償請求制度によって争うことを保障することが法治国家において必要なのである。

2　公権力行使責任の要件

　国家賠償法1条は，公権力の行使に関する責任を，次のように定めている。

1項　①国又は公共団体の②公権力の行使に当る③公務員が，④その職務を行うについて，⑤故意又は過失によって⑥違法に他人に⑦損害を加えたときは，⑧国又は公共団体が，これを賠償する責に任ずる。
2項　前項の場合において，公務員に⑨故意又は重大な過失があつたときは，⑩国又は公共団体は，その公務員に対して求償権を有する。

公権力行使責任──代位責任説と自己責任説

　1条1項は，公権力の行使に関する責任を，加害公務員ではなく「⑧国又は公共団体が，これを賠償する責に任ずる」とする。国又は公共団体が責任を負うことについて，条文の規定の仕方から公務員の不法行為責任に代位して責任を負うとする代位責任説（通説・判例）と，行政活動はそれ自体市民に被害を発生させる危険性をはらんだ活動であるという考え方のもと，国や公共団体は自己の責任として損害賠償責任を負うとする自己責任説がある（東京地判昭和39年6月19日判時375号6頁：デモ隊と機動隊との衝突，機動隊の警棒使用が問題とされた事件）。

　かつて，両説の違いは加害公務員の特定問題に現れるとされた。自己責任説に立てば加害公務員の特定を要しないが，代位責任説に立てば，加害公務員の特定を要するか否かという論点が生じたからである。しかし最判昭和57年4月1日民集36巻4号519頁は，代位責任説に立ちつつ，加害行為を行った公務員を特定できない場合であっても賠償責任が認められる4つの要件を示し，東京高判平成4年12月18日判時1445号3頁（東京予防接種禍訴訟）は，公務運営にあたって組織体として適切な配慮を欠いたことを過失として認めた。したがって現在では，代位責任説と自己責任説という公権力行使責任の学説の相違から加害公務員の特定問題が説明されることはない。

判例26-1　最判昭和57年4月1日民集36巻4号519頁（岡山税務署健康診断事件）
【事案】　岡山県内のA税務署に勤務していたX（原告）は，1952（昭和27）年6月25日にA税務署長Bが実施した定期健康診断を受診した。胸部レントゲン撮影はBの嘱託により岡山県C保健所で行われた。レントゲン撮影によるフイルムにはXが初期の肺結核に罹患していることを示す陰影があったにもかかわらず，B税務署長はXに対しなんらの指示も事後措置も行わなかつた。このため，Xは労働の激しい外勤の職務に従事した結果，翌年6月28日実施された定期健康診断により結核罹患の事実が判明するまでの間にその病状が悪化し，長期療養を要するまでに至った。定期健康診断の実施・事後措置には，税務署長B，広島国税局直属の医官，岡山県C保健所の医師が関わっているが，1審・2審は，過失ある公務員を特定することなく，Xの請求を一部認容したため，Y（被告国）が上告した。

【判旨】　破棄差戻し「国又は公共団体の①公務員による一連の職務上の行為の過程において他人に被害を生ぜしめた場合において，それが具体的にどの公務員のどのような違法行為によるものであるかを特定することができなくても，右の②一連の行為のうちのいずれかに行為者の故意又は過失による違法行為があつたのでなければ右の被害が生ずることはなかつたであろうと認められ，かつ，③それがどの行為であるにせよこれによる被害につき行為者の属する国又は公共団体が法律上賠償の責任を負うべき関係が存在するときは，国又は公共団体は，加害行為不特定の故をもつて国家賠償法又は民法上の損害賠償責任を免れることができないと解するのが相当であり，原審の見解は，右と趣旨を同じくする限りにおいて不当とはいえない。しかしながら，この法理が肯定されるのは，④それらの一連の行為を組成する各行為のいずれもが国又は同一の公共団体の公務員の職務上の行為にあたる場合に限られ，一部にこれに該当しない行為が含まれている場合には，もとより右の法理は妥当しないのである。」

【注釈】　この判決は，保健所の医師が岡山県の職員であり，医師の行為に税務署長の監督が及ばないことから４つ目の要件に該当せず，国および地方公共団体のいずれの賠償責任も否定した。

公務員個人の責任否定と求償権

　国家賠償法には加害公務員個人の賠償責任を追求することを認める規定はなく，最高裁も一貫して加害公務員個人の責任を否定している（最判昭和30年４月19日民集９巻５号534頁，最判平成19年１月25日民集61巻１号１頁）。ここでいう加害公務員個人の責任の否定とは，加害公務員を被告としないという意味であって，損害を生ぜしめた公務員に対する求償とは意味が異なる。「⑨故意又は重大な過失」があったとき，「⑩国又は公共団体は，その公務員に対して求償権を有する」。

3　「国又は公共団体」「公権力の行使」「公務員」

　３つの要件の関連性を「公権力の行使」を中核に置いて理解することが重要である。「国又は公共団体」にどのような団体が含まれるかという問題は，当該加害行為が「公権力の行使」に該当するかどうかが先決問題である。これが決まれば，その公権力の行使をする団体が国家賠償責任を負う。次に，「公務員」とは，「公権力の行使を委ねられた者」の意味に理解される。「公権力の行使」の概念がこの場合にも鍵になる。

「公権力の行使」概念——国家賠償法１条の適用範囲

　公権力行使責任は，「公権力の行使」に由来することを要する。公務員の行為が「公権力の行使」に該当すれば国賠法１条の適用があり，そうでなければ民法の適用があることになる。

「公権力の行使」は、3 つの説に分かれる。最も狭く、公務員による命令強制を伴う本来的な権力作用をさすとする狭義説、純然たる私経済作用と公の営造物の設置管理作用以外の作用に広く適用されるとする広義説、国や公共団体の活動であればすべて対象となるとする最広義説があるが、広義説が通説となっている。行政不服審査法・行政事件訴訟法にいう「公権力の行使」よりも　国賠法 1 条 1 項「公権力の行使」は広く、「処分」ばかりではなく、非権力的な行為（行政指導、学校事故）によって生じた損害や、規制権限の不行使などの不作為責任も含んでいる。

　1 条で問うことができるのは、行政権に属する作用に対してのみならず、立法権（立法行為）、司法権（裁判判決）に関しても 1 条の適用はある。ただし、行政活動とは異なる基準で国家賠償責任は判断されている。

「公務員」

　国賠法 1 条にいう「公務員」とは公務員法上の身分は問題とならず、「**公権力の行使を委ねられた者**」を意味している。行政機関で働く非常勤職員や嘱託職員、アルバイトなどのほか、民間に事務委託された場合、事務委託先の職員が「公権力の行使」を担っていれば国家賠償法が適用される。福祉行政において社会福祉法人に施設運営を委託されることが多いが、施設での事件・事故等の責任を問う場合、民間法人職員の行為について国家賠償責任を問えるか否か、職員を雇用する社会福祉法人の責任をも民法に基づき問えるか否かが問題となる。

　最判平成19年 1 月25日民集61巻 1 号 1 頁（児童養護施設暴行事件）において、最高裁は委託先である民間社会福祉法人職員を「公務員」とみなし、国賠法 1 条に基づいて県の責任を認めた。この最高裁判決は、児童福祉法上の要保護児童に関する事務を「本来都道府県が行うべき事務」として帰属先をまず明らかにしている。この事件では職員を雇用する社会福祉法人の民法715条に基づく責任も問題とされたが、最高裁は、地方公共団体が国家賠償責任を負う時には民法715条による社会福祉法人の使用者責任を認めなかった。

判例26-2　最判平成19年 1 月25日民集61巻 1 号 1 頁（児童養護施設暴行事件）
【事案】　X（原告）は、1992（平成 4 ）年 1 月10日、児童福祉法27条 1 項 3 号に基づく入所措置によりA学園に入所した。Xは、1998（平成10）年 1 月11日、約30分間にわたり、A学園の施設内で、原告と同じく同学園に入所中の児童ら 4 名から暴行を受け、右不全麻痺、外傷性くも膜下出血等の傷害を負い、高次脳機能障害等の後遺症が残った。暴行は、直前に同学園の職員から 4 名の児童の中の 1 名が原告を蹴ったことで注

意を受けた腹いせに，本件職員が事務室に戻った間に行われたものであった。原告は，愛知県（Ｙ１）を被告として国賠法１条１項に基づき国賠請求を，またＹ１が賠償責任を負う場合であってもＡ学園（Ｙ２）は民法715条使用者責任を負うとして，損害賠償請求訴訟を提起した。１審はＹ１の損害賠償責任のみを認め，２審はＹ１・Ｙ２の損害賠償責任を認めたため，Ｙ１・Ｙ２が上告した。

【判旨】「３号措置に基づき児童養護施設に入所した児童に対する関係では，入所後の施設における養育監護は本来都道府県が行うべき事務であり，このような児童の養育監護に当たる児童養護施設の長は，３号措置に伴い，本来都道府県が有する公的な権限を委譲されてこれを都道府県のために行使するものと解される。」「都道府県による３号措置に基づき社会福祉法人の設置運営する児童養護施設に入所した児童に対する当該施設の職員等による養育監護行為は，都道府県の公権力の行使に当たる公務員の職務行為と解するのが相当である。」

「国又は公共団体以外の者の被用者が第三者に損害を加えた場合であっても，当該被用者の行為が国又は公共団体の公権力の行使に当たるとして国又は公共団体が被害者に対して同項に基づく損害賠償責任を負う場合には，被用者個人が民法709条に基づく損害賠償責任を負わないのみならず，使用者も同法715条に基づく損害賠償責任を負わないと解するのが相当である。」

4　「職務を行うについて」

　公務員の行為のすべてが国家賠償法の適用を受けるわけではない。原因行為が職務中の行為に該当するか，あるいはそれが職務と一定の関連性を有するものでなければならない。加害行為を行った公務員が職務を行う意図をまったく有しなかったような場合は，外形から判断される。

　古い事例であるが，制服を着た非番の東京都警察官による隣県川崎市での強盗殺人事件の例がある。最高裁は外形標準説をとり，「公務員が主観的に権限行使の意思をもってする場合にかぎらず自己の利をはかる意図をもってする場合でも，客観的に職務行為の外形をそなえる行為をしてこれによって，他人に損害を与えた場合には，国又は公共団体に損害賠償の責を負わしめて，ひろく国民の利益を擁護することをもって，その立法の趣旨とするものと解すべき」（最判昭和31年11月30日民集10巻11号1502頁）と判示した。

5　「故意又は過失」と「違法」

２つの要件の関係

　国家賠償法１条１項は「故意又は過失によって違法に」他人に損害を加えたと

きに，国又は公共団体に賠償責任を認めている。条文の定め方からすれば「故意
又は過失」と「違法」の２つを求めているが，しかし裁判所は必ずしも２つの要
件を判断して結論を導いているわけではないことに留意が必要である。裁判所は
「過失」のみで賠償責任を認め（学校事故，不作為など），あるいは「違法」を判断し
て「故意又は過失」に言及せずに賠償責任を認めることもあれば，「過失」と「違
法」の両方を判断しているものもある。行政法では行為規範が重要であり，行政
活動を違法に行ったか否かは重要な関心事である。

「過失」の客観化

　国家賠償法の「過失」は，民法の「過失」論の傾向を反映している。かつて過失
は主観的に「不注意ないし意思の緊張の欠如という行為者の内心の心理状態にお
ける責められるべき状態」と理解されていたが，民法学では過失の客観化が進
み，過失を通常人に求められる注意義務違反として捉えるようになり，予見可能
性と回避可能性が問題とされるようになった。国家賠償法の「過失」とは，公務
員の客観的な注意義務違反として，加害行為を犯した公務員が，被害の発生を予
測でき，かつ，回避することもできたのにそれを怠ったことが過失と理解される
ようになった。

　公務員の業務は法令に基づき行われている。法令に基づく執行が違法の評価を
受けることがあり，執行の根拠である法令の解釈が問題とされることがある。つ
まり，注意義務を尽くして法令を正しく解釈していれば，違法な執行を避けられ
たと考えられるのである。法令の解釈と過失の認定，損害賠償責任の成否をめぐ
り，２つの最高裁判決がある。ある事情のもとで，法令の解釈を見直さなかった
こと，正しい法令の解釈をしなかったことを，過失とは言えないとしている。

　１つは，法令の解釈が実務上特に疑いを持たれることなく，長い間運用されて
いた場合である。最判平成３年７月９日民集第45巻６号1049頁（14歳未満接見不許
可事件）は，規則120条を監獄法50条の委任の範囲を超えており違法・無効である
としたが，同時に提起されていた国賠訴訟において，1908（明治41）年以来「規定
の有効性に実務上特に疑いを差し挟む解釈がされなかったなど判示の事情がある
ときは，拘置所長が右処分をしたことにつき国家賠償法１条１項にいう過失が
あったということはできない」として，国家賠償請求を棄却している。

　次に，法令の解釈について複数の解釈があって定説がない状況で，そのうちの
１つに基づいて行政処分を行ったところ，後に行政処分が違法と判断された場合
である。最判平成16年１月15日民集58巻１号226頁（不法滞在外国人国民健康保険事

件）では，在留資格を有しない外国人を国民健康保険の適用対象外とする厚生省（当時）の通知に従って被保険者証を交付しない旨の処分を行ったことに対して，公務員がその一方の見解を正当と解しこれに立脚して公務を遂行したことが問題となった。最高裁は，後にその執行が違法と判断されたからといって，直ちに公務員に過失があったものとすることは相当ではなく，その解釈に「相当の根拠が認められる」場合に，担当者に過失があったということはできないとして，国家賠償請求を棄却している。

行政法こぼれ話26-1　なぜ「故意」は行政法教科書に出てこない？

　国家賠償法1条1項には「故意又は過失」とあるが，行政法教科書の国家賠償法の章に「故意」は登場せず，「過失」のみが言及される。民法上の不法行為において「故意」とは，「自分の行為から一定の結果が生じることを知りながら，あえてその行為をすること」（『法律学小辞典第5版』）であるが，行政処分をする際には一定の効果を生ぜしめようと，あえてその行為をするのは当然のことである。それを不法行為の「故意」という評価を受けるならば，故意と過失の区別がむしろ困難になってしまう。

　また，不法行為の成立に「故意」と「過失」を区別して論じる実益はあまりなく，「故意」は「悪質さ」と賠償額を判断する際に用いられるとされる。国民・住民に対して「悪意」や「悪質さ」を伴う行政活動を見ることはあまりなく（職員の資質の問題であるから皆無とは言えないであろうが），国家賠償法で「故意」を論じる必要性に乏しいと言えよう。

違　法

　行政活動が違法であるというとき，違法とは行政活動の客観的法規（憲法，法律，政令・省令・規則，条例・規則）違反，行政に裁量権が認められている場合には裁量権の逸脱・濫用を指し，裁量権の逸脱・濫用を導く信義則，平等原則，比例原則などの法原則に違反している場合も「違法」に含まれる。

過失と違法の一元的判断──違法判断がないケース

　行政活動，公務員の判断・行為は行為規範に従って行われる。したがって，公務員が行為規範に違反したことを違法と評価することが，非常に重要な関心事である。しかし，公立学校の学校事故，いじめ事件など，公務員にとって行為規範が明確でない場合がある。そのような場合，最高裁は，「違法」を判断せずに，教員の注意義務違反，すなわち「過失」のみによって国家賠償責任を認めている（最判昭和62年2月6日判時1232号100頁（プール飛込み事件））。また，規制権限の不行使などの不作為を問題とする場合には，行為がまだないから行為規範に照らして違法を評価できない。

　国家賠償法の違法判断は，大別して，行政活動によって生じる被害（結果）に

着目し，被侵害法益の側から違法性を認定する結果不法説と，公務員の違法な行為に着目し，侵害行為の態様の側から違法性を認定する行為不法説の2つがある。判例は基本的に行為不法説に立ちつつも，行為不法の考え方だけに依拠しているわけではない。

過失と違法の一元的判断——違法判断の中に過失判断を引き込むケース

取消訴訟で処分が違法と判断された場合，国賠訴訟でも違法となるか否か，という論点がある。従来，取消訴訟で処分が違法とされた場合，国賠訴訟においても違法とされ，両者の違法は同一のものとして理解されていた。しかし，最判平成5年3月11日民集47巻4号2863頁（推計課税事件）を契機に，取消訴訟の違法と国賠訴訟の違法が一致しなくなり，国賠訴訟の違法性判断に公務員が職務上尽くすべき注意義務を尽くしたか否かという観点が取り込まれることがあるようになった。

この平成5年最高裁判決は，3つの点で注目すべき点がある。第一に，取消訴訟と国賠訴訟の違法を区別し，違法を二元的に捉えるものである。次に，客観的要件の違法性判断の中に主観的な注意義務違反を持ちこんで，過失と違法を一元的に判断する。そして第三に，従来，検察官や裁判官などに用いられていた，職務上の注意義務を問題とする考え方（職務行為基準説）を一般行政職員の行為に適用した判決であるという点が挙げられる。

判例26-3　最判平成5年3月11日民集47巻4号2863頁（推計課税事件）

【事案】　X（原告）は，奈良税務署長に対し，昭和47年度分，昭和48年度分の確定申告を行い，奈良税務署長は，1975（昭和50）年3月1日付で，各更正処分をした。奈良税務署長は，調査のため，1974（昭和49）年11月22日以降数回にわたり部下の税務職員をX方に赴かせ，帳簿書類の提示を求めさせたが，Xは応じようとしなかった。そこで，奈良税務署長は，Xの得意先，取引銀行を反面調査して，本件各更正の基礎となる本件係争各年分の所得金額を算定し，本件各更正をした。

Xは，異議申立て及び審査請求を経て，本件各更正の取消しを求める訴訟を提起した。1審では請求棄却，2審では本件各更生処分を取り消す一部認容の判決を受け，同判決は，上告がなく確定した。そこでXは，Y（被告国）に対して慰謝料や取消費用の弁護士費用等の国家賠償請求をした。

【判旨】　棄却「被上告人は，本件係争各年分の所得税の申告をするに当たり，必要経費につき真実より過少の金額を記載して申告書を提出し，さらに，本件各更正に先立ち，税務職員から申告書記載の金額を超える収入の存在が発覚していることを告知されて調査に協力するよう説得され，必要経費の金額について積極的に主張する機会が与えられたにもかかわらず，これをしなかったので，奈良税務署長は，申告書記載ど

おりの必要経費の金額によって，本件各更正に係る所得金額を算定したのである。してみれば，本件各更正における所得金額の過大認定は，専ら被上告人において本件係争各年分の申告書に必要経費を過少に記載し，本件各更正に至るまでこれを訂正しようとしなかったことに起因するものということができ，奈良税務署長がその職務上通常尽くすべき注意義務を尽くすことなく漫然と更正をした事情は認められないから，48年分更正も含めて本件各更正に国家賠償法１条１項にいう違法があったということは到底できない。」

6　不作為責任

規制権限の行使と裁量

作為ばかりではなく，不作為も国賠法１条１項の対象となる。不作為とは，適切に権限を行使していれば損害の発生は避けられたと主張する場合である。規制の相手方ではない第三者が原告となる。規制する行政庁と被規制者との関係を二面関係（二極関係），規制を望む第三者を加えた関係を三面関係（三極関係）という。平成16年行訴法改正により第三者が規制を義務付ける義務付け訴訟（行訴法３条６項），平成26年行服法改正により処分等を求める条文（行服法36条の３）が創設され，第三者が規制権限発動を求める仕組みが整備されている。

反射的利益論と行政便宜主義の克服

規制権限の行使には裁量が認められていることが多い。規制権限の不行使について，国家賠償責任を認めるにあたってのハードルは，反射的利益論と行政便宜主義という考え方であった。反射的利益論とは，行政上の取締りは，一般に抽象的な公益の実現のために行われるもので，取締り行政の結果，個々人が受ける利益は，権利ではなく，反射的利益とする。行政便宜主義とは，行政庁には規制権限を発動するかしないかにつき，常に裁量性を伴った第一次的判断権が留保されているという考え方である。

反射的利益論は，もともと取消訴訟の第三者の原告適格論に用いられた訴えの利益論であって，国賠法の議論に用いることに対する批判が強くある。また，行政庁に規制権限の発動について常に裁量性を伴った第一次的判断権が留保されているという考え方は，第三者が規制権限発動を求める仕組みが整備された現在からすれば，もはや妥当しないであろう。

規制権限の不行使の違法と作為義務

規制権限の不行使が違法であったというためには，権限を行使すべきであった

こと，すなわち作為義務があったということを言わなければならない。行政の規制権限の行使には一定の裁量の余地が認められるが，個別の要件が満たされるときには，裁量の余地はゼロに収縮し行政はその権限行使を義務付けられるとする裁量収縮論，国民の健康が危機に瀕しているようなときには行政には裁量の余地はそもそも認められないとする作為義務論，平成7年最高裁クロロキン事件判決が示した，権限の不行使が「その許容される限度を逸脱して著しく合理性を欠くと認められるとき違法」とする裁量権消極的濫用論がある。

不作為を違法とする要件

規制権限の不行使の違法を導く際には，裁量収縮論，作為義務論，裁量権消極的濫用論のいずれの説においても，①法益侵害の重大性（生命，健康など），②予見可能性（結果を予見できたか），③回避可能性（行政が措置を講じていれば結果の発生を防ぐことができたか），④期待可能性（行政が権限を行使して被害を防止することを期待していたか），⑤補充性（行政の権限行使がなければ市民が自ら危険を回避することができなかったか）という5つの要件が検討される。

裁量権消極的濫用論と最高裁判決

行政の規制権限の不行使について，不行使の結果として被害を被った者との関係でどのような場合に違法と評価できるか。最高裁は，最判平成元年11月24日民集43巻10号1169頁（宅建業事件）において，規制権限を定めた法律の趣旨・目的に照らし，具体的事情の下で，それが著しく合理性を欠くときのみ，その不行使による被害者との関係で違法となると判示し，そしてクロロキン事件において「権限の不行使がその許容される限度を逸脱して著しく合理性を欠くと認められるときは，その不行使は，副作用による被害を受けた者との関係において同項の適用上違法となる」という裁量権消極的濫用論の判断枠組みを明らかにした（最判平成7年6月23日民集49巻6号1600頁）。

労働安全規制と省令改正

しかし，宅建業事件判決とクロロキン事件判決は，不作為の違法に関する判断枠組みを示したが，国家賠償責任を認めなかった。裁量権消極的濫用論のもとで初めて請求が認容されたのは最判平成16年4月27日民集58巻4号1032頁（筑豊じん肺事件）であった。通商産業大臣が石炭鉱山におけるじん肺発生防止のための鉱山保安法上の保安規制の権限を行使しなかったこと，省令を改正しなかったことが国家賠償法上違法とされた。

石綿（アスベスト）被害の責任も，省令の改正を怠ったとして国家賠償責任を認

めている。最判平成26年10月9日民集68巻8号799頁（泉南アスベスト事件）は，アスベスト吸込みによる肺疾患防止のために，労働大臣は旧労基法に基づく省令制定権限を行使して罰則をもって石綿工場に局所排気装置を設置することを義務付けるべきであったとして，国家賠償法上の違法を認めている。

「究極の目的」

規制権限を定めた法律の趣旨・目的に照らして判断すべきことは，宅建業事件において示されたが，目的を「究極」まで拡大して被害者を救済しようとしたのが，関西水俣病訴訟である。最判平成16年10月15日判決民集58巻7号1802頁（熊本水俣病関西訴訟）では，国について，1960（昭和35）年1月以降，水質二法に基づく規制権限を行使しなかったことは，規制権限を定めた水質二法の趣旨，目的や，その権限の性質等に照らし，著しく合理性を欠くとした。そして県について，漁業調整規則が水産動植物の繁殖保護等を直接の目的とするものではあるが，それを摂取する者の健康の保持等をもその「究極の目的」とするものであるとして，国家賠償法上違法であるとした。

7 特殊な公務員

検察官，裁判官，国会議員など，司法作用・立法作用にかかわる特殊な公務員の行為は，一般行政に携わる公務員とは異なった基準で判断され，一般行政の公務員よりも損害賠償責任が狭く解される傾向にある。

（1）検察官の公訴の提起

無罪判決があった場合，検察官の公訴は，国家賠償法上違法となるだろうか。学説は，2つに大別される。後の裁判において無罪が確定した以上，当初の検察官による公訴提起や公訴追行も当然に国家賠償法上違法となるとする結果違法説と，検察官の行為はその結果を基準として評価すべきではなく，公訴提起時において検察官に対して定められる行為規範を基準として評価すべきとする職務行為基準説である。

最高裁は芦別事件において職務行為基準説に立ち，「逮捕・勾留はその時点において犯罪の嫌疑について相当な理由があり，かつ，必要性が認められるかぎりは適法」であり，公訴の提起は，「起訴時あるいは公訴追行時における各種の証拠資料を総合勘案して合理的な判断過程により有罪と認められる嫌疑があれば足りる」（最判昭和53年10月20日民集32巻7号1367頁（芦別事件））とした。

（2）裁判官

　違法な判決により損害を被った場合も，国賠法 1 条 1 項の対象となる。しかし，判決の瑕疵は上訴によって是正され得るものであり，瑕疵があったとしても，それによってすぐに国家賠償責任が生じるわけではない。最高裁は，裁判官の判決の国家賠償法上の違法を，検察官の公訴よりも，さらに狭く解している。

　最高裁は，民事判決について「当該裁判官が違法又は不当な目的をもつて裁判をしたなど，裁判官がその付与された権限の趣旨に明らかに背いてこれを行使したものと認めうるような特別の事情があることを必要とする」という違法性限定説に立つことを明らかにしている（最判昭和57年 3 月12日民集36巻 3 号329頁）。刑事判決においても同様であって，上告審で確定した有罪判決が再審で取り消され，無罪判決が確定した弘前大学教授夫人殺害事件についてもやはり違法性限定説をとっている（最判平成 2 年 7 月20日民集44巻 5 号938頁）。

（3）国　会

　国会の立法行為も，国賠法 1 条 1 項の対象となる。ここでいう立法行為とは，法律の制定，改正，廃止を指している。制定された法律が被害を生じさせることもあれば，法律を制定しないことによって被害が生じることもある。

　最高裁が立法行為の国家賠償責任の考え方について明らかにしたのは，最判昭和60年11月21日民集39巻 7 号1512頁（在宅投票制度廃止事件）であった。国会の責任は，国民にして政治的な責任を負うにとどまり，法的責任である国家賠償責任を負うのは，極めて限定された場合であること，そして立法行為が国家賠償法上違法となるのは「国会議員の立法行為は，立法の内容が憲法の一義的な文言に違反しているにもかかわらず国会があえて当該立法を行うというごとき，容易に想定し難いような例外的な場合」であると判示し，在宅投票制度を廃止しその後在宅投票制度を設けるための立法を行わなかつたことについて，国賠請求を棄却した。

　在宅投票制度廃止事件判決で示された要件からすれば，立法行為について国家賠償責任が認められるのは非常に限定され，国家賠償責任はほとんど認められないような要件であると思われるが，最大判平成17年 9 月14日民集59巻 7 号2087頁（在外邦人選挙権事件）において，実質的に要件を緩和する大法廷判決が出されている。「立法の内容が憲法の一義的な文言に違反しているにもかかわらず国会があえて当該立法を行うというごとき，容易に想定し難いような例外的な場合」に

代えて，新たに，「憲法上の権利侵害の明白性」「立法措置を執ることの必要性・明白性」「国会が長期にわたって立法措置を怠っていること」という３つの要件を示している。

行政法こぼれ話26‐2　除斥期間の壁

　国会が「憲法の一義的な文言に違反している」法律を制定する状況を想像できるだろうか？　旧優生保護法は1948（昭和23）年に制定された「優生上の見地から不良な子孫の出生を防止する」（１条）ことを目的とした議員立法である。全会一致で可決され，1996（平成８）年に法改正されるまで存続した。現代の人権感覚からすればあり得ないような法律であるが，国会議員が誰も人権侵害を疑うことなく，全会一致で可決されたのである。

　優生保護法は，本人の同意を得て（本人の同意を得ない手術も法律上規定されていた），「本人又は配偶者が遺伝性精神変質症，遺伝性病的性格，遺伝性身体疾患又は遺伝性奇形を有しているもの」「本人又は配偶者の四親等以内の血族関係にある者が，遺伝性精神病，遺伝性精神薄弱，遺伝性精神変質症，遺伝性病的性格，遺伝性身体疾患又は遺伝性奇形を有し，且つ，子孫にこれが遺伝する虞れのあるもの」の優生手術（優生学に基づいて行なわれた，生殖を不能にさせるための手術）をすることを認めていた。多くの知的障碍者が手術を受けたが，それは本人が優生手術の意味を理解していたわけではなく，また，望んで手術を受けたわけではない。

　手術を受けた人たちが国賠訴訟を提起したのは遅く，平成の終わり頃であった。手術を受けた人たちはすでに高齢であり，手術に関する記録の多くが失われてしまっていた。各地で国賠訴訟が提起され，裁判所は優生保護法の規定が憲法違反であり，国家賠償法上違法の評価を受けることを認めつつも，原告らの取得した損害賠償請求権は，除斥期間の経過により，法律上当然に消滅したとして，国家賠償請求を棄却している（仙台地判令和元年５月28日裁判所ウェブサイト）。

　国家賠償法上の違法を認められても不法行為法であるから除斥期間の適用を受けるが（平成29年民法改正前），大阪高判令和４年２月22日裁判所ウェブサイトは「除斥期間の適用をそのまま認めることは，著しく正義・公平の理念に反する」として，国家賠償請求を認容した。上告審で最高裁がどのような判断をするかが注目される。

第27章　国家賠償——営造物の設置管理責任

理解のポイント
　国家賠償法1条1項公権力行使責任は「故意又は過失」を要件とする過失責任主義であるが，2条営造物責任は過失を要しない無過失責任主義である。

1　営造物責任の特質

　戦前には公権力の行使に関する責任を争うことはできなかったが，非権力行政について，司法裁判所は民法717条に基づいて工作物責任を認めていた。国賠法2条「公の営造物」概念は，民法717条「土地の工作物」よりも広い。また，民法717条にある免責が規定されておらず，国賠法3条には賠償責任者（費用負担）に関して独自の規定が置かれている。

　国賠法2条の特質を判示した最高裁判決として，最判昭和45年8月20日民集24巻9号1268頁（高知落石事件）が挙げられる。国賠法2条にいう「瑕疵」とは営造物の物的安全性の欠如，「通常有すべき安全性の欠如」を意味すること，「過失の存在を必要としない」無過失責任であること，財政的理由は免責事由とならない，ということを明らかにした。

　国賠法2条1項が挙げる「公の営造物」の具体例は「道路」と「河川」であるが，昭和45年最高裁判決は「道路」を対象にしたものであり，最高裁の営造物責任の考え方は「道路」と「河川」では異なっている。営造物責任に関する裁判例をみると，「河川」に関して，1984（昭和59）年に大きな転換点がある。1984年まで下級審は「河川」に関して「道路」と同じ基準を用いていたが，最判昭和59年1月26日民集38巻2号53頁（大東水害訴訟）において，「道路」とは異なった基準を用い，国家賠償責任が狭く解されるようになった。

2　「公の営造物」

　国賠法2条は，営造物責任を，以下のように定めている。

　1項　道路，河川その他の公の営造物の設置又は管理に瑕疵があつたために他人に損害を生じたときは，国又は公共団体は，これを賠償する責に任ずる。
　2項　前項の場合において，他に損害の原因について責に任ずべき者があるときは，国又は公共団体は，これに対して求償権を有する。

人工公物と自然公物——「管理」の手が加えられたもの

　国賠法2条1項は「道路」と「河川」という具体例を挙げているが，両者は性質が異なっている。「道路」，橋，港湾のように，人工的に作られて公の目的に供されているものと，「河川」や海浜，湖沼など，もともと自然に存在するものを公の目的に供しているものを自然公物という。何らの管理の手も加えられておらず，公の利用に供されていないものは「公の営造物」にあたらない。

行政法における「営造物」概念と「公の営造物」

　国賠法2条の対象は「公の営造物」であるが，それは行政法における学問上の「営造物」概念と異なっている。学問上の「営造物」とは，「行政主体が一定の公の目的のために供用するところの人的・物的総合体」をいう。学校，病院，図書館，鉄道，劇場，病院，保育所，老人ホームなどが「営造物」に該当する具体例である。つまり，物的要素のほかに，人的要素が加わって機能する施設である。それらはもちろん国賠法2条の「公の営造物」に含まれるが，「営造物」という学問上の概念では狭すぎるのである。

「公の営造物」と「公物」

　国賠法上の「公の営造物」は「営造物」というよりも，むしろ「公物」概念に近く，動産も含まれている。「公物」とは，行政主体（国・公共団体）によって，直接に公の目的のために供される個々の有体物をいう。裁判例で「公の営造物」に含まれるとした動産に，警察官のピストル，脱水機，公用自動車，市の移動図書館，自衛隊機，砲弾，警察犬，電気カンナ，臨海学校の飛び込み台，営林署の刈込機，公衆電話ボックス，展示ブロック，空港，信号機などがある。

3　「設置又は管理」の「瑕疵」

　「設置又は管理」は，「公の営造物」に関するその設置管理者の行為全般をさしている。設置の瑕疵とは，「公の営造物」がその成立の当初から原始的に安全性を欠いていたことを指し，管理の瑕疵とは，後発的に安全性を欠くにいたった状態をいう。しかし判例・学説は，両者を特に区別しておらず，「設置管理の瑕疵」または「設置又は管理の瑕疵」として論じる。「設置または管理に瑕疵がある」というとき，営造物それ自体の瑕疵か（客観説），あるいは営造物の設置管理という設置・管理者の行為のレベルでの落ち度か（行為瑕疵説），という点で争いがある。

客観説と義務違反説

　最高裁は，高知落石事件判決において客観説に立ち，営造物の設置管理者の落

ち度を要件とせず，営造物自体に物的欠陥があれば営造物管理責任を認めている。これに対して，設置管理者が適切な措置を講じるべきであったという義務違反として捉える義務違反説がある。客観説によれば物自体に欠陥がなければ営造物責任を問えないことになるが，義務違反説は物自体に欠陥がない場合であっても設置管理者の行為を問題とすることができる。しかしながら，義務違反説にたてば無過失責任主義の国賠法2条が過失を問うことに近くなってしまうという。最高裁は客観説に立ちつつも折衷的に，設置又は管理の瑕疵の判断基準に損害の予見可能性や回避可能性を取り込んでいる。

供用関連瑕疵

物的に欠陥はなく，営造物は利用者との関係において目的にそって供されているが，営造物の供用にあたって，空港の離発着の騒音，道路の振動，騒音，排気ガスなどによって，周辺住民に被害が及ぶことがある。学説は供用関連瑕疵，社会的営造物瑕疵，機能的瑕疵と名付けている。

最判平成7年7月7日民集49巻7号1870頁（国道43号線事件）は，「国家賠償法2条1項にいう営造物の設置又は管理の瑕疵とは，営造物が通常有すべき安全性を欠いている状態をいうのであるが，すなわち他人に危害を及ぼす可能性のある状態に利用者以外の第三者に対して危害を生ぜしめる危険性がある場合をも含む」とする。最高裁国道46号線判決が注目されるのは，供用関連瑕疵という点のみならず，損害賠償請求を認容すべき違法性と差止請求を認容すべき違法性を異なるものとした点である。

設置管理の瑕疵の判断基準

設置管理の瑕疵とは，「営造物が通常有すべき安全性を欠いていること」をいう（最判昭和45年8月20日民集24巻9号1268頁（高知落石事件））。「通常有すべき安全性」に欠け，設置管理に瑕疵があるという判断基準は，1）他人に危害を及ぼす危険性の存在，2）予見可能性，3）結果回避可能性の3つである。

1）他人に危害を及ぼす危険性の存在　　他人に危害を及ぼす危険性の存在が前提になるとしても，利用者の異常な行動が事故の原因である場合（被害者自らが対処または回避することができた危険，被害者自らが招いた危険，被害者自らが近づいた危険）は，設置管理の瑕疵は認められない。

ガードレール上で遊んでいた子どもが道路と反対側の校庭に転落した事件において，最判昭和53年7月4日民集32巻5号809頁は，「営造物の通常の用法に即しない行動の結果事故が生じた場合において，その営造物として本来具有すべき安

全性に欠けるところがなく，右行動が設置管理者において通常予測することのできないものであるときは，右事故が営造物の設置又は管理の瑕疵によるものであるということはできない。」と判示している。最判昭和58年10月18日判時1099号48頁は，大阪城公園内の外濠でザリガニをとっていた子どもが水中に転落して水死した事件において，子どもの「無軌道な行動に起因する」として請求を棄却している。また，校庭のテニス審判台から5歳児が異常な降り方をして審判台の下敷きになり死亡した事件においても，最判平成5年3月30日民集47巻4号3226頁は請求を棄却している。

2）予見可能性　　危険性は通常予測できるものでなければならない。通常予測できないものであれば，不可抗力として設置管理には瑕疵がないとされる。平均的な営造物の設置管理者の判断能力，その当時のわが国の科学技術の到達度で判断される。

3）結果回避可能性　　設置管理者が，損害を回避するための措置を講じることが可能であったか否かが問われる。結果回避可能性の観点から，道路管理の責任について，結論の異なる2つの最高裁判例がある。

　最判昭和50年6月26日民集29巻6号851頁（赤色灯事件）は，県道上に道路管理者の設置した工事中であることを表示する工事標識板，バリケード及び赤色灯標柱が倒れ，赤色灯が消えたままになっていたことから事故が発生したという事案である。それは夜間，他の通行車が引き倒し，その直後で道路管理者がこれを原状に復し道路の安全を保持することが不可能であったことから，最高裁は道路の管理に瑕疵がなかったとして，請求を棄却した。他方，最判昭和50年7月25日民集29巻6号1136頁（87時間大型貨物自動車放置事件）は，国道上に87時間置かれていた故障トラックに原動機付き自転車が激突した死亡事故の事案である。適切な看視体制をとっていなかったことから運転者が車両の存在に気づかず，道路を安全に保措置がとられていなかったとして，最高裁は設置管理の瑕疵を認め，請求を認容している。

平均的安全性

　「通常有すべき安全性」の程度も問題とされる。望ましい安全性を問題としているのではなく，「現状において備わっていると認められる程度の平均的安全性」であるとされる。事故発生時の物的施設水準や管理状況が問題となる。

　駅のホーム（島式ホーム）から視覚障碍者が転落した最判昭和61年3月25日民集40巻2号472頁（大阪環状線福島駅転落事件）では，1973（昭和48）年事故発生当時，

点字ブロックはまだ普及していなかった。最高裁は「その安全設備が，視力障害者の事故防止に有効なものとして，その素材，形状及び敷設方法等において相当程度標準化されて全国的ないし当該地域における道路及び駅のホーム等に普及しているかどうか」を考慮に入れて判断し，請求を棄却している。

4　水害訴訟

　水害訴訟の傾向は，最判昭和59年1月26日民集38巻2号53頁（大東水害訴訟）を境に大きく変わった。河川の設置・管理の瑕疵について，とくに道路と区別することなく，同様の基準で判断していたが，最高裁判決後，道路管理との関係で河川管理の特殊性，河川管理に内在する諸制約が強調されるようになった。

　当初から人工的に安全性を備えた道路と，もともと洪水等の自然的原因による災害のおそれを内包する自然公物の河川は，管理の仕方，改修の仕方に大きな違いがある。たとえば，道路が陥没して通行に危険が生じれば，道路管理者はまず通行止めにする。しかし，洪水対策にはそのような簡単な手段がない。河川改修は長期に渡り，改修に膨大な費用を要し，工事は雨の多い時期にできない。雨の少ない時期に順番に工事を進めなければならないなど，河川改修に特有の事情がある。最高裁昭和59年判決は，上記のような道路管理とは異なる河川改修の制約として，時間的制約，財政的制約，社会的制約，技術的制約を挙げている。

未改修河川の溢水——「過渡的安全性」

　大東水害訴訟は，未改修河川の安全性が問われた事件であった。未改修の狭窄区間で溢水したことから，原告側は，未改修のまま放置されていたことに瑕疵があるとして提訴した。最高裁は未改修河川について，諸制約から，治水事業によって順次に改修が進められていくしかないことが当初から予定されているため，「未改修河川又は改修の不十分な河川」の安全性は，「過渡的な安全性」で足りるという。この判決は各地の水害訴訟に圧倒的な影響を与え，判決以降，原告側敗訴が続くこととなった。

改修済み河川の溢水

　これに対して，多摩川水害訴訟は改修済み河川からの溢水が問題となった。工事実施基本計画に基づき新たな改修整備が必要ないとされた改修済河川の破堤であった。最判平成2年12月13日民集44巻9号1186頁（多摩川水害訴訟）は，原告側の勝訴となる破棄差戻し判決であり，安全性について，未改修河川とは異なる判断を示した。改修済河川では，工事実施基本計画に定める規模の洪水における流

水の通常の作用から予測される災害の発生を防止するに足りる安全性をいうとした。つまり，工事実施基本計画で想定されていた流水量で溢水した場合には安全性を欠くこととなり，設置管理の瑕疵が認められるとした。

5　賠償責任者 (3条)

国賠法3条は，賠償責任者について，以下のように定めている。

> 1項　前二条の規定によって国又は公共団体が損害を賠償する責に任ずる場合において，公務員の選任若しくは監督又は公の営造物の設置若しくは管理に当る者と公務員の俸給，給与その他の費用又は公の営造物の設置若しくは管理の費用を負担する者とが異なるときは，費用を負担する者もまた，その損害を賠償する責に任ずる。
> 2項　前項の場合において，損害を賠償した者は，内部関係でその損害を賠償する責任ある者に対して求償権を有する。

被害者救済と被告の選択

国賠法3条は，被害者救済の観点から，賠償責任主体の範囲を広げ，被告となり得る者に関する規定である。賠償責任者は，1条1項の公権力行使責任の場合には加害公務員の選任監督者，2条1項営造物責任の場合には設置管理者であるが，それとは別に費用を負担する者がほかにもいる場合を加えている。

公務員の選任監督と給与負担者が異なる場合

たとえば，市町村立中学校で体罰があり，被害者が国賠法1条1項に基づき訴訟提起しようとする状況を考えてみよう。市町村学校教員の身分は市町村職員であり，服務監督をするのは市町村である。しかし給与は都道府県が支出し，国はその実支出額の2分の1を負担する（市町村立学校職員給与負担法，義務教育費国庫負担法）。このように，監督関係と給与負担者が異なる場合，原告はいずれか，あるいはいずれも被告とすることができ，原告が被告を選択することができる。

内部関係における求償 (3条2項)

原告勝訴の場合，被告となった者が他に賠償すべき者があると考える場合，損害を賠償した者は3条2項に基づいて，その損害を賠償する責任ある者に対して求償することができる。市町村立中学校教員の体罰の例でいえば，最判平成21年10月23日民集63巻8号1849頁は，教員の給料を負担する都道府県が国家賠償法1条1項，3条1項に従い生徒に対して損害を賠償したときは，当該都道府県は，同条2項に基づき，賠償した損害の全額を当該中学校を設置する市町村に対して求償することを認めている。

補助金と費用負担

　営造物の設置について補助金を交付する場合，補助金交付が費用を負担することとなるか否かという論点がある。最高裁は，補助金の交付であっても「負担」として認めている。費用負担者には，当該営造物の設置費用につき法律上負担義務を負う者，この者と同等のもしくはこれに近い設置費用を負担する者，実質的にはこの者と当該営造物による事業を共同して執行していると認められる者，そして当該営造物の瑕疵による危険を効果的に防止しうる者も含まれるとした（最判昭和50年11月28日民集29巻10号1754頁（鬼ヶ城事件））。

第28章　損失補償

理解のポイント
　憲法29条3項に基づき，適法な行政活動による「権利侵害」が行われることがある。土地収用法に基づき行われる土地の収用，権利の使用がその典型である。損失補償は「特別の犠牲」であることを要し，皆が公平に損失を被る場合，損失補償の必要性が否定されることを理解しよう。

1　損失補償の法的根拠

　損失補償とは「適法な公権力の行使によって加えられた財産上の特別の犠牲 (besonderes Opfer) に対し，全体的な公平負担の見地からこれを調節するためにする財産的補償をいう」。「公権力」の行使による損失，侵害行為の「適法性」，そして「財産上の特別の損失」という要素を含んでいる。憲法上の根拠となるのは，憲法29条3項の他に，14条，25条が挙げられる。憲法29条3項は財産権の侵害に対する補償の必要性，14条平等原則は，公益のための活動によりある特定の個人の財産が奪われた場合，不平等をなくす利害調整の必要性，そして25条は生活権保障の必要性の根拠となる。

　損失補償には国家賠償法のような一般法が制定されていない。土地収用法や自然公園法，道路法といった個別の法律に損失補償規定がある。かつて損失補償が必要であるのに個別の法律に規定がない場合に法律は違憲無効であり，当該法律が定める権利侵害を含む行政活動は実行することができないとする違憲無効説があったが，最大判昭和43年11月27日刑集22巻12号1402頁が，刑事事件の傍論において，憲法29条3項に基づいて直接請求することができる旨に言及してから（直接請求権説），憲法29条3項に基づき直接請求がなされるようになり，直接請求権説が通説となった。憲法29条3項に基づく損失補償請求を認容した例は下級審には見られるが，いずれも上級審で退けられている。最高裁が憲法29条3項に基づく損失補償請求を認容した例はまだない。

判例28-1　最大判昭和43年11月27日刑集22巻12号1402頁（河川地附近制限令事件）
【事案】　被告人は，名取川の堤外民有地の各所有者に対し賃借料を支払い，労務者を雇い入れ，従来から同所の砂利を採取してきたところ，昭和34年12月11日宮城県告示

第643号により，右地域が河川附近地に指定されたため，河川附近地制限令により，知事の許可を受けることなくしては砂利を採取することができなくなり，従来，賃借料を支払い，労務者を雇い入れ，相当の資本を投入して営んできた事業が営み得なくなった。被告人は知事に許可を申請したが不許可となり，2回にわたり砂利採取をしたため起訴され，1審，2審において罰金刑をうけ，上告した。

【判旨】 上告棄却「その財産上の犠牲は，公共のために必要な制限によるものとはいえ，単に一般的に当然に受忍すべきものとされる制限の範囲をこえ，特別の犠牲を課したものとみる余地が全くないわけではなく，憲法29条3項の趣旨に照らし，さらに河川附近地制限令1条ないし3条および5条による規制について同令7条の定めるところにより損失補償をすべきものとしていることとの均衡からいって，本件被告人の被った現実の損失については，その補償を請求することができるものと解する余地がある。したがって，仮りに被告人に損失があったとしても補償することを要しないとした原判決の説示は妥当とはいえない。しかし，同令4条2号による制限について同条に損失補償に関する規定がないからといって，同条があらゆる場合について一切の損失補償を全く否定する趣旨とまでは解されず，本件被告人も，その損失を具体的に主張立証して，別途，直接憲法29条3項を根拠にして，補償請求をする余地が全くないわけではないから，単に一般的な場合について，当然に受忍すべきものとされる制限を定めた同令4条2号およびこの制限違反について罰則を定めた同令10条の各規定を直ちに違憲無効の規定と解すべきではない。」

2　損失補償の要件

「特別の犠牲」の基準

　適法な損失に対して，常に損失補償が与えられるわけではない。損失補償が必要とされるのは，「特別の犠牲」に該当するものであること，つまり損失が国民の間に不平等を引き起こしているような場合でなければならない。「特別の基準」に該当するか否かは，当該損害が一般的かそれとも特定のものか（形式的基準），財産権侵害の程度が社会通念上受忍すべき限度内かどうか（実質的基準），そして財産権への侵害目的・規制の目的が問われる。

　都市計画法による規制を例にとろう。都市計画法都市計画決定を受けた区域には建築規制がかかり，建築をするには都道府県知事の許可を受けなければならない（都市計画法53条）。都市計画決定に伴う建築制限は都市計画の性格上長期間に及ぶが，建築制限をかけることに対する補償は定められていない。都市計画制限は特定の人に対する制限ではなく，広い区域にかけられるものであって，建築許可を受ければ建築は可能であり，不許可となれば不許可処分の取消し争い，権利

侵害を主張できる。

　最高裁は，都市計画決定により都市計画道路の路線区域内とされたまま60年以上経過した事例において，「一般的に当然受忍すべきものとされる制限の範囲を超えて特別の犠牲を課せられたものということがいまだ困難であるから，上告人らは，直接憲法29条３項を根拠として上記の損失につき補償請求をすることはできない」（最判平成17年11月１日判時1928号25頁（都市計画制限事件））と述べている。

　最後に，都市計画制限の目的が問題となる。都市計画制限は，財産権に対する公用制限である。規制目的に着目して，社会公共の秩序を維持し，国民の安全を守り，危険を防止する目的で行われる規制（消極規制，警察規制）について補償は不要であり，公共の福祉を増進するという目的で行われる積極規制について補償が必要である学説がある。しかし，積極・消極という二分法によって実定法律の規制目的を分類できるわけではない。都市計画法は，都市の秩序ある発展のための内在的制約の顕在化とみれば消極規制であり，良好な都市創造のための規制とみれば積極規制である。警察制限・公用制限の区別は相対的であって，規制目的の相違は補償の要否に重要であるが，決定的な基準ではない。

　最高裁が警察規制に該当するとした規制に，奈良県ため池条例のため池の堤とうに竹木または農作物を植えることを禁止する規定，道路法の保安規制がある。最高裁はいずれも警察規制であることを理由に損失補償を認めていない。

　最高裁は奈良県ため池条例事件において，「災害を防止し公共の福祉を保持する上に社会生活上已むを得ないものであり，そのような制約は，ため池の堤とうを使用し得る財産権を有する者が当然受忍しなければならない責務というべきものであつて，憲法29条３項の損失補償はこれを必要としない」（最判昭和38年６月26日刑集17巻５号521頁）と述べている。また，道路法の保安規制による地下貯蔵ガソリンタンクの移転が道路法70条１項の補償対象となるか否かについて，「警察法規が一定の危険物の保管場所等につき保安物件との間に一定の離隔距離を保持すべきことなどを内容とする技術上の基準を定めている場合において，道路工事の施行の結果，警察違反の状態を生じ，危険物保有者が右技術上の基準に適合するように工作物の移転等を余儀なくされ，これによって損失を被ったとしても，それは道路工事の施行によって警察規制に基づく損失がたまたま現実化するに至ったもの」（最判昭和58年２月18日民集37巻１号59頁（高松ガソリンスタンド事件））にすぎないとして，補償の対象にならないとされた。

3　損失補償の内容

「正当な補償」の程度──相当補償説と完全補償説

憲法29条3項は「正当な補償」の下に私有財産を公共のために用いることを認めているが,「正当な補償」の程度について,完全に補償すべきとする完全補償説と,社会通念に従って客観的に公正な補償で足りるとする相当補償説という学説がある。最高裁は,自作農創設特別措置法に関して相当補償説に立ち,「憲法29条3項にいうところの財産権を公共の用に供する場合の正当な補償とは,その当時の経済状態において成立することを考えられる価格に基き,合理的に算出された相当な額をいうのであつて,必しも常にかかる価格と完全に一致することを要するものでないと解するを相当とする。」と判示している(最判昭和28年12月23日民集7巻13号1523頁)。

土地収用法と補償

最高裁昭和28年判決は,占領期に行われた農地改革に関するものであって,「相当な補償」を甘受せざるをえない当時の社会情勢を反映したものであるが,現代の土地収用法は完全補償説に立つとされる。土地収用法の補償は,収用の前後を通じて被収用者の財産価値を等しくならしめるような補償であり,権利取得裁決時ではなく事業認定の時を基準とする(土地収用法71条)。公共事業の影響での地価上昇分については補償の対象とはしない趣旨であるが,土地収用に伴って発生する付帯的な損失に対して補償がある。収用の結果当然に発生する損失(収用損失。残地補償74条),収用された財産によってなされる事業との関係で発生する損失(事業損失。移転料補償77条,通常損失の補償88条)も補償されるが,ただし,土地収用に伴う精神的苦痛,文化的価値などに対する補償はない。

4　撤回と損失補償

公益的な理由によって利益的な行政処分が撤回されるとき,補償の要否が問題となる。国有財産法および地方自治法は,行政目的のために用いられる行政財産の目的外使用許可を,行政財産本来の目的のために使用期間中に撤回できることを定めている。撤回に際して,補償は必要か,必要とすればどれぐらいの補償額となるか,という論点がある。

最判昭和49年2月5日民集28巻1巻1号(東京都中央卸売市場事件)は「行政財産たる土地につき使用許可によって与えられた使用権は,それが期間の定めのない

場合であれば，当該行政財産本来の用途または目的上の必要を生じたときはその時点において原則として消滅」し，それは「使用権自体に内在する前記のような制約に由来する」と述べている。そのような内在的制約ゆえに損失補償は認められず，特段の事情がない限り，通常の賃借権に対する補償に当たるような額の補償は，目的外使用許可の撤回に対しては不要であるとしている。使用権に対しては補償を認めない趣旨であると解されているが，移転費用，一定期間の営業補償は必要であるとされる。

更新拒否と損失補償の要否

　形式的に考えれば，期限の到来によってその使用許可は失効するから補償の問題は生じない。しかし，使用期間が短期に設定されていても，実質的に使用許可の更新・継続を前提としていると解される場合がある。そのような場合は更新拒否が撤回とみなされ補償の問題が生じ得るが，如何なる場合に更新拒否が使用許可の更新・継続を前提とする撤回と同視され得るかについて，学説・判例は分かれている。短期間で使用権が消滅することに使用権者が同意していたか否かを重視する立場（主観説），使用目的との関係からその使用期間が（通算して）十分か否かを見る立場（客観説），使用権者の同意の有無と使用目的から使用期間をみるという２つの点から判断する折衷説がある。

■**演習問題28-1**　A市は古い地下街を拡張することにした。この地下街は道路に該当する。地下街では５つの店舗が1948年から(1)道路占用許可を得て営業していた。2014年９月，A市は地下街で営業する店舗に，(2)１年更新を繰り返してきた道路占用許可は2015年３月末（2014年度）を限度として2015年度以降はもはや道路占用許可を認めないこと，2015年３月末で立退くべきこと，立退き後の移転先等について折衝を始めることを伝えた。５店舗はこれを一方的であるとして強く反発し，A市と５店舗間の話合いは決裂した。他の店舗は自主的に立ち退いたが，５店舗は道路占用許可が無いまま営業を継続し，そのうち飲食店B屋は訴訟も辞さない態度を決めた。

(1) 道路占用許可の性質について，説明しなさい。
(2) 損失補償は認められるか否かを論じなさい。

第29章　国家賠償と損失補償の谷間

1　国家補償という概念の存在意義

国による補償の必要性

　国家賠償と損失補償のいずれでもないが，国家による補償が必要であると考えられることがある。刑事補償法（昭和25年法律第1号）は憲法40条「何人も，抑留又は拘禁された後，無罪の裁判を受けたときは，法律の定めるところにより，国にその補償を求めることができる。」を受けて制定された法律であり，無罪判決を受けた後の補償請求権を定めている。過失の有無を問題とせず，無罪判決という結果に着目していることから，国家賠償法1条1項の国家賠償責任とは異なるものである。憲法が国による補償の必要を明示しているが，補償額も含めて，その補償のあり方は法律に委ねられている。

　刑事補償法のように憲法が補償の必要を明示していることは稀であって，多くの場合，国家賠償と損失補償以外に国が損失を補填すべきか否か，どのような補償内容とするかは，政策的・立法的な問題であるとされる。

　近年制定された国による補償の例として，「旧優生保護法に基づく優生手術を受けた者に対する一時金の支給等に関する法律」（平成31年法律第14号）がある。国賠訴訟において立法の不作為の違法が争われているさなかに成立し，旧優生保護法に基づく優生手術を受けた者に一時金として320万円を支給するという法律であるが，国家賠償責任の成否とは関わりのない，国による補償である。320万円という補償額の妥当性に問題はあるが，立法化を図って国による補償が必要であることは衆目の一致するところであった。

「国家補償」「結果責任」という概念

　国家賠償法によって救済できず，損失補償にも該当しない場合，裁判上の救済が困難となる。このような問題を行政法では「谷間の問題」という。

　国家賠償法と損失補償の上位に「国家補償」という概念を初めて用いたのは，今村成和『国家補償法』（有斐閣，1957年）であった。今村成和は，適法行為に基づく損失の補償，②違法行為に基づく損害の賠償，③結果責任に基づく国家補償という3つに区分した。結果責任とは，不法な結果の発生のみに着目して賠償責任が認められるべきという主張である。これ以降，多くの行政法教科書に「国家補

図表 29-1　国家補償

償」と「結果責任」が位置付けられるようになった。

　現代の行政法教科書では「国家補償」を，国や地方公共団体の活動に起因して生じた損害（損失）を金銭的に補填するという意味に用いている。しかしながら，「国家補償」「結果責任」という概念によってすぐに裁判上の救済が可能となるわけではない。「国家補償」「結果責任」という概念は，国家賠償や損失補償によって救済が困難な損害・損失を，国が政策的・立法的に救済すべきであるという，国による補償の必要の主張を支える論拠となっている。

2　谷間の問題

国家賠償責任と過失要件

　国家賠償法でも損失補償でも裁判上の救済が難しい「谷間の問題」の典型例は，予防接種による重篤な健康被害である。公務員に過失がなく，そして非財産的な損害（損失）の問題である。ワクチン接種によって社会に感染症がまん延することは防げるが，ワクチン接種による副反応の発生が予測され，ワクチン接種を避けるべき禁忌者に重篤な健康被害が発生することがある。国家賠償法1条1項は「故意又は過失」を要件としているため，原告側はワクチン接種を実施する側に過失があったことを立証しなければならず，国家賠償法1条1項による賠償責任を認めることが困難であった。

立法による救済

　予防接種法は1948（昭和23）年に制定され，1994（平成6）年に法改正されるまで義務接種であった。法律制定から1960年代までワクチン接種によって重篤な健康被害を負う事故が多発し，1970（昭和45）年に閣議了解の形で健康被害救済制度が設けられ，1976（昭和51）年に予防接種法改正により，法律上，健康被害に対する救済措置が規定された。予防接種法15条1項は，予防接種を受けた者が疾病，障害又は死亡が当該定期の予防接種等を受けたことによるものであると「厚生労働大臣が認定したとき」に給付することを定めている。現在の予防接種による健康被害の救済は，接種に関する過失を問わない「予防接種健康被害救済制度」として，予防接種法16条が定める給付の範囲が実施されている（医療費及び医療手当，障害児養育年金，障害年金，死亡一時金，遺族年金又は遺族一時金，葬祭料という給付の種類がある）。

　しかし法定の給付制度によって問題がすべて解決するわけではない。健康被害が制度上の救済によってカバーされない場合や，補償額が低いなど，制度上の救済が十分であるとは限らないからである。法律に基づく補償が不十分である場合に裁判上の救済を求めて訴訟提起がなされるが，その補償が国家賠償か損失補償であるかが理論的に問われる。法律上の救済制度があっても，「谷間の問題」はやはり存するのである。

憲法29条 3 項類推適用による損失補償責任

　1976年に法律上の救済制度が作られた後も，その補償の不十分さゆえに，各地で集団訴訟が提起された。東京地判昭和59年 5 月18日判時1118号28頁（東京集団訴訟）は国家賠償法 1 条 1 項によるのではなく，初めて，憲法29条 3 項の類推適用により，国の損失補償を認めた判決である。憲法29条 3 項は財産権を対象にしたものであって，本来人の身体などの非財産的損害に対して適用がないが，東京地裁は適用範囲を拡大して被害者を救済しようとした。判決は「憲法13条後段，25条 1 項の規定の趣旨に照らせば，財産上特別の犠牲が課せられた場合と生命，身体に対し特別の犠牲が課せられた場合とで，後者の方を不利に扱うことが許されるとする合理的理由は全くない。従って，生命，身体に対して特別の犠牲が課せられた場合においても，右憲法29条 3 項を類推適用し，かかる犠牲を強いられた者は，直接憲法29条 3 項に基づき，被告国に対し正当な補償を請求することができると解するのが相当である。」と述べている。

立証責任の軽減──禁忌者の推定

　しかし最高裁は，小樽種痘禍訴訟上告審において（最判平成 3 年 4 月19日民集45巻 4 号367頁），「予防接種を実施した医師が禁忌者を識別するために必要とされる予診を尽くしたかどうか」という観点から審理すべきとした。禁忌者について「予防接種によって右後遺障害が発生した場合には，禁忌者を識別するために必要とされる予診が尽くされたが禁忌者に該当すると認められる事由を発見することができなかったこと，被接種者が右個人的素因を有していたこと等の特段の事情が認められない限り，被接種者は禁忌者に該当していたと推定する」と述べ，原審に審理を差し戻している。つまり最高裁は，国家賠償法 1 条 1 項に基づき審理を行い，原告側の立証責任を軽減したのである。

厚生大臣の組織的過失

　小樽種痘禍訴訟上告審判決を受けて，1 審東京地判昭和59年 5 月18日判時1118号28頁が憲法29条 3 項の類推適用を認めたのに対して，控訴審東京高判平成 4 年

12月18日高裁判例集45巻3号212頁は，国家賠償法1条1項に基づき国家賠償責任を認めている。難点であった「過失」要件について，行為者である公務員ではなく，予防接種の体制を整える厚生大臣に着目し，厚生大臣に予防接種の禁忌者に予防接種を実施させないための充分な措置をとることを怠った過失があるとした。

　平成4年東京高裁判決は，いわゆる「組織的過失」を判示した判決として著名である。平成4年東京高裁判決以降，予防接種による健康被害について法的救済制度の補償を上回る損害について，国賠訴訟によって被疑者救済が図られるという方向性が示されたと解されている。

行政法こぼれ話29−1　新型コロナ・ワクチン接種と補償

　新型コロナ・ワクチン接種は予防接種法を改正して実施された。新型コロナ・ワクチン接種による疾病や障害，死亡事故も，やはり「予防接種健康被害救済制度」の対象となる。副反応については報道機関やインターネットを通じて国民に広く周知されたが，「予防接種健康被害救済制度」の認知度は低かったのではないだろうか。ワクチン接種を受けた学生たちは，救済制度の存在をまったく知らなかった。身近な友人にワクチン接種による異常が生じた例はあるというが，補償の存在を知る機会はなかったという。

　社会を守るための予防接種の意義，個人にとっての予防接種のリスクと効能，そして法的な補償制度の存在を知らしめるべきであろう。

事項索引

判例索引

大審院

最高裁判所

■著者紹介

須藤　陽子（すとう　ようこ）

　秋田県出身
　博士（法学）
　1993年東京都立大学大学院社会科学研究科基礎法専攻博士課程単位取得退学
　大分大学経済学部助教授，日本社会事業大学社会福祉学部助教授を経て，
　立命館大学法学部教授（現職）
　研究テーマ　「比例原則」「行政強制」「警察法」

〔単　著〕
　『比例原則の現代的意義と機能』（法律文化社，2010年）
　『行政強制と行政調査』（法律文化社，2014年）
　『過料と不文の原則』（法律文化社，2018年）

〔共　著〕
　亘理格・北村喜宣編『重要判例とともに読み解く　個別行政法』（有斐閣，2013年）
　人見剛・須藤陽子編『ホーンブック　地方自治法　第3版』（北樹出版，2015年）
　北村喜宣・須藤陽子・中原茂樹・宇那木正寛『行政代執行の理論と実践』（ぎょうせい，2015年）

Horitsu Bunka Sha

行政法入門

2022年10月20日　初版第1刷発行

著　者　　須藤陽子

発行者　　畑　　光

発行所　　株式会社　法律文化社

〒603-8053
京都市北区上賀茂岩ヶ垣内町71
電話 075(791)7131　FAX 075(721)8400
https://www.hou-bun.com/

印刷：中村印刷㈱／製本：㈱藤沢製本
装幀：谷本天志

ISBN978-4-589-04240-8

須藤陽子著

過料と不文の原則

A5判・182頁・4180円

「過料とは何か」「なぜ過料なのか」，立法史・学説史からその変遷を考察し，行政法と刑法がクロスする領域から「行政罰」「秩序罰」の目的と内実を問い，その生成と展開を追究。広く法領域を横断し根源的に問うことで過料制度の論点を明示する。

藤巻秀夫・小橋 昇・前津榮健・木村恒隆著

ベーシック行政法〔第3版〕

A5判・314頁・3080円

総論から各論（公務員法，警察法，公物法など）まで基本を解説。各節ごとの「学ぶポイント」で習得すべき課題を提示し，「さらに調べてみよう」でさらなる学習へと導く。第2版刊行以降の法改正，重要判例を追加。

市橋克哉・榊原秀訓・本多滝夫・稲葉一将
山田健吾・平田和一著

アクチュアル行政法〔第3版〕

A5判・386頁・3410円

基本的な原理と仕組みをおさえたうえで，制度変化や担い手の多様化を視野にいれて，判例を中心に行政法運用について解説。行政法を「社会科学の『理論・枠組み』の中にいれた」視角で分析した骨太の教科書。

北村和生・佐伯彰洋・佐藤英世・高橋明男著

行政法の基本〔第7版〕
―重要判例からのアプローチ―

A5判・372頁・2970円

各種公務員試験受験者を念頭に重要判例から学説を整理した定番テキスト。最新法令・判例の追加を行うとともに，各章冒頭の導入部分や新聞記事，コラムなどを大幅に刷新し，行政法の現在の動向がわかるように工夫。

大島義則著

行政法ガール II

A5判・234頁・2530円

平成26年～令和元年司法試験論文試験の解き方を指南。裁量基準，原告適格など受験生が悩みがちな論点を掘り下げて解説。個別の処分根拠法規だけでなく，実質的な処分根拠法規の意味内容を探究する「仕組み解釈」の技術を会得できる。

―――――――――法律文化社―――――――――

表示価格は消費税10%を含んだ価格です